DISCARDED
From Nashville Public Library

SARAMAGO

Sus nombres   Un álbum biográfico

Edición de Alejandro García Schnetzer y Ricardo Viel

Papel certificado por el Forest Stewardship Council®

Título original: *Saramago, os seus nomes: Um álbum biográfico*
Primera edición: marzo de 2022

© 2022, Fundação José Saramago
© 2022, Penguin Random House Grupo Editorial, S. A. U.
Travessera de Gràcia, 47-49. 08021 Barcelona
© 2022, Alejandro García Schnetzer y Ricardo Viel, por el proyecto, la edición y las notas
© de la traducción de los fragmentos de *Casi un objeto* y *Cuadernos de Lanzarote I*: Eduardo Naval
© de la traducción de los fragmentos de *Poesía completa*: Ángel Campos Pámpano
© de la traducción de los fragmentos de *El año de la muerte de Ricardo Reis*,
Levantado del suelo, *Historia del cerco de Lisboa*, *El Evangelio según Jesucristo*, *Ensayo sobre la ceguera*,
Memorial del convento, *Viaje a Portugal*, *De este mundo y del otro*, *Las maletas del viajero*,
La balsa de piedra y *Manual de pintura y caligrafía*: Basilio Losada
© de la traducción de los fragmentos de *Cuadernos de Lanzarote II*, *Las pequeñas memorias*,
Ensayo sobre la lucidez, *Las intermitencias de la muerte*, *Todos los nombres*, *El hombre duplicado*, *Caín*,
El viaje del elefante, *La caverna*, *Claraboya*, *El Cuaderno*, *El último Cuaderno*, *Alabardas*,
Don Giovanni o El disoluto absuelto y *Un país levantado en alegría*: Pilar del Río
© de la traducción de los fragmentos de *José Saramago en sus palabras*: Roser Vilagrassa
© de la traducción de los fragmentos de *La estatua y la piedra*: Fundación José Saramago
© de la traducción de los fragmentos de *La noche*, *¿Qué haré con este libro?*, *El cuaderno del año del Nobel*,
La viuda y del resto de los textos originales en portugués que no figuran en las menciones
anteriores: Antonio Sáez Delgado

Diseño: Raul Loureiro
Tratamiento de las imágenes: Javier Torrallardona

Penguin Random House Grupo Editorial apoya la protección del copyright. El *copyright* estimula la creatividad, defiende la diversidad en el ámbito de las ideas y el conocimiento, promueve la libre expresión y favorece una cultura viva. Gracias por comprar una edición autorizada de este libro y por respetar las leyes del *copyright* al no reproducir, escanear ni distribuir ninguna parte de esta obra por ningún medio sin permiso. Al hacerlo está respaldando a los autores y permitiendo que PRHGE continúe publicando libros para todos los lectores. Diríjase a CEDRO (Centro Español de Derechos Reprográficos, http://www.cedro.org) si necesita fotocopiar o escanear algún fragmento de esta obra.

Printed in Spain – Impreso en España

ISBN: 978-84-204-2806-2
Depósito legal: B-907-2022

Compuesto en Arca Edinet, S. L.
Impreso en Gómez Aparicio, S. L., Casarrubuelos (Madrid)

AL 2806 A

presentación	6
prefacio	8
autobiografía	12

espacios/lugares — 20

lecturas/sentidos — 114

escritos/creaciones — 184

lazos/personas — 254

créditos y leyendas de las imágenes	334
referencias bibliográficas	342
índice de nombres	346
agradecimientos	348

presentación   António Guterres

Una fotobiografía de José Saramago es, necesariamente, también un retrato de la historia universal del último siglo, de los momentos, autores, corrientes de pensamiento y debates que aún nos conforman, tanto a los que hemos sido sus contemporáneos como a aquellos que le suceden. Es una publicación que adquiere un simbolismo particular en el momento en que se celebra el centenario del nacimiento de José Saramago, pero que se reviste de un valor atemporal.

Historia universal, en efecto, por la universalidad de los intereses, la curiosidad, el trabajo, el talento y el reconocimiento tan justamente conquistado por José Saramago. Guardo con enorme satisfacción el recuerdo de que la circunstancia feliz de la atribución del Premio Nobel de Literatura a José Saramago, en 1998, ocurrió mientras me cabía desempeñar las funciones de primer ministro de Portugal.

La contribución de José Saramago a la afirmación del valor universal de la lengua portuguesa perdurará mucho más allá de su centenario, y su obra, como todo el recorrido que este álbum biográfico tan bien documenta, continuará en el futuro cuestionándonos, inquietándonos y obligándonos a intentar seguir aquello que siempre logró hacer con una maestría inigualable: observar detalladamente la realidad desde una amplia visión del mundo.

Es importante seguir revisitando la conciencia ética presente en la obra de José Saramago. Esa conciencia mantiene hoy su acuidad, tanto en la condena de la exclusión y las desigualdades como en el importante mensaje sobre la necesidad de «reivindicar el deber» de defender y hacer cumplir los derechos que a todos y cada uno son otorgados. Esta fotobiografía contribuirá, confío, a que más lectores vuelvan a recordar o descubran la exhortación a que «los ciudadanos comunes tomen la palabra y la iniciativa» y no prescindan nunca de ese derecho.

prefacio

Alejandro García Schnetzer y Ricardo Viel

Un hombre se propone la tarea de dibujar el mundo. A lo largo de los años puebla un espacio con imágenes de provincias, de reinos, de montañas, de bahías, de naves, de islas, de peces, de habitaciones, de instrumentos, de astros, de caballos y de personas. Poco antes de morir, descubre que ese paciente laberinto de líneas traza la imagen de su cara.

Jorge Luis Borges, *El Hacedor* (1960)

El presente volumen comprende más de doscientos nombres clave en la trayectoria de José Saramago. Si bien está lejos de agotar un hipotético índice del autor, esta selección parcial es representativa; no están aquí *todos los nombres*, pero todos los que están fueron constitutivos de su identidad. Cada entrada de este libro ofrece una alusión al mundo, a su mundo, y por tanto una alusión a sí mismo.

A partir de esta premisa, buscamos establecer un diálogo entre la voz de Saramago y un repertorio fotográfico y documental amplio, exponente del tiempo, la memoria y los espacios que le fueron propios. Organizamos este diálogo en cuatro secciones correlacionadas cuyo desarrollo sigue una cadencia temática y temporal que no es estricta, semejante a la idea que el autor de *Memorial del convento* tenía de la historia, «donde todo acontece simultáneamente; todo lo que sucedió está por suceder».

«Espacios/lugares» despliega una tácita cartografía por los cuatro puntos cardinales; conjunta territorios, sitios y realidades que Saramago habitó, incluso sin haberlos visitado.

«Lecturas/sentidos» muestra una constelación de obras y creadores de varias disciplinas que contribuyeron a su forja personal, y sobre los cuales expresó su reconocimiento públicamente.

«Escritos/creaciones» da cuenta de la producción literaria de Saramago en un sentido amplio y atraviesa personajes, temas y figuras históricas presentes en su obra, así como las distinciones que le fueron concedidas.

«Lazos/personas» reúne algunas afinidades, electivas o no, que gravitaron en diferentes etapas de su vida y compusieron su universo particular.

A fin de no sobrecargar la lectura con indicaciones técnicas, todas las referencias bibliográficas y los créditos de las imágenes constan en un apartado al final del libro; sólo en casos de especial relevancia se han incluido como leyendas en las imágenes.

En un pasaje de *Ensayo sobre la ceguera* se lee: «Dentro de nosotros hay algo que no tiene nombre, esa cosa es lo que somos». Cuando le preguntaron sobre el significado de esta frase, José Saramago respondió: «Lo que necesitamos es buscar y dar un nombre a esa cosa: tal vez, simplemente, lo podamos llamar humanidad». Este libro convoca a esa búsqueda.

autobiografía

José Saramago

NACÍ EN UNA FAMILIA de campesinos sin tierras, en Azinhaga, una pequeña población situada en la región del Ribatejo, en la margen derecha del río Almonda, unos cien kilómetros al nordeste de Lisboa. Mis padres se llamaban José de Sousa y Maria da Piedade. José de Sousa habría sido también mi nombre si el funcionario del Registro Civil, por iniciativa propia, no le hubiese añadido el apodo por el que era conocida en la aldea la familia de mi padre: Saramago. (Cabe aclarar que *saramago* es una planta herbácea espontánea cuyas hojas, en aquellos tiempos, en épocas de carestía, servían como alimento en la cocina de los pobres). Fue a los siete años, al tener que presentar en la escuela primaria un documento de identificación, cuando se supo que mi nombre completo era José de Sousa Saramago... Pero no fue éste el único problema de identidad que me fue destinado en la cuna. Aunque había venido al mundo el día 16 de noviembre de 1922, mis documentos oficiales afirman que nací dos días después, el 18: gracias a este pequeño fraude, la familia no tuvo que pagar la multa por no declarar el nacimiento dentro del plazo legal.

Tal vez por haber participado en la Gran Guerra, en Francia, como soldado de artillería, y conocido otros ambientes diferentes de la vida en la aldea, mi padre decidió, en 1924, dejar el trabajo del campo y trasladarse con la familia a Lisboa, donde empezó a ejercer la profesión de policía de seguridad pública, para la cual no se exigía más «nivel de formación» (expresión común por entonces...) que leer, escribir y hacer cuentas. Pocos meses después de habernos instalado en la capital, moriría mi hermano Francisco, que era dos años mayor que yo. Aunque las condiciones en que vivíamos habían mejorado algo con el cambio, nunca llegaríamos a conocer el verdadero desahogo económico. Ya tenía trece o catorce años cuando pasamos, por fin, a vivir en una casa (pequeñísima) sólo para nosotros: hasta entonces siempre habíamos vivido en partes de casas, con otras familias. Durante todo este tiempo, y hasta que fui mayor de edad, fueron muchos, y prolongados con frecuencia, los periodos en que viví en el pueblo con mis abuelos maternos, Jerónimo Melrinho y Josefa Caixinha.

Fui buen alumno en la escuela primaria: en el segundo nivel ya escribía sin errores de ortografía, y tercero y cuarto los hice en un solo año. Pasé después al instituto, donde permanecí dos años, con notas excelentes en primero, bastante menos buenas en segundo, pero estimado por compañeros y profesores, hasta el punto de ser elegido (tenía entonces doce años...) tesorero de la asociación académica... Entretanto, mis padres habían llegado a la conclusión de que, por falta de medios, no podían seguir manteniéndome en el instituto. La única alternativa posible sería entrar en una escuela de formación profesional, y así fue: durante cinco años aprendí el oficio de cerrajero mecánico. Lo más sorprendente era que el plan de estudios de la escuela, en aquel tiempo, aunque estaba orientado obviamente a formar profesionales técnicos, incluía, además de Francés, una asignatura de Literatura. Como no tenía libros en casa (libros míos, comprados por mí, aunque con dinero prestado por un amigo, sólo los pude tener a los diecinueve años), fueron los libros escolares de Portugués, por su carácter «antológico», los que me abrieron las puertas de la fruición literaria: aún hoy puedo recitar poemas aprendidos en aquella época lejana. Terminado el curso, trabajé durante cerca de dos años como cerrajero mecánico en un taller de reparación de automóviles. También por entonces había empezado a frecuentar, en horario nocturno, una biblioteca pública de Lisboa. Y fue ahí, sin ayudas ni consejos, sólo guiado por la curiosidad y por la voluntad de aprender, como se desarrolló y pulió mi gusto por la lectura.

Cuando me casé, en 1944, ya había cambiado de actividad, pasando a trabajar de administrativo en un organismo de la Seguridad Social. Mi mujer, Ilda Reis, entonces mecanógrafa en Caminhos de Ferro, vendría a ser, muchos años después, una de las más importantes grabadoras de Portugal. Fallecería en 1998. En 1947, año de nacimiento de mi única hija, Violante, publiqué mi primer libro, una novela que titulé *La viuda*, pero que por conveniencias editoriales aparecería con el nombre de *Terra do Pecado*. Escribí también otra novela, *Claraboya*, que aún hoy permanece inédita, y empecé otra más, que no pasó de las primeras páginas: se llamaría *La miel y la hiel* o tal vez *Luis, hijo de Tadeo*... La cuestión se resolvió cuando abandoné el proyecto: empezaba a tener claro que no tenía nada que decir que valiese la pena. Durante diecinueve años, hasta 1966, cuando publiqué *Los poemas posibles*, estuve ausente del mundo literario portugués, en el que debieron de ser poquísimas las personas que sintieron mi falta.

Por motivos políticos perdí mi empleo en 1949, pero, gracias a la buena voluntad de un antiguo profesor de los tiempos de la escuela técnica, pude encontrar trabajo en la empresa metalúrgica de la que él era gestor. A finales de los años cincuenta pasé a trabajar en una editorial, Estúdios Cor, como responsable de producción, volviendo así, aunque no como autor, al mundo de las letras que había dejado años antes. Esa nueva actividad me permitió conocer y establecer relaciones de amistad con algunos de los más importantes escritores portugueses del momento. Para mejorar el presupuesto familiar, pero también por gusto, comencé, a partir de 1955, a dedicar una parte del tiempo libre a hacer traducciones, actividad que se prolongaría hasta 1981: Colette, Pär Lagerkvist, Jean Cassou, Maupassant, André Bonnard, Tolstoi, Baudelaire, Étienne Balibar, Nikos Poulantzas, Henri Focillon, Jacques Roumain, Hegel, Raymond Bayer fueron algunos de los autores que traduje. Otra ocupación paralela, entre mayo de 1967 y noviembre de 1968, fue la de crítico literario. Entretanto, en 1966, publiqué *Los poemas posibles*, una colectánea poética que marcó mi regreso a la literatura. A ese libro le siguieron, en 1970, otra colección de poemas, *Probablemente alegría*, y enseguida, en 1971 y 1973 respectivamente, bajo los títulos *De este mundo y del otro* y *Las maletas del viajero*, dos conjuntos de crónicas publicadas en prensa, que la crítica ha considerado esenciales para la comprensión completa de mi trabajo posterior. Tras divorciarme en 1970, viví, hasta 1986, con la escritora portuguesa Isabel da Nóbrega.

Dejé la editorial a finales de 1971, trabajé durante los dos años siguientes en el vespertino *Diário de Lisboa* como coordinador de un suplemento cultural y como editorialista. Publicados en 1974 bajo el título *As Opiniões que o DL teve*, esos textos representan una «lectura» bastante precisa de los últimos tiempos de la dictadura que sería derribada en abril de ese año. En abril de 1975 pasé a ejercer las funciones de director adjunto del matutino *Diário de Notícias*, cargo que desempeñé hasta noviembre de ese año y del que fui despedido como consecuencia de los cambios ocasionados por el golpe político-militar del día 25 de aquel mes, que frenó el proceso revolucionario. Dos libros marcan esa época: *El año de 1993*, un largo poema publicado en 1975 que algunos críticos consideran anunciador de mi obra de ficción, que empezaría dos años después con la novela *Manual de pintura y caligrafía*, y, bajo el título de *Os Apontamentos*, los artículos de tenor político que publiqué en el periódico del que había sido director.

Sin empleo una vez más y, ponderadas las circunstancias de la situación política que entonces se vivía, sin la menor posibilidad de encontrarlo, tomé la decisión de dedicarme por entero a la literatura: ya era hora de saber lo que podría valer realmente como escritor. A principios de 1976 me instalé durante algunas semanas en Lavre, una población rural de la región del Alentejo. Fue ese periodo de estudio, observación y anotación de informaciones el que vino a dar origen, en 1980, a la novela *Levantado del suelo*, en la que nace el modo de narrar que caracteriza mi ficción novelesca. Entretanto, en 1978, había publicado una colección de cuentos, *Casi un objeto*, y en 1979 la obra de teatro *La noche*, a la que siguió, pocos meses antes de la publicación de *Levantado del suelo*, una nueva obra teatral, *¿Qué haré con este libro?* Con excepción de otra pieza de teatro, titulada *La segunda vida de Francisco de Asís* y publicada en 1987, la década de los ochenta estuvo dedicada por entero a la novela: *Memorial del convento*, 1982; *El año de la muerte de Ricardo Reis*, 1984; *La balsa de piedra*, 1986; *Historia del cerco de Lisboa*, 1989.

En 1986 conocí a la periodista española Pilar del Río. Nos casamos en 1988. Como consecuencia de la censura ejercida por el Gobierno portugués sobre la novela *El Evangelio según Jesucristo* (1991), vetando su presentación al Premio Literario Europeo bajo el pretexto de que el libro era ofensivo para los católicos, cambiamos, mi mujer y yo, en febrero de 1993, nuestra residencia a la isla de Lanzarote, en el archipiélago de Canarias. A principios de ese año publiqué la obra *In Nomine Dei*, todavía escrita en Lisboa, de la que sería extraído el libreto de la ópera *Divara*, con música del compositor italiano Azio Corghi, estrenada en Münster (Alemania) en 1993. No fue ésta mi primera colaboración con Corghi: también él puso música a la ópera *Blimunda*, sobre la novela *Memorial del convento*, estrenada en Milán (Italia) en 1990. En 1993 empecé a escribir un diario, *Cuadernos de Lanzarote*, del que están publicados cinco volúmenes. En 1995 publiqué la novela *Ensayo sobre la ceguera*, y en 1997 *Todos los nombres* y *El cuento de la isla desconocida*.

En 1995 me fue concedido el Premio Camões, y en 1998 el Premio Nobel de Literatura. Como consecuencia de haber recibido el Premio Nobel, mi actividad pública se vio incrementada. Viajé por los cinco continentes dando conferencias, recibiendo títulos académicos, participando en reuniones y congresos, tanto de carácter literario como social y político, pero, sobre todo, participé en acciones para reivindicar la dignificación de los seres humanos y el cumplimiento de la Declaración de los Derechos Humanos en pos de una sociedad más justa, donde las personas sean prioridad absoluta, y no el comercio o las luchas por el poder hegemónico, siempre destructivas.

Creo haber trabajado bastante durante estos últimos años. Desde 1998, he publicado *Folhas Políticas (1976-1998)* (1999), *La caverna* (2000), *La flor más grande del mundo* (2001), *El hombre duplicado* (2002), *Ensayo sobre la lucidez* (2004), *Don Giovanni o El disoluto absuelto* (2005), *Las intermitencias de la muerte* (2005) y *Las pequeñas memorias* (2006). Ahora, en este otoño de 2008, aparecerá un nuevo libro: *El viaje del elefante*, un cuento, una narración, una fábula.

En el año 2007 se tomó la decisión de crear en Lisboa una Fundación con mi nombre, que asume entre sus principales objetivos la defensa y la divulgación de la literatura contemporánea, la defensa y la exigencia del cumplimiento de la Carta de los Derechos Humanos, además de la atención que debemos, como ciudadanos responsables, al cuidado del medio ambiente. En julio de 2008 se firmó el protocolo de cesión de la Casa dos Bicos, en Lisboa, para sede de la Fundación José Saramago, desde donde ésta continuará intensificando y consolidando los objetivos propuestos en su Declaración de Principios, abriendo las puertas a proyectos activos de agitación cultural y propuestas transformadoras de la sociedad.

Lanzarote, 2008

Nota: Después de *El viaje del elefante*, José Saramago escribió *Caín* y *El Cuaderno*, publicados en 2009, y *El último Cuaderno*, en 2010; póstumamente aparecieron *Claraboya*, en 2011 (concluida en 1953), *Alabardas*, en 2014, y *El cuaderno del año del Nobel*, en 2018.

> La distancia entre lo que fue una persona
> y lo que se recuerda de ella es literatura.
> José Saramago, 2001

espacios/
lugares

Azinhaga

FUE AQUÍ, en Azinhaga, donde el viajero nació. Y para que no se crea que ha venido hasta aquí sólo por razones egoístas y sentimentales, irá a la ermita de San José, que tiene bellísimos azulejos azules y amarillos, ejemplares y trabajados, y techos admirablemente ornados. En sus tiempos de infancia, el viajero tenía miedo en este lugar: decían que enfrente de la puerta, atravesada en la carretera, había aparecido una noche una viga que no se sabía de dónde había venido, y queriendo un hombre, que regresaba a su casa, pasar por encima de ella, no lo consiguió, porque algo le tiraba de la pierna, y entonces se oyó una voz que decía: «Por aquí no se pasa», y el hombre se asustó y salió corriendo. Los escépticos de la aldea dijeron que el hombre iba borracho, declaración que el viajero entonces no aceptó, porque de aceptarla ya no tendría motivos para el miedo y el estremecimiento.

El viajero no se detendrá. La casa más antigua es una casa desierta. Quedan unos tíos, unos vagos primos, la gran melancolía del pasado personal: pensándolo bien, sólo el pasado colectivo es exultante. No vale la pena ir otra vez al río: ni siquiera es un muerto limpio. Allá abajo, cerca de la confluencia con el Tajo, parece que el agua se vuelve clara: es sólo porque corre sobre un fondo raso, de arena.

Viaje a Portugal, 1981

DURANTE TODA la infancia y también en los primeros años de la adolescencia, esa pobre y rústica aldea con su frontera rumorosa de agua y de verdes, con sus casas bajas rodeadas del gris plateado de los olivares, unas veces requemada por los ardores del verano, otras veces transida con las heladas asesinas del invierno o ahogada por las crecidas que le entraban puerta adentro, fue la cuna donde se completó mi gestación, la bolsa donde el pequeño marsupial se recogió para hacer de su persona, en lo bueno y tal vez en lo malo, lo que sólo por ella misma, callada, secreta, solitaria, podría ser hecho.

Dicen los entendidos que la aldea nació y creció a lo largo de una vereda, de una *azinhaga*, término que viene de una palabra árabe, *as-zinaik*, «calle estrecha», lo que en sentido literal no podría haber ocurrido en aquellos comienzos, pues una calle, sea estrecha, sea ancha, siempre será una calle, mientras que una vereda nunca será nada más que un atajo, un desvío para llegar más deprisa a donde se pretende, y en general sin otro futuro ni desmedidas ambiciones de distancia.

También ha desaparecido en un montón de escombros la otra, la que durante diez o doce años fue el hogar supremo, el más íntimo y profundo, la pobrísima morada de mis abuelos maternos, Josefa y Jerónimo se llamaban, ese mágico capullo donde sé que se generaron las metamorfosis decisivas del niño y del adolescente. Esta pérdida, sin embargo, hace mucho tiempo que dejó de causarme sufrimiento porque, por el poder reconstructor de la memoria, puedo levantar en cualquier momento sus paredes blancas, plantar el olivo que daba sombra a la entrada, abrir y cerrar el postigo de la puerta y la verja del huerto donde un día vi una pequeña culebra enroscada, entrar en las pocilgas para ver mamar a los lechones, ir a la cocina y echar del cántaro a la jícara de latón esmaltado el agua que por milésima vez me matará la sed de aquel verano.

Las pequeñas memorias, 2006

Lo que vemos de un árbol es sólo una parte, importante, sin duda, que nada sería sin sus raíces. Las mías, las biológicas, se llaman Josefa y Jerónimo, José y Piedade, pero hay otras que son sitios, lugares, Casalinho y Divisões, Cabo das Casas y Almonda, Tajo y Rabo dos Cágados, se llaman también olivos, sauces, chopos y nogales, balsas navegando en el río, higueras cargadas de frutos, cerdos que eran llevados a pastar, y algunos que, todavía lechones, dormían en la cama con mis abuelos para que no murieran de frío. De todo esto estoy hecho.

«Bronce», *El último Cuaderno*, 1 de junio de 2009

La emoción del viaje la sentí cuando era niño y cogía, en la estación de Rossio, normalmente solo, el tren que me llevaba de vacaciones a la estación de Mato Miranda, donde estaba mi tía Levira o, casi siempre, mi abuela Josefa esperándome. Eso sí, aquel tren lento que no llegaba nunca, traca-traca, traca-traca, traca-traca. La expectativa, la noche casi sin dormir por la excitación. Y, aunque aquello ya no representase ningún secreto para mí, lo vivía cada vez con la emoción de quien sabía lo que le esperaba: llegar a Azinhaga, entrar en casa de mis abuelos con su suelo de barro y quitarme los zapatos, que era lo primero que hacía. Sólo me los volvía a poner para regresar, ya con los pies un poco más grandes. Eso sí. El sentido del viaje, ir andando y descubriendo, sólo lo he tenido en Azinhaga.

UP-Magazine, diciembre de 2009

RICARDO REIS bajó el cristal, miró hacia fuera. Una vieja, descalza, vestida de oscuro, abrazaba a un mozuelo flaco, de unos trece años, y le decía, Hijito, hijito, estaban los dos a la espera de que el tren se pusiera de nuevo en marcha para poder atravesar la vía.
El año de la muerte de Ricardo Reis, 1984

BIEN, por más increíble que les parezca, ese muchacho de trece años que se bajó del tren en la estación de Mato de Miranda en 1936 era yo. Es cierto que hoy, después de tantos años, me resulta imposible recordar si un señor con cara de médico y de poeta permaneció ahí mirándome mientras yo abrazaba a mi abuela, pero si Ricardo Reis declara haberme visto desde la ventanilla del tren, ¿quién soy yo para tener la audacia de afirmar lo contrario?
Algunas pruebas de la existencia real de Herbert Quain, 1999

Río Almonda

A MENOS de un kilómetro de las últimas casas, hacia el sur, el Almonda, que ése es el nombre del río de mi aldea, se encuentra con el Tajo, al que (o a quien, si se me permite la licencia) ayudaba, en tiempos idos, en la medida de sus limitados caudales, a inundar los campos cuando las nubes soltaban las lluvias torrenciales del invierno y los embalses río arriba, pletóricos, congestionados, tenían que descargar el exceso de agua acumulada.

Desde tan distantes épocas la gente nacida y vivida en mi aldea aprendió a negociar con los dos ríos que acabaron configurándole el carácter, el Almonda, que a sus pies corre, el Tajo, más allá, medio oculto tras la muralla de chopos, fresnos y sauces que le acompaña en el curso, y uno y otro, por buenas y malas razones, omnipresentes en la memoria y en las conversaciones de las familias.

Las pequeñas memorias, 2006

DESPUÉS DE CASADO

Agua del río Almonda que me viste desnudo
Antes que cualquier mujer
Agua del río Almonda que cariñosamente
Acariciaste mi cuerpo desnudo
Ya no me desnudo a tu lado
Ya no me sumerjo en ti, agua de mi río

Me das miedo, tú y tus celos...

Febrero de 1945

Río Tajo

Pero el caso es que, después de cenar, salí a dar un paseíto por esas calles tibias, oyendo las voces de aquellos a quienes el verano hizo salir de casa. Andando, fui a dar a un jardín que encara el río, y este milagroso Tajo, cubierto de luces que se reflejan en el agua y parecen hundirse en ella como trémulos pilares —este cielo de terciopelo negro (la imagen está gastada, pero ¿quién puede evitarla?), esta atmósfera blanca que ninguna brisa perturba—, todo eso me envolvió en paz, en un acuerdo fundamental con el mundo, como si lentamente hubiera ido atravesando el umbral de la felicidad posible.

«Noche de verano», *De este mundo y del otro*, 1971

Escribo estas palabras al caer la tarde, con un color de madrugada con espumas en el cielo, tengo ante mis ojos una amplia franja del Tajo, en la que hay barcos lentos que van de orilla a orilla llevando gente y recados. Y todo esto parece pacífico y armonioso, como las dos palomas que se posan en la barandilla y susurran confidencialmente: «¡Ah!, esta vida preciosa que va huyendo, tarde mansa que mañana no serás igual, que no serás, sobre todo, lo que ahora eres».

«¿Y ahora, José?», *Las maletas del viajero*, 1973

Lisboa nació por el (o tal vez debido al) Tajo, sin el Tajo no habría Lisboa. La ciudad y el río y del río al mar, ése fue el camino de los descubrimientos. En aquel siglo hubo una relación directa, intensa, total entre la ciudad y el río, entre la ciudad y el mar. Todo ha ido cambiando en nuestro siglo, la ciudad ha crecido y se ha ido extendiendo tierra adentro, poco a poco la relación se ha ido modificando. Ahora, en cierto modo, el habitante de Lisboa ya no tiene relación con el río y su relación con el agua ya no es con el mar, sino con la playa.

La Vanguardia, 13 de octubre de 1987

A juzgar por la altura del sol, habrían andado unas tres horas, modo de decir demasiado conciliatorio porque una parte no pequeña de ese tiempo la había empleado salomón en darse chapuzones en el tajo, alternándolos con voluptuosos revolcones en el barro, lo que, a su vez, era motivo, según la lógica elefantina, para nuevos y más prolongados baños.

El viaje del elefante, 2008

Salão Lisboa

Debía de tener seis años. Vivíamos en la Morería. Cerca estaba el Salão Lisboa, al que llamábamos O Piolho [El Piojo]. Fue allí donde empecé a ir al cine, con un chico mayor que yo que vivía en la misma casa, Félix. Era en los tiempos en que se alquilaban las casas por partes. Vi las cosas más disparatadas, películas de terror, una película en la que aparecía un leproso encapuchado...

Público, 5 de diciembre de 2008

En una de esas películas, en cierto momento, románticamente sentado en una terraza y, por la expresión de la cara, cavilando en la mujer amada, aparecía el galán de la historia (era así como se decía en aquella época, pero nosotros, los del «Piojo», lo llamábamos, sin etiqueta alguna, el hombre), con el antebrazo derecho descansando sobre un murete del que, por el lado de fuera, tras un momento de vacilación, comenzó a subir, tenebrosamente encapuchado y con fatigante lentitud, un leproso que asentó una de sus manos carcomidas por la enfermedad sobre la mano nívea del actor, el cual, acto seguido, allí mismo y ante nuestra vista, contrajo, en la persona del personaje, el mal de Hansen. Nunca, en toda la historia de las enfermedades humanas, se habrá dado un caso de contagio tan rápido. El resultado de tal horror fue que, en esa noche, durmiendo en la misma cama que Félix (no sé por qué razón, dado que no era lo habitual), me desperté a altas horas de la madrugada y vi en medio del dormitorio, también comedor de la otra familia, al leproso de la película, igual que se había aparecido, todo de negro, con una capucha picuda y un bordón que le llegaba a la altura de la cabeza. Desperté a Félix, que dormía, y le susurré al oído: «Mira, mira ahí». Félix miró y, explíquelo ahora quien pueda, vio exactamente lo que yo estaba viendo, es decir, al leproso. Atemorizados, metimos la cabeza debajo de la ropa y así nos quedamos durante mucho tiempo, asfixiados por el miedo y la falta de aire, hasta que nos atrevimos a echar una mirada por encima del embozo de la sábana para comprobar, con infinito alivio, que la pobre criatura se había marchado. En la película el hombre se curaba al final por la virtud de la fe que lo llevó a bañarse en la gruta de Lourdes, de donde, habiendo entrado manchado, salió limpio para los brazos de la mujer, o la ingenua, como también la llamábamos con igual falta de respeto.

Entre la Penha de França, donde vivíamos, y el liceo, en el camino que es hoy la avenida General Roçadas y más adelante la calle de la Graça, había dos cines, el Salón Oriente y el Royal Cine, y en ellos nos entreteníamos, los compañeros que vivían por aquella parte y yo, viendo la exposición de reclamos fotográficos, que entonces era costumbre exhibir en todos los cines. A partir de esas pocas imágenes, en total unos ocho o diez fotogramas, armaba allí mismo una historia completa, con principio, medio y fin, sin duda auxiliado en la maniobra mistificadora por el precoz conocimiento del Séptimo Arte que había adquirido en el tiempo dorado del «Piojo» de la Morería. Un poco envidiosos, los compañeros me oían con la mayor atención, hacían de vez en cuando preguntas para aclarar alguna escena dudosa y yo iba acumulando mentiras sobre mentiras, no muy lejos ya de creer que realmente había visto lo que simplemente estaba inventando...

Las pequeñas memorias, 2006

Casa dos Bicos

Ferrara es un lugar manso, de largas calles que hasta en el centro de la ciudad tienen un recato de suburbio, con muros altos que dan a jardines donde irrumpen, con el movimiento de la brisa, inundándome, nubes invisibles y perfumadas de nardo que me cortan el paso. En una de esas calles, el Corso Ercole I d'Este, está el Palazzo dei Diamanti, que viene a ser como la Casa dos Bicos que a los lisboetas les gustaría tener en el Campo das Cebolas. Son 8.500 puntas de diamante sobre las que el sol y la sombra juegan como en el interior de un cristal. Y es en la misma calle donde súbitamente se abre el portalón modesto de la Pinacoteca Nazionale.

Manual de pintura y caligrafía, 1977

A la puerta de una taberna que quedaba al lado de la casa de los diamantes, compró Baltasar tres sardinas asadas, que, sobre la indispensable rebanada de pan, soplando y mordisqueando, comió mientras caminaba hasta el Terreiro do Paço.

Memorial del convento, 1982

La Casa dos Bicos fue construida en el siglo XVI, inspirada en el italiano Palacio de los Diamantes. En el siglo XX fue almacén de bacalao. La zona, en la Ribeira Velha, es muy popular. Una maravilla. Te voy a decir algo muy importante para mí. Llega un momento en que te crees que tal vez no es una utopía que te den el Nobel. Tu nombre empieza a ser barajado, junto a otros. Van pasando los años. El nombre se repite. Y piensas: bueno, pues ¿por qué no? Tal vez me den el Nobel. Pero nunca, nunca, jamás soñé que la Casa dos Bicos pudiese ser sede de una fundación llamada José Saramago. ¡Las veces que pasé por delante desde niño! Soy poco expresivo, pero, a veces, sólo con pensarlo tiemblo de emoción con todo el cuerpo, de arriba abajo.

El País, 23 de noviembre de 2008

La Fundación cumplió ayer dos años. Como se suele decir, parece que el tiempo no ha pasado. Si nos pusiéramos a trazar el balance de lo que hicimos y de lo que soñábamos, no nos faltan motivos para afirmar que no hemos tenido ni un momento de descanso. En primer lugar, la preocupación de decidir sobre lo que más le convenía a la recién nacida para que el paso siguiente que se diera fuese firme y con futuro. Después, el trabajo de convencer a los desconfiados de que no estábamos aquí para dedicarnos a la contemplación del ombligo del patrono, sino para trabajar en beneficio de la cultura portuguesa y de la sociedad en general. No tenemos la pretensión de haberles hecho cambiar de idea, ni entonces ni ahora, pero la tarea de acción pública nos ha permitido llevar nuestras ideas y nuestras propuestas a las personas de buena fe, que afortunadamente no faltan en este país, por muy mal que de él se diga. La Fundación ya puede presentar una hoja de servicios, además de digna, prometedora. Las obras de la Casa dos Bicos, que visitamos hace tres días, avanzan con tenacidad, y es muy probable que en seis meses o poco más tengamos la llave en la mano y podamos entrar libremente en la casa que ya es nuestra, aunque lo será mucho más cuando estemos en actividad plena. Queremos que el Campo das Cebolas forme parte de los itinerarios habituales de las personas para las que la cultura no es sólo una decoración superficial del espíritu.

«Dos años», *El último Cuaderno*, 30 de junio de 2009

Liceo Gil Vicente

EL PRIMER AÑO [1933] fui buen estudiante en todas las disciplinas, con excepción del canto coral, en el que nunca pasé de un aprobado justito. Mi reputación alcanzó tal extremo que alguna que otra vez aparecían en nuestra clase alumnos mayores, de cursos más adelantados, preguntando, supongo que por las referencias que los profesores habrían hecho acerca de mi persona, quién era el tal Saramago. (Fue el tiempo feliz en que mi padre iba con un papelito en el bolsillo para enseñárselo a los amigos, un papel escrito a máquina con mis notas, bajo el título «Notas de mi campeón». En mayúsculas). Llegó la fama a tal despropósito que, en el arranque del segundo año, habiendo elecciones para la Asociación Académica, me votaran para, imagínense, el cargo de tesorero. A los doce años... Recuerdo que me pusieron en las manos una cantidad de papeles (cuotas y balances) que yo a duras penas sabía para qué servían y que realmente no llegaron a servir para nada. El segundo año me fue mal. No sé qué pasó en mi cabeza, tal vez comenzara a sospechar que mis pies no habían sido hechos para aquel camino, tal vez se había agotado el caudal y la energía que traía de la escuela primaria. Eso sin olvidar que mi padre ya estaba echándole cuentas a la vida y a los gastos de un bachillerato completo, y, después, ¿qué futuro? Las notas fueron en general bajas, en Matemáticas, por ejemplo, no llegué al aprobado ni en el primer trimestre ni en el segundo, y, si al final pasé con algo más de lo necesario, que nadie se vaya a creer que el soberbio salto de nivel que me permitiría ir al examen había sido el resultado de una final y desesperada aplicación al estudio. La explicación es otra. El día en que anunció las notas que se proponía darnos, el profesor Germano [autor también del libro de texto adoptado en el liceo de Saramago] tuvo la feliz ocurrencia de preguntar a la comunidad de la clase si les parecía que yo sabía más de la ciencia de los números de lo que el suspenso proclamaba, y la muchachería, solidaria y unánime, respondió que sí señor, que él sabe más... La verdad es que no sabía.

Las pequeñas memorias, 2006

Penha de França

Mi Lisboa fue siempre la de los barrios pobres, y cuando, mucho más tarde, las circunstancias me llevaron a otros ambientes, la memoria que preferí guardar fue la de la Lisboa de mis primeros años, la Lisboa de gente de poco tener y mucho sentir, todavía rural en sus costumbres y en la comprensión del mundo.

«Palavras para Uma Cidade», *Folhas Políticas*, 1999
(incluido en *El Cuaderno*)

Creo que fueron doce años el tiempo que viví en la Penha de França, primero en la calle del Padre Sena Freitas, después en la calle Carlos Ribeiro. Durante muchos más, hasta que murió mi madre, el barrio era para mí una prolongación constante de todos los otros lugares por donde después pasé. De él tengo recuerdos que permanecen vivos hasta hoy. Entonces todavía el Valle Oscuro hacía honor a su nombre, fue un espacio de aventura y descubrimiento para los muchachos, un resto de naturaleza que las primeras construcciones ya comenzaban a amenazar, pero donde era posible saborear el gusto ácido de las acederas y los tubérculos dulzones de las raíces de una planta cuyo nombre nunca llegué a conocer. Y era también el campo de batalla de homéricas luchas...

«Patio del Panadero», *El último Cuaderno*, 4 de agosto de 2009

Patio del Panadero

Y ESTABA el Patio del Panadero (que no pertenecía a la Penha de França, sino al Alto de São João...), donde la gente «normal» no se atrevía a entrar y que, según se decía, la propia policía evitaba, haciendo la vista gorda a los supuestos o auténticos comportamientos ilícitos de sus habitantes. Lo más seguro es que tanta desconfianza y temor fueran también causados por el enclaustramiento de aquel pequeño mundo que vivía segregado del resto del barrio y cuyas palabras, gestos y actitudes chocaban con la pacata rutina de la gente asustadiza que pasaba de largo. Un día, de la noche a la mañana, el Patio del Panadero desapareció, tal vez arrasado por el martillo municipal, o más probablemente por las excavadoras de las empresas constructoras, y en su lugar se levantaron edificios sin imaginación, copiados unos de los otros y que en pocos años envejecieron. El Patio del Panadero, al menos, tenía su originalidad, su fisonomía propia, aunque sucia y maloliente. Si yo pudiese, si tuviese el valor de compartir la vida de aquellas personas para informarme, me gustaría reconstruir la vida del Patio del Panadero. Penas perdidas serían. La gente que vivía allí se dispersó, sus descendientes, si se les mejoró la vida, olvidaron o no querrían recordar la dura existencia de los que vivieron antes. En la memoria de la Penha de França (o del Alto de São João) no se guardó un espacio para el Patio del Panadero. Hay personas que nacieron y vivieron sin suerte. De ellas no quedó siquiera la piedra del quicio de la puerta. Murieron y pasaron.

«Patio del Panadero», *El último Cuaderno*, 4 de agosto de 2009

Ángeles

En un artículo de Ângela Caires, publicado en *Visão*, sobre António Champalimaud, leo que el tío Henrique Sommer, en carta con valor testamentario, dirigida a las hermanas Albana y Maria Luísa, les recomendaba que no se olvidasen de distribuir, por Navidad, dos mil escudos a la Sopa de los Pobres de la Feligresía de los Ángeles, de Lisboa. Naturalmente, el generoso Sommer (que en gloria esté) deseaba que no sufriese cambio, después de su óbito, la beneficente práctica que había instituido. ¿Quién podría imaginar que esta información, escrita al correr de la pluma, vendría a lanzar una luz nueva sobre mi biografía secreta? De hecho, no fueron pocas las veces, en la época de la adolescencia, que ocupé un avergonzado lugar en la cola de los aspirantes a la sopa y al cuarto de pan que se servían en aquel embotellado y lúgubre edificio frontero a la iglesia de los Ángeles... Más o menos por esa altura debo de haber aprendido en la clase de Física y Química de la Escuela Industrial de Afonso Domingues el principio de los vasos comunicantes, pero sólo hoy ha sido cuando he conseguido entender, sin reservas mentales ni dudas formales, cómo se efectúa la transmisión de la riqueza y del bienestar de los que están encima para con los que están abajo, de los mil escudos al cuarto de pan, de la hartura a la falta. Por muchos que fuesen sus pecados, Henrique Sommer nunca se quedaría en el infierno, siempre habría una escudilla de sopa para sacarlo de allí...

Cuadernos de Lanzarote, 4 de diciembre de 1994

Escuela Industrial Afonso Domingues

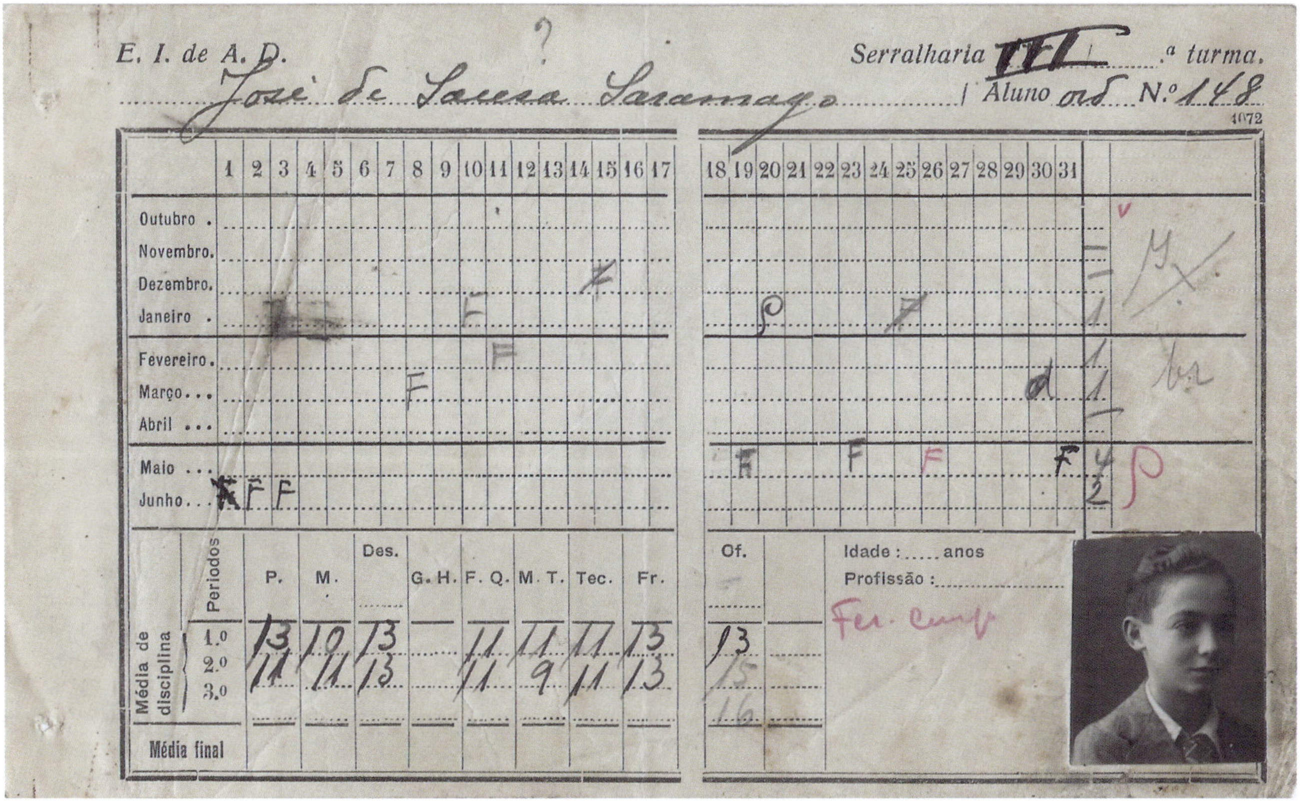

E. I. de A. D. — Serralharia III.ª turma.

José de Sousa Saramago — Aluno ord. N.º 148

1072

	1	2	3	4	5	6	7	8	9	10	11	12	13	14	15	16	17	18	19	20	21	22	23	24	25	26	27	28	29	30	31
Outubro																															
Novembro																															
Dezembro																															
Janeiro																															
Fevereiro																															
Março																															
Abril																															
Maio																															
Junho																															

Média de disciplina — Periodos	P.	M.	Des.	G. H.	F. Q.	M. T.	Tec.	Fr.	Of.
1.º	13	10	13		11	11	11	13	13
2.º	11	11	13		11	9	11	13	15
3.º									16
Média final									

Idade : ...... anos

Profissão : ....

Ser. cump.

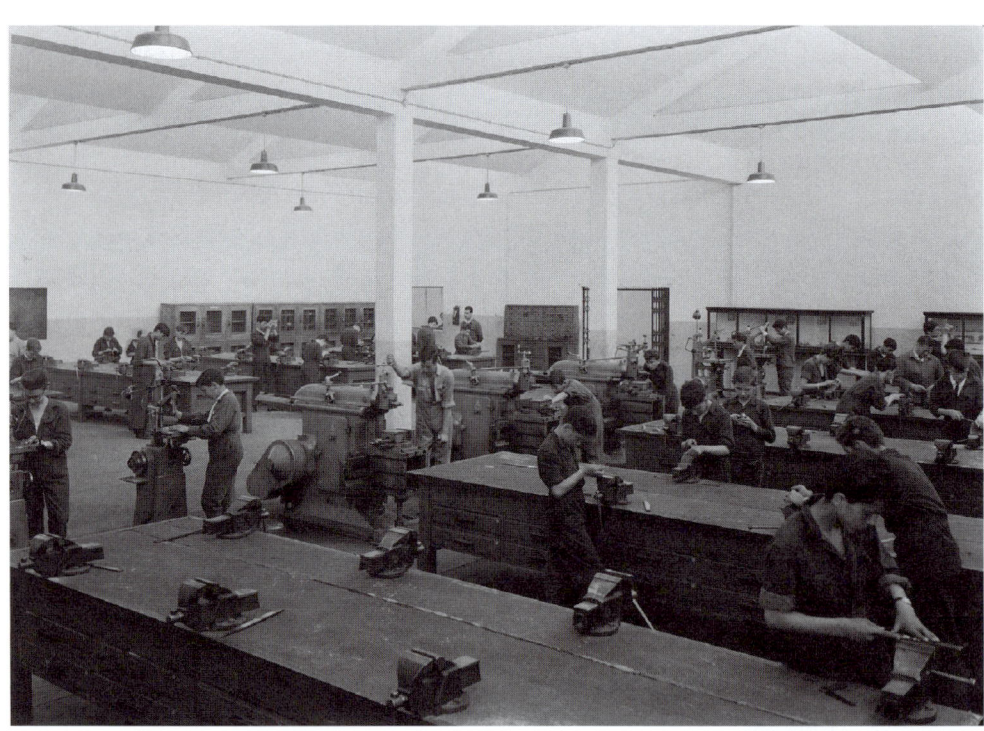

Si puedo presentar algún curso de preparación para la vida es exactamente el de cerrajería mecánica de la Escuela Industrial Afonso Domingues. Durante dos años trabajé como cerrajero mecánico, llevaba un peto vaquero y tenía las manos sucias... En aquel tiempo todavía no se usaban guantes protectores.

Mecanografiado inédito, 2000

La publicación de lo que escribí sobre mi descubrimiento de Ricardo Reis me hizo recordar, con una intensidad inhabitual, la vieja Escuela de Afonso Domingues, en especial los talleres de cerrajería mecánica, los de los primeros años, iluminados por altos ventanales que daban a la calle de la Madre de Deus, los otros interiores, pero todos con luz natural. Ahora mismo soy capaz de ver con la memoria los tornos del taller en el que trabajé, las fresas, los tornos mecánicos, oigo el rugir del fuego en la forja, los golpes del martillo con el que teníamos que modelar un grueso cilindro de hierro incandescente, hasta hacer del mismo una esfera más o menos perfecta, según la habilidad y la fuerza de cada uno. Siento en la cara el vapor que subía del balde de agua cuando le metíamos dentro, para ganar temple, un hierro al rojo, paso las manos por el tejido azul del mono para que con el sudor no se me escurra el mango del martillo. Afilo el ángulo del corte de las navajas del torno, le pongo calzas para que el ataque del filo se haga a la altura justa, veo enroscarse las limaduras, ya gruesas y dentadas, ya finas y lisas, según el adelantamiento y el esmero del trabajo, detrás de mí aparece el Maestro Vicentino para ver cómo se está comportando el aprendiz de tornero. Con el Maestro Vicentino me aconteció una historia. El primer trabajo que nos entregaban era limar un pedazo de vigueta, de cerca de un palmo de largo, manteniendo lo más rigurosamente posible la sección cuadrada. No era fácil. Manejar una lima con perfecta horizontalidad requiere firmeza, sobre todo equilibrio de fuerzas entre la mano que va moviendo la lima hacia delante y hacia atrás y la mano que se apoya en el otro extremo. Si ese equilibrio fallaba, si la lima basculaba hacia abajo o arriba, en lugar de una superficie plana nos salía una superficie curva, combada, que la escuadra denunciaba inmediatamente. Era imposible engañar a la escuadra. A mí el trabajo no me salió del todo mal, las caras de la vigueta se presentaban paralelas, las aristas vivas, los ángulos exactos, el conjunto brillaba por todos los lados. Lo malo es que tenía en una de las extremidades un pequeño defecto, una limadura gruesa había excavado en el hierro, por su propia cuenta, un surco profundo que se resistía a todos los esfuerzos. De la presentación y aprobación del trabajo dependía el paso a obra más compleja. Resolví entonces disimular el estigma poniéndole encima un dedo empapado en masilla consistente y le mostré el hierro al Maestro Vicentino. Él lo miró, movió la cabeza y apuntó al extremo defectuoso. Volví a mi puesto, limpié un poco, pasé otra vez el dedo por el maldito surco y volví al examen. El profesor repitió la mímica, añadiéndole una palabra: Esto. Entonces comprendí. El profesor Vicentino estaba dispuesto a aceptar que yo no pudiese alcanzar la perfección, pero no que le presentase una pieza sucia. Volví a mi lugar, limpié y pulí el hierro con todo cuidado y se lo llevé. Ahora está bien, dijo.

Cuadernos de Lanzarote, 31 de enero de 1995

Biblioteca del Palacio de las Galveias

Yo NO TUVE un libro mío hasta los dieciocho y, aun así, los libros que tuve, los que compré, lo hice con el dinero que un colega mayor que yo me prestó. [...] Antes, ya había leído muchísimo en las bibliotecas públicas, leía por la noche. Después de cenar iba caminando, a pesar de que estaba lejos de mi casa, a la biblioteca del Palacio de las Galveias, y hasta la hora de cerrar leía todo lo que podía, sin ninguna orientación, sin nadie que me dijera si aquello era demasiado o poco para mí. Leía todo lo que me parecía interesante. Los autores nuestros los conocía por las clases, pero todo lo que tenía que ver con autores de otros países, nada, no tenía ni idea, aunque luego te vas dando cuenta de que existe un señor que se llamaba Balzac y otro Cervantes, etcétera. Poco a poco iba entrando por ese bosque y encontraba frutos que luego fui asimilando, cada uno a su manera.

José Saramago: El amor posible, 1998 (incluido en *José Saramago en sus palabras*)

«PASIÓN por la literatura» es lo mismo que «pasión por la lectura», nadie será escritor si no comienza siendo lector. Ésa, sí, es la verdadera pasión. En mi caso, que no tenía libros en casa (sólo pude comenzar a comprar algunos libros —con el dinero prestado por un compañero de trabajo— cuando tenía diecinueve años), el gusto de leer lo satisfice, en la medida de lo posible, en las bibliotecas públicas de Lisboa, por la noche.

Cuadernos de Lanzarote, 20 de febrero de 1996

Teatro Nacional de San Carlos

Cuando era un muchachito iba al San Carlos, no porque tuviese dinero para pagar la entrada: mi padre, que era policía de seguridad pública, conocía a los porteros. Y allí me plantaba yo bien arriba, en el gallinero.

Visão, 6 de noviembre de 2008

Como yo era de los que no dejaban ni un céntimo en taquilla, mi lugar era el gallinero, si es que llegando en el último segundo todavía encontraba un sitio para sentarme... Por diabólico castigo, salvo los poquísimos espectadores que se apretaban en la primera fila, nadie conseguía ver desde allí el escenario entero. La culpa la tenía el enorme palco real (presidencial después de la República) que, comenzando a la altura de los palcos de primera clase, trepaba teatro arriba, casi alcanzando el techo, donde, prácticamente, flotábamos. Cuando los cantantes, cumpliendo las pautas de escena, se desplazaban hacia el lado oculto, era como si hubieran pasado al otro lado de la luna. Les oíamos las voces (los entendidos afirmaban que la mejor acústica del San Carlos era la del gallinero...), pero teníamos que esperar pacientemente a que el desarrollo del enredo trajera otra vez a los artistas a la franja de escenario visible desde donde estábamos. Sobre el palco presidencial y dificultando todavía más la visión había (y allí continúa) una gran y suntuosa corona real, de talla dorada, símbolo que quedó de las monarquías pasadas, ahora reducida a mero adorno figurativo. Con propiedad y con rigor, sin embargo, lo que veíamos no era la corona en su aparente plenitud, la que ofrecía su magnificencia y su esplendor a los espectadores privilegiados de los palcos y de la platea. Nosotros, los del gallinero, teníamos que contentarnos con su reverso, la parte de atrás, el otro lado, en una palabra, la ausencia. Sí, la ausencia. O porque quisieron ahorrar algún dinero en madera y pan de oro, o porque creyeron que las personas que se sentarían allí no eran merecedoras de más consideración, la corona del Teatro Nacional de San Carlos no es una corona completa, es tres cuartos de corona, o todavía menos. Adentro, amparando la real estructura, se veían en aquel tiempo unos listones mal desbastados, sujetos con clavos torcidos, mucho polvo, telas de araña, alguna vengativa y republicana colilla de cigarro. Como si alguien, en esos distantes e ingenuos días, hubiese encendido la luz que habría de iluminar mi existencia, comprendí que el punto de vista del gallinero es indispensable si realmente queremos conocer la corona.

Cuadernos de Lanzarote, 30 de marzo de 1996

Chiado

A FINALES de los remotos años cincuenta [...], en un ya desaparecido café de Lisboa, nos reuníamos unos cuantos amigos para hablar de libros en voz alta y de política en voz baja, por razones que, tanto en el primero como en el segundo caso, no necesitan más explicación. [...] Aquel amigo providencial (fue de su boca de donde oí hablar por primera vez de José Hernández y de *Martín Fierro*) llegaba al café con los brazos cargados de títulos y de nombres y los lanzaba sobre la mesa como flores exóticas, entre las tazas y los ceniceros. Dejo aquí algunos de aquellos nombres y de aquellos títulos como una simple muestra de la riqueza de su jardín: Enrique Larreta y *La gloria de don Ramiro*, Ricardo Güiraldes y *Don Segundo Sombra*, Enrique Amorim y *El paisano Aguilar*, Miguel Ángel Asturias y *El señor presidente*, Rómulo Gallegos y *Doña Bárbara*, José María Arguedas y *Los ríos profundos*, Julio Cortázar y *Bestiario*, Jorge Luis Borges y *El Aleph*, Adolfo Bioy Casares y *La invención de Morel*, Carlos Fuentes y *La región más transparente*... Como he dicho, estábamos entonces en las postrimerías de los años cincuenta, razón más que poderosa para que *El coronel no tiene quien le escriba*, *La ciudad y los perros* o *El mundo es ancho y ajeno* aún no hubiesen llamado a las puertas del Chiado, aquel viejo café de Lisboa.

Discurso en el III Congreso Internacional de la Lengua Española, 2004

¿QUÉ HISTORIA será, si no, la de este lagarto que ha aparecido en el Chiado? Sí, ha aparecido un lagarto en el Chiado. Grande y verde, un saurio imponente, con unos ojos que parecían de cristal negro, el cuerpo sinuoso cubierto de escamas, el rabo largo y ágil y las patas rápidas. Se quedó parado en medio de la calle, con la boca entreabierta disparando la lengua bífida, mientras la piel blanca y fina del pescuezo latía acompasadamente.

«El lagarto», *Las maletas del viajero*, 1973

Alfama

Ahora sí va el viajero a la Alfama, dispuesto a perderse en la segunda esquina y decidido a no preguntar el camino. Ésa es la mejor manera de conocer el barrio. Se corre el riesgo de perder cualquiera de los lugares electos (la casa de la Rua dos Cegos, la casa del Menino de Deus, o la del Largo Rodrigues de Freitas, la Calçadinha de São Miguel, la Rua da Regueira, el Beco das Cruzes, etcétera), pero, andando mucho, acabará pasando por allí, y entretanto ganó encontrarse mil y una veces con lo inesperado. Alfama es un animal mitológico.

Alfama está más habituada a la vida cosmopolita, entra en el juego si de él saca alguna ventaja, pero en el secreto de sus casas debe de reírse mucho de quien cree conocerla por haber ido allá una noche de San Antonio a comer arroz de cabidela. El viajero sigue por los callejones retorcidos, entre cuyas casas a uno y otro lado casi los hombros rozan, y allá arriba el cielo es una rendija entre los aleros apenas separados un palmo, o por estas inclinadas plazas cuyos desniveles ayudan a vencer dos o tres tramos de escalones, y ve que no faltan flores en las ventanas, jaulas y canarios dentro, pero el mal olor de las alcantarillas que se nota en la calle, se notará aún más dentro de las casas, en algunas de ellas el sol no ha entrado nunca, y éstas, al nivel de la calzada, sólo tienen por ventana el postigo abierto de la puerta. El viajero ha visto mucho mundo y mucha vida, y nunca le ha gustado encontrarse en la piel del turista que va, mira, hace que entiende, saca fotos y vuelve a su tierra diciendo que conoce Alfama, pero no sabe lo que Alfama es. Este viajero tiene que ser honrado. Ha ido a Alfama, pero no sabe lo que Alfama es. Con todo, no para de dar vueltas, de subir y bajar, y cuando se encuentra al fin en el Largo do Chafariz de Dentro, después de haberse perdido algunas veces como había decidido, siente ganas de penetrar otra vez en las sombrías callejas, en los callejones inquietantes, en las escaleras resbaladizas, y quedarse allá hasta que haya aprendido al menos las primeras palabras de este discurso inmenso de casas, de personas, de historias, de risas y de inevitables llantos. Animal mitológico por cuenta ajena, Alfama vive por su propia y difícil cuenta. Tiene horas de animal saludable, hay otras en las que se tumba en un rincón a lamerse las heridas que siglos de pobreza abrieron en sus carnes y que éste no encuentra manera de curar. Y aun así, estas casas tienen tejado.

Viaje a Portugal, 1981

El corrector entró en Alfama por el Arco de Chafariz d'El-Rey, comerá por ahí, en una casa de comidas de la Rua de S. João da Praça, cerca de la torre de S. Pedro, una comida popular portuguesa de jureles fritos y arroz con tomate, con ensalada, y mucha suerte, que le tocaron en el plato las tiernísimas hojas del cogollo de la lechuga, donde, verdad que no todos saben, se recoge el frescor incomparable de las mañanas, el rocío, el orvallo, que todo es lo mismo, pero se deja repetido por el simple gusto de escribir las palabras y decirlas de modo sabroso.

Historia del cerco de Lisboa, 1989

Bairro Alto

PARA DESCANSAR y recomponerse del museo, el viajero fue al Bairro Alto. Quien nada más tiene que hacer se dedica a alimentar rivalidades entre este barrio y Alfama. Es tiempo perdido. Incluso pecando de exageración, como siempre que se hacen afirmaciones perentorias, el viajero dirá que son radicalmente diferentes los dos. No es caso de sugerir si es mejor éste o aquél, pues se acabaría concluyendo qué quiere decir ser mejor en materia de estas comparaciones; sí es verdad que Alfama y Bairro Alto son antípodas el uno del otro, en su estilo, en su lenguaje, en el modo de cruzar la calle y asomarse a la ventana, en cierta altivez que hay en Alfama y que el Bairro Alto transformó en desafuero. Con perdón de quien allá viva y de desaforado nada tenga.

Viaje a Portugal, 1981

ESTE BARRIO es castizo, alto de nombre y situación, bajo de costumbres, alternan los ramos de laurel en las puertas de las tabernas con busconas en los portales, aunque por ser hora matinal y estar lavadas las calles por las grandes lluvias de estos días se reconozca en la atmósfera una especie de lozanía inocente, un soplo virginal, quién iba a pensarlo en un lugar de tanta perdición, lo dicen, con su propio canto, los canarios de los miradores o a la entrada de las tabernas, piando como locos, hay que aprovechar el buen tiempo, sobre todo cuando parece que va a durar poco, si empieza de nuevo a llover se acaba la canción, erizadas las plumas, y un avecilla más sensible mete la cabeza bajo el ala y finge dormir, salió la mujer para meterla adentro, ahora sólo se oye la lluvia, andan también por ahí tocando una guitarra, no sabe dónde Ricardo Reis, que se abrigó en este portal, al principio de la Travessa da Agua da Flor.

El año de la muerte de Ricardo Reis, 1984

Terreiro do Paço

Hace buen tiempo en Lisboa. Por esta calle se baja al jardín de Santos-o-Velho, donde una contrahecha estatua de Ramalho Ortigão se difumina entre verdor. El río se esconde por detrás de una hilera de barracones, pero se adivina. Y después del Cais do Sodré se desahoga completamente para meterse en el Terreiro do Paço. Ésta es una bellísima plaza con la que nunca supimos muy bien qué hacer. De oficinas y despachos de gobierno ya poco queda, estos caserones pombalianos se adaptaban mal a las nuevas concepciones de los paraísos burocráticos. En cuanto a la plaza, ahora parque de automóviles, ahora desierto lunar, le faltan sombras, resguardos, focos que atraigan el encuentro y la conversación. Plaza real, allí en aquel rincón fue muerto un rey, pero el pueblo no la tomó para sí, excepto en momentos de exaltación política, siempre de corta duración. El Terreiro do Paço sigue siendo propiedad de don José. Uno de los más apagados reyes que en Portugal reinaron, mira, en estatua, un río que nunca le debió de gustar y que es mayor que él.
Viaje a Portugal, 1981

Cuando estaba escribiendo el *Memorial,* me sucedió que un día pasé por el Terreiro do Paço, a lo largo de la muralla. Iba distraído, probablemente pensando en el padre Bartolomeu de Gusmão, o en la passarola, o en Baltasar y Blimunda, cuando de repente miro hacia la Rua Augusta y veo, con estos ojos, no la plaza como es hoy, sino la plaza como era antes del terremoto, o como la representan los grabados y pinturas de la época. Fue, claro está, una imagen fugaz, pero vivísima.
Correio do Minho, 12 de febrero de 1983

Atravesaba el Terreiro do Paço el padre Bartolomeu Lourenço, que venía de palacio, adonde había ido por instancia de Sietesoles, deseoso de que se enterara de si habría o no pensión de guerra, si es que tanto vale una simple mano izquierda, y cuando João Elvas, que de la vida de Baltasar no sabía todo, vio aproximarse al cura, dijo continuando la conversa, Ese que ahí va es el padre Bartolomeu Lourenço a quien llaman el Volador, pero al Volador no le crecieron bastante las alas, y así no podemos ir a espiar las flotas que vienen y las intenciones o negocios que traen.
Memorial del convento, 1982

Hotel Bragança

POCOS VESTIGIOS de lo que era en 1936. Tramo empinado de escaleras hasta el primer piso. Hay habitaciones hasta el cuarto piso. Instalaciones modestas. La habitación elegida será quizá la 201, que da a la Rua do Alecrim. El comedor tiene ventanas a la Rua Nova do Carvalho. En las puertas interiores de cristal había unos grandes monogramas del hotel. No queda nada. Detrás de lo que es hoy la recepción hay una pequeña sala con un enorme espejo de excelente calidad. En esa sala había una hermosa lámpara de araña, que se habrá caído. El hotel (que era por entonces de José Xara Brasil) ha pasado por muchos dueños. Hoy no es posible saber dónde estará (si es que aún existe) la documentación de hace cincuenta años. En el piso de abajo, sobre el inicio del pasamanos, hay un paje de hierro fundido, pintado de dorado y blanco, levantando un bloque luminoso. Por el estilo, ya debía de estar ahí en 1936.

Notas preparatorias para *El año de la muerte de Ricardo Reis*, 1982

EL CONDUCTOR MIRÓ por el retrovisor, creyó que el pasajero no había oído, y abría ya la boca para repetir Para dónde, pero llegó primero la respuesta, aún irresoluta, suspensiva, A un hotel, Cuál, No sé, y en cuanto dijo No sé, supo el viajero lo que quería, con tan firme convicción como si se hubiera pasado el viaje ponderando la elección, Uno que esté junto al río, por aquí abajo, Junto al río sólo el Bragança, al empezar la Rua do Alecrim, no sé si lo conoce, Del hotel no me acuerdo, pero de la calle sí, sé dónde está, viví en Lisboa, soy portugués.

El año de la muerte de Ricardo Reis, 1984

«SI ELEGÍ este hotel para *El año de la muerte de Ricardo Reis* fue porque cuando éste llega a Lisboa quiere albergarse cerca del río y en la época no había junto al Tajo otro hotel que el Bragança». No hay, pues, en la elección más misterio que el que acompaña a todas las cosas: «Quiero pensar que en los años en que transcurre la novela fue tan cómodo como para que se hospedaran en él el duque de Medinaceli y el duque de Alba». José Saramago se pateó a fondo el hotel cuando preparaba la novela. La habitación 210 está descrita conforme estaba amueblada entonces, y se sabe que hoy ofrece más bien pocas condiciones de confortabilidad. Advirtió a su traductor alemán, pero éste no quiso hacer caso: «Quiero dormir una noche en la cama en que durmió Ricardo Reis». Poder de la ficción: «Ricardo Reis jamás durmió en esa cama».

La Vanguardia, 13 de octubre de 1987

PASANDO POR EL FINAL de la Rua do Alecrim, camino del Terreiro do Paço, nuevo sitio de la Feria del Libro, levanté los ojos hacia el hotel Bragança, con ese extraño sentimiento que me acompaña desde hace doce años —sentirme dueño de algo que no me pertenece—, y me llevé uno de los mayores choques de mi vida. Fue como un mazazo. El edificio estaba allí, pero el hotel se había esfumado, desapareció el rótulo que le daba nombre, algunas ventanas estaban abiertas como para mostrar que dentro estaba vacío, sin muebles ni almas. Es cierto que el alma ya la había perdido hace mucho tiempo... Subí la calle, después las escaleras que conducen hasta la puerta cerrada, escudriñé por los vidrios sucios: nadie. La penumbra apenas me dejaba ver el principio de la escalera interior. Esforcé los ojos para ver si el paje de hierro fundido todavía continuaba en su lugar, sosteniendo la lámpara con el brazo, pero también él había desaparecido. Fue el segundo y durísimo golpe. Que haya acabado el hotel, a eso tendré que resignarme, pero el paje, aquel paje francés renacentista, debería estar conmigo, aquí, en Lanzarote, en la entrada de la casa, iluminándole el camino a Ricardo Reis...

Cuadernos de Lanzarote, 2 de junio de 1996

Fotografías en color del autor preparatorias para *El año de la muerte de Ricardo Reis, c.* 1980

Castillo de San Jorge

CREO QUE en el mes de febrero de 1927 todavía estábamos viviendo en la Morería, puesto que conservo el recuerdo vivísimo de oír pasar sobre los tejados el silbido de los tiros de artillería que disparaban desde el castillo de San Jorge contra los participantes en las revueltas que acampaban en el parque Eduardo VII. Una línea recta que se trazara desde la explanada del castillo y que tomara como punto intermedio de paso el edificio donde vivíamos, toparía infaliblemente con el tradicional puesto de mando de las insurrecciones lisboetas. Acertar o no acertar en el blanco ya sería cuestión de puntería y de temple ajustado.
Las pequeñas memorias, 2006

HACE MESES que Raimundo Silva no entra en el castillo, pero ahora va allí, acaba de decidirlo, aunque piense que, en definitiva, para eso salió de casa, o si no no se le habría ocurrido tan naturalmente la idea, su espíritu, recordemos, mostró un sentimiento de invencible repugnancia, de invencible resistencia a entrar en la cocina, pero lo hizo para llevarlo mejor al engaño, temió que a la sugerencia, Vamos al castillo, respondiera él de malos modos, Para hacer qué, y precisamente eso era lo que el espíritu o no sabía o no podía confesar. El viento sopla en ráfagas violentas, el pelo del corrector se agita en un remolino, los faldones de la gabardina restallan como sábanas mojadas. Es un disparate ir al castillo con un tiempo así, subir a las torres desabrigadas, puede incluso caerse en alguna de aquellas escaleras sin barandal, la ventaja es que no haya nadie, se puede disfrutar del sitio sin testigos, ver la ciudad, Raimundo Silva quiere ver la ciudad, aún no sabe para qué. La gran explanada está desierta, el suelo inundado de charcos que el viento empuja en minúsculas ondas, y los árboles gimen con las sacudidas del vendaval, esto es casi un ciclón, autorícese la exageración de esta expresión en ciudad que en el año mil novecientos cuarenta y uno sufrió los aun así más modestos efectos de una cola de tifón y todavía hoy habla de eso para quejarse de los perjuicios, como de aquí a cien años aún se quejará de que le haya ardido el Chiado. Raimundo Silva se acerca al muro, mira hacia abajo y a lo lejos, los tejados, las regiones superiores de las fachadas y de los aleros, a la izquierda el río sucio de barro, el arco triunfal de la Rua Augusta, la confusión de las calles cuadriculadas, un rincón u otro de una plaza, las ruinas del Carmo, las otras que quedaron del incendio. No permanece allí mucho tiempo, y no es porque le moleste demasiado el viento, oscuramente sabe que este su insólito paseo tiene un objetivo, no vino aquí para contemplar las torres de las Amoreiras, ya fue pesadilla suficiente que se le hayan aparecido en sueños. Entró en el castillo, siempre le sorprende que sea tan pequeño, una cosa que parece de juguete, como un lego, o un mecano. Los muros altos reducen el ímpetu mayor de la ventolera, la dividen en múltiples y contrarias corrientes que se engolfan por patios y pasajes.
Historia del cerco de Lisboa, 1989

Lisboa

Tiempos hubo en que Lisboa no tenía ese nombre. La llamaban Olisipo cuando llegaron los romanos, Olissibona cuando la tomaron los moros, aunque acabó siendo Aschbouna, tal vez porque no supieran pronunciar la bárbara palabra. Cuando, en 1147, después de un cerco de tres meses, los moros fueron vencidos, el nombre de la ciudad no cambió de una hora para otra: si aquel que iba a ser nuestro primer rey le mandó una carta a la familia anunciando la gesta, escribiría con toda probabilidad en el encabezamiento Aschbouna, 24 de octubre, u Olissibona, pero nunca Lisboa. ¿Cuándo comenzó Lisboa a ser Lisboa de hecho y de derecho? Por lo menos tuvieron que pasar algunos años antes de que naciera el nuevo nombre, así como para que los conquistadores gallegos comenzaran a ser portugueses...

Estas minucias históricas interesan poco, podría decirse, aunque a mí me interesaría mucho, no sólo saber, sino ver, en el exacto sentido de la palabra, cómo ha venido cambiando Lisboa desde aquellos días. Si entonces hubiera existido el cine, si los viejos cronistas fueran operadores de cámara, si las mil y una transformaciones por las que pasó Lisboa a lo largo de los siglos hubiesen sido registradas, podríamos ver a esa Lisboa de ocho siglos crecer y moverse como un ser vivo, como esas flores que nos muestra la televisión, abriéndose en pocos segundos desde el capullo todavía cerrado hasta el esplendor final de las formas y los colores. Creo que amaría a esa Lisboa por encima de todas las cosas.

Físicamente habitamos un espacio, pero, sentimentalmente, somos habitados por una memoria. Memoria de un espacio y de un tiempo, memoria en cuyo interior vivimos, como una isla entre dos mares: a uno le llamamos pasado, a otro le llamamos futuro. Podemos navegar en el mar del pasado próximo gracias a la memoria personal que retuvo el recuerdo de sus rutas, pero para navegar en el mar del pasado remoto tendremos que usar las memorias acumuladas en el tiempo, las memorias de un espacio continuamente en transformación, tan huidizo como el propio tiempo. Esa película de Lisboa, comprimiendo el tiempo y expandiendo el espacio, sería la memoria perfecta de la ciudad.

Lo que sabemos de los lugares es que coincidimos con ellos durante un cierto tiempo en el espacio que son. El lugar está ahí, la persona aparece, luego la persona se va, el lugar continúa, el lugar hace a la persona, la persona transforma el lugar. Cuando tuve que recrear el espacio y el tiempo de la Lisboa donde Ricardo Reis vivió su último año, sabía de antemano que no iban a ser coincidentes las dos nociones de tiempo y de lugar: la del adolescente tímido que fui, encerrado en mi condición social, y la del poeta lúcido y genial que frecuentaba las más altas regiones del espíritu. Mi Lisboa fue siempre la de los barrios pobres, y cuando, mucho más tarde, las circunstancias me llevaron a otros ambientes, la memoria que preferí guardar fue la de la Lisboa de mis primeros años, la Lisboa de gente de poco tener y mucho sentir, todavía rural en sus costumbres y en la comprensión del mundo.

Tal vez no es posible hablar de una ciudad sin citar unas cuantas fechas notables de su existencia histórica. Aquí, refiriéndonos a Lisboa, se mencionó una sola, la de su comienzo portugués: no será particularmente grave el pecado de glorificación... Lo sería, sí, ceder a esa especie de exaltación patriótica que, a falta de enemigos reales sobre los que hacer caer su supuesto poder, procura los estímulos fáciles de la evocación retórica. Las retóricas conmemorativas, no siendo forzosamente un mal, conllevan un sentimiento de autocomplacencia que induce a confundir las palabras con los actos, cuando no las coloca en el lugar que sólo a éstos les compete.

En aquel día de octubre, el entonces recién iniciado Portugal dio un gran paso hacia adelante, y tan firme fue que Lisboa no volvió a ser perdida. Pero no nos permitamos la napoleónica vanidad de exclamar: «Desde lo alto de aquel castillo ochocientos años nos contemplan» y aplaudirnos luego unos a otros por haber durado tanto... Pensemos mejor que de la sangre derramada en un lado y otro está hecha la sangre que llevamos en las venas, nosotros, los herederos de esta ciudad, hijos de cristianos y de moros, de negros y de judíos, de hindúes y de amarillos, en fin, de todas las razas y credos que se dicen buenos, de todos los credos y razas que llamamos malos. Dejemos en la irónica paz de los túmulos esas mentes desorientadas que, en un pasado no distante, inventaron para los portugueses un «día de la raza» y reivindiquemos el magnífico mestizaje, no sólo de sangres, también y sobre todo de culturas, que fundó Portugal y hasta ahora le ha hecho durar.

Lisboa se ha transformado en los últimos años, ha sido capaz de despertar en la conciencia de sus ciudadanos fuerzas renovadas para salir del marasmo en que había caído. En nombre de la modernización se levantaron muros de hormigón sobre piedras antiguas, se transformaron los perfiles de las colinas, se alteraron los panoramas, se modificaron los ángulos de visión. Pero el espíritu de Lisboa sobrevive, es el espíritu que hace eternas las ciudades. Arrebatado por aquel loco amor y aquel divino entusiasmo que habita en los poetas, Camoens escribió un día, hablando de Lisboa, «[...] ciudad que fácilmente de las otras es princesa». Perdonémosle la exageración. Basta que Lisboa sea simplemente lo que debe ser: culta, moderna, limpia, organizada —sin perder su alma—. Y si todas estas bondades acaban haciendo de ella una reina, pues que lo sea. En la república que somos serán bienvenidas reinas así.

«Palavras para Uma Cidade», *Folhas Políticas*, 1999
(incluido en *El Cuaderno*)

EN REALIDAD, si me preguntasen cuál es el sentido de Lisboa, confieso con toda humildad que no sabría encontrar la respuesta. Pese a haber vivido allí setenta años, pese a conocer su historia y sus costumbres, pese a hablar la lengua que los lisboetas hablan. Y llegado a este punto, una duda inquietante me asalta: ¿qué sentido tengo yo?

Cuadernos de Lanzarote, 23 de julio de 1997

Alentejo

Fotografías del autor en Lavre, *c.* 1981

S<small>I EL PADRE</small> [de *Levantado del suelo*] es el 25 de noviembre, la madre es el azar. Mi primer movimiento, en lo que concierne a perspectivas de producción literaria, había sido marcharme a las tierras ribatejanas donde nací, llevarme la traducción conmigo —un voluminoso tratado de psicología— e intentar el libro campestre que venía sintiendo la necesidad de escribir. Motivos varios impidieron la realización del proyecto por aquellos sitios. Además, me parecía un error emprender una especie de regreso al embrión natal. Fue entonces cuando me acordé del contacto que había establecido, a mediados de 1975, con la UCP «Boa Esperança» de Lavre, con motivo de una entrega de libros para la biblioteca que estaban organizando. Escribí, pregunté si podía ir, cómo sería lo de comer y dormir, y si había algún sitio donde trabajar, un hueco para una máquina de escribir. Ellos respondieron: «Adelante». Y allá fui. Estuve en Lavre, la primera vez, dos meses, después, con pausas, otras tantas semanas más, y cuando volví de allí traía cerca de dos centenas de páginas con notas, casos, historias, también algo de Historia, imágenes e imaginaciones, episodios trágicos y burlescos, o sólo banalidades cotidianas, sucesos diversos, en fin, la cosecha que es siempre posible recoger cuando nos ponemos a preguntar y nos disponemos a oír, sobre todo si se hace sin prisa. Estuve por Lavre, Montemor-o-Novo, Escoural, por sitios con gente y descampados, pasé días enteros al aire libre, solo o en compañía de amigos, conversé con jóvenes y viejos, siempre con la misma preocupación: preguntar y oír.

Diário de Lisboa, 8 de marzo de 1980

S<small>I EL VIAJERO</small> tuviera preparación científica, se lanzaría a la elaboración de un ensayo que tuviera un título así, más o menos: *De la influencia del latifundio en la disminución populacional*. Este «populacional» es término abstruso, pero en lenguaje ensayístico queda mal hablar como todo el mundo. Lo que el viajero quiere decir, en palabras corrientes, es lo siguiente: ¿por qué diablos habrá en el Alentejo tan pocos lugares habitados? Es muy posible que el asunto ya esté estudiado, y dadas todas las explicaciones, y quién sabe si ninguna contemplará quizá la hipótesis del viajero, pero un hombre que cruza estas enormes extensiones, donde, en muchos kilómetros, no se ve ni una casa, puede permitirse el pensar que la gran propiedad es enemiga de la densidad populacional.

Viaje a Portugal, 1981

Hace unos años viví en el Alentejo diez semanas con motivo de un libro que quería escribir. El libro ahí está, fue leído, pero no es de él de lo que hoy vengo a hablar. Durante más de dos meses pude fortalecer mis viejas raíces en tierras que, no siendo aquellas de donde vine, tienen la misma sustancia profunda de un vivir natural, y donde vive gente de franco pensar y decir, gente con la que aprendí o confirmé dos o tres cosas fundamentales: el parentesco esencial que puede existir donde no hay lazos comunes de sangre, y también que en el reparto de la inteligencia no siempre les ha tocado la mejor parte a los que deben utilizarla por oficio. Era el tiempo en que el presidente de nuestra República viajaba mucho, iba al norte, iba al centro, iba también a las islas, a pesar de estar lejos. Pero al Alentejo no iba. Las razones las entendíamos todos, el Alentejo seguía siendo nido de rabiosos revolucionarios, así que el presidente no podía legitimar con su presencia los excesos cometidos contra el sacrosanto latifundio y sus abadías.

«História Antiga, Caso Moderno», *Folhas Políticas,* 1999

No he perdido, hasta ahora, la esperanza de llegar a ser un poco más merecedor de la grandeza de los ejemplos de dignidad que me fueron propuestos en la inmensidad de las llanuras del Alentejo.

Discursos de Estocolmo, 1998 (incluido en *Un país levantado en alegría*)

Tal vez Alá, movido por las preces ardientes del pueblo, haya enviado a sus ángeles del sepulcro, Munkar y Nakir, a exterminar a los cristianos, tal vez haya hecho caer sobre el ejército de los cruzados el inextinguible fuego celestial, tal vez, de terrestre humanidad, el rey de Évora, avisado de los peligros que amenazan a sus hermanos de Lisboa, haya mandado mensajero con recado, Aguanten ahí a los malvados, que mi tropa de alentejanos está ya en camino, lo decimos así por venir esa gente além del Tajo, quedando demostrado, de camino, que ya había alentejanos antes de que hubiera portugueses.

Historia del cerco de Lisboa, 1989

Creo que *Levantado del suelo* era una cuestión de otro tipo que tenía que resolver y que tenía que ver con mi propia vida, con el lugar en que nací; yo no nací en el Alentejo, pero, *mutatis mutandis*, la historia es la misma. Como si tuviese que coger a toda aquella gente que fueron mis abuelos, mis padres y mis tíos, todos ellos analfabetos e ignorantes, y tuviese que escribir un libro.

Si yo no hubiera ido al Alentejo, no habría nacido mi modo de escribir actual, a partir de ese discurso oral, de esa conversación continua, de eso que no está escrito, pero que es la comunicación de unas personas con otras.

Diálogos con José Saramago, 1998

Río Lima

EN EL RÍO LIMA veían los romanos aquel mitológico río Letes que apagaba las memorias, y no lo querían pasar por miedo a que se les barriera la patria del recuerdo y del corazón. La carretera que sigue el viajero, a lo largo de la margen norte, esconde mucho las celebradas bellezas, pero cuando en el oficio de viajar está ya uno encallecido, el remedio es bueno de tomar y está al alcance: se mete uno por las carreterillas marginales, va por ellas, aunque sólo lleven a la orilla del agua, y entonces el río aparece a estos ojos portugueses como a los romanos ojos, y cualquiera de nosotros se siente magistrado o centurión que de Bracara Augusta vino por razones civiles o militares y de pronto tiene ganas de deponer el rollo de las leyes o la lanza y proclamar la paz.

Está clara la mañana, pero el viajero no se ha levantado aún. Retrasa adrede el momento de abrir las dos ventanas del cuarto. Hace demorar el gusto que adivina desde que, noche cerrada, llegó al hotel. Quizá tema, también, una decepción. La luz entra por las rendijas, filtrada, y el viajero siente oprimido su corazón: «¿Habrá nubes?». Salta de la cama, indignado contra la simple idea de la miserable derrota que sería ver cubierto de nubes el paisaje de Santa Luzia, y abre de un tirón la primera ventana, la que da al mar. Recibe en el rostro y en el cuerpo el aire frío de la mañana, y queda iluminado de placer y de pasmo ante el esplendor de las aguas en la costa brumosa, el encuentro del río y del océano, el cordón de espuma de las olas que viene de alta mar a deshacerse en la playa. La otra ventana forma ángulo recto con ésta, el cuarto es esquinero: hay más paisaje a la espera. Y para éste no va a haber palabras suficientes, ni pintura, ni música. Sobre el amplio valle del Lima flota una neblina luminosa que el sol hace reverberar por dentro como un resplandor. El agua del río, al correr, ciñe las múltiples islas, y en esta margen derecha, la que mejor se distingue desde lo alto, hay brazos líquidos que entran tierra adentro y reflejan el cielo, campos verdes cortados por altos árboles cobrizos y márgenes oscuras. De las chimeneas de las casas sube el humo matinal, y, muy al fondo, contribuyendo por esta vez a la general belleza de la hora magnífica, humean en gloria las chimeneas de las fábricas. El viajero tiene mucha suerte: dos ventanas al mundo, y este momento de luz única, el frescor del aire que le envuelve el cuerpo, en buena hora vino a Viana do Castelo.

Viaje a Portugal, 1981

Fotografía en color del autor preparatoria para *Viaje a Portugal*, noviembre de 1979

Porto

Porto, ante todo, y para honrar el nombre que lleva, es este largo regazo abierto hacia el río, pero que sólo desde el río se ve, o, por estrechas bocas cerradas por muretes, puede el viajero inclinarse hacia el aire libre y tener la ilusión de que todo Porto es Ribeira. La ladera se cubre de casas, las casas dibujan calles, y, como todo el suelo es granito sobre granito, cree el viajero que anda recorriendo senderos de montaña. Pero el río llega aquí arriba. Esta población no es piscatoria, no van a lanzar sus redes entre el puente de don Luís y el de la Arrábida, pero pueden tanto las tradiciones que el viajero es capaz de adivinarle antepasados pescadores a esta mujer que pasa, y si no han sido pescadores habrán sido calafates, carpinteros de ribera, tejedores de lonas y velas, cordeleros, o, como allá más arriba, donde la calle se identifica, Travessa dos Canastreiros, de los cesteros.

Y el viajero no puede olvidar los colores con que se pintan las casas, estos ocres rojizos o amarillos, estos tonos en castaño denso. Porto es un estilo de color, un acierto, un acuerdo entre el granito y los colores de la tierra, que él acepta, con una excepción para el azul si con el blanco se equilibra en el azulejo.

El viajero está decidido a no andar de iglesia en iglesia como si de ello dependiera la salvación de su alma. Irá a San Francisco, pese a las constantes quejas que viene haciendo sobre la talla barroca, que lo persigue desde que ha entrado en Portugal. En San Francisco terminan todas las puntadas de un inmenso zurcido de oro labrado que se repite en recetas, en fórmulas, en copias de copias. El viajero no es autoridad, ve este esplendor que no deja un centímetro cuadrado de piedra desnuda, le aturde la magnificencia del espectáculo y cree que ésta es la mejor talla dorada que hay en el país.

Viaje a Portugal, 1981

Río Duero

Venid acá, peces, vosotros, los de la margen derecha, que estáis en el río Douro, y vosotros, los de la margen izquierda, que estáis en el río Duero, venid acá todos y decidme cuál es la lengua en que habláis cuando ahí abajo cruzáis las acuáticas aduanas, y si también ahí tenéis pasaportes y sellos para entrar y salir. Aquí estoy yo, mirándoos desde lo alto de este embalse, y vosotros a mí, peces que vivís en esas confundidas aguas, que tan pronto estáis en una orilla como en otra, en gran hermandad de peces que unos a otros sólo se comen por necesidades de hambre y no por enfados de patria. Me dais vosotros, peces, una clara lección, ojalá no la olvide yo al segundo paso de este viaje mío a Portugal, a saber: que de tierra en tierra deberé prestar mucha atención a lo que sea igual y a lo que sea diferente, aunque dejando a salvo, que humano es y entre vosotros igualmente se practica, las preferencias y las simpatías de este viajero, que no está ligado a obligaciones de amor universal, ni nadie le ha pedido que lo esté. De vosotros, en fin, me despido, peces, hasta un día; seguid a lo vuestro mientras no asomen por ahí pescadores, nadad felices, y deseadme buen viaje, adiós, adiós.

«El sermón a los peces», *Viaje a Portugal*, 1981

Hace treinta años, cuando todavía uno era un joven y por ventura prometedor escritor a punto de convertirse en sexagenario, andaba por tierras de Miranda do Douro donde comenzaba la inolvidable aventura que acabaría siendo la preparación y la elaboración del libro *Viaje a Portugal*. No era casual este título. Con él pretendía que el lector, nada más empezar la primera página, comprendiese que de eso se trataba, de un viaje a alguna parte, precisamente a Portugal. Para reforzar en mi propio espíritu esa idea salí del país por Monção y, durante una semana, anduve por Galicia y León hasta que, ya con ojos limpios de las imágenes de costumbre, avancé hacia el descubrimiento de la tierra en que nací. Recuerdo haber parado en medio del puente que une las dos márgenes del río, de un lado, Douro, del otro, Duero, y haber buscado en vano, o fingir que buscaba, la línea de frontera que, pareciendo separar, al final une los dos países. Pensé entonces que una buena manera de comenzar el libro sería glosar el famoso *Sermón de san Antonio a los peces* del padre António Vieira, dirigiéndome a los peces que nadan en las aguas del Douro, y preguntarles de qué lado se sentían ellos, expresión tal vez demasiado obvia de un ingenuo sueño de amistad, de compañerismo, de mutua colaboración entre Portugal y España.

«Douro-Duero», *El Cuaderno*, 10 de marzo de 2009

Mafra

Mafra empezó por ser, para mí, un hombre desollado. Tenía siete u ocho años cuando mis padres me trajeron aquí, de excursión con algunos vecinos. El desollado era, y continúa siéndolo, aquel san Bartolomé que está ahí dentro, sujetándose con la mano derecha, mientras el mármol dure, la piel arrancada.

Muchos años después, allá por el final del ochenta o principios del ochenta y uno, estando de paso por Mafra y contemplando una vez más estas arquitecturas, me encontré, sin saber por qué, diciendo: «Un día me gustaría poder meter esto en una novela». Fue así como el *Memorial* nació.

Cuadernos de Lanzarote, 29 de septiembre de 1995

Me atrajo en la historia del convento de Mafra el esfuerzo y el sacrificio de los miles de hombres que trabajaron en la construcción de monumentos a la vanidad de un rey y al poder de la Iglesia.

Folha de S. Paulo, 16 de noviembre de 1995

Mafra es un poco nuestras pirámides de Egipto. Trabajaron en sus obras cuatrocientas mil personas. ¿Cómo pudo una mole de gente construir una mole como ésta?

Jornal de Letras, 18 de enero de 1983

Pues bien, el mal de esta obra de Mafra es haber puesto en ella hombres a trabajar y no gigantes, y si con estas y otras obras pasadas y futuras se quiere probar que también el hombre es capaz de hacer trabajo de gigantes, entonces acéptese que tarde el tiempo que tardan las hormigas, todas las cosas tienen que ser entendidas en su justa proporción, los hormigueros y los conventos, la losa y la pajita.

Seiscientos hombres agarrados desesperadamente a las doce amarras que habían sido fijadas a la trasera de la plataforma, seiscientos hombres que sentían, con el tiempo y el esfuerzo, que se les iba yendo poco a poco la fuerza de los músculos, seiscientos hombres que eran seiscientos miedos de ser, ahora sí, lo de ayer había sido un juego de niños, y la historia de Manuel Milho una fantasía, qué es realmente un hombre cuando se le va la fuerza que tiene, y menos aún cuando le domina el miedo de que no baste esta fuerza para retener al monstruo que implacablemente lo arrastra, y todo por una piedra que no precisaría ser tan grande, con tres o diez más pequeñas se haría del mismo modo el balcón, sólo que no tendríamos el orgullo de poderle decir a su majestad, Esto es una sola piedra, y a los visitantes, antes de pasar a la otra sala, Es una sola piedra, por vía de éste y de otros locos orgullos se va difundiendo el escarnio general, con sus formas nacionales y particulares, como la de afirmar en los compendios e historias, Se debe la construcción del convento de Mafra al rey Juan V, por un voto que hizo si le nacía un hijo, van aquí seiscientos hombres que no le hicieron ningún hijo a la reina y son ellos quienes pagan el voto, que se jeringuen, con perdón de la anacrónica voz.

Memorial del convento, 1982

Portugal

¿QUÉ ES, o quién es, Portugal? ¿Una Cultura? ¿Una Historia? ¿Un Durmiente Inquieto? ¿Por qué sucede que, cuando se habla de Portugal, siempre han de ser invocadas su historia y su cultura? Si estuviéramos hablando de otro país, la historia y la cultura suya sólo serían traídas a la conversación si fuesen ésos los temas para debatir. Tal vez esta necesidad de apelar constantemente a la historia y a la cultura portuguesas provenga de un cierto carácter inconcluso (no en el sentido que siempre será el de cualquier proceso continuo, sino en el sentido de una permanente «suspensión») que ambas parecen presentar. De la historia de Portugal siempre nos da ganas de preguntar: ¿por qué? De la cultura portuguesa: ¿para qué? De Portugal mismo: ¿para cuándo? O: ¿hasta cuándo? Si estas interrogaciones no son gratuitas, si, por el contrario, expresan, como creo, un sentimiento de perplejidad nacional, entonces nuestros problemas son muy serios. ¿Cómo explicar esta «somnolencia», que es también «inquietud», sin caer en destructivos negativismos? ¿Cómo evitar que la «antigua y gloriosa historia» continúe sirviendo de última y estéril compensación de todas nuestras frustraciones? ¿Cómo resistir a la tentación falaz de sobrevalorar lo que hace algunos años se creyó que era «una cierta renovación cultural», haciendo de ella una coartada o una cortina de humo? ¿O hemos llegado ya tan bajo que, después de haber desistido de explicarnos, ni nos tomamos el trabajo de justificarnos?

Cuadernos de Lanzarote, 25 de febrero de 1995

HACE AÑOS me preguntaron por las relaciones con mi tierra. Y yo contesté: «Me gusta lo que este país ha hecho de mí». Porque tú puedes protestar contra esto y aquello, pero lo que no puedes negar es que lo bueno y lo malo es lo que te ha hecho a ti, y luego decides si te gusta o no.

En el fondo, la cosa es muy sencilla: yo puedo criticar a Portugal, pero hay una pregunta: ¿Y quién sería yo si no hubiese nacido en este lugar del mundo?

El País, 24 de abril de 2008

No, la patria no está por encima de todo.
Uma Longa Viagem com José Saramago, 2009

Madrid

Ahora mismo acabo de tender el brazo para coger un diamante negro: aquella noche mía en la plaza Mayor de Madrid; aquí, tan cerca que todo el mundo ha ido ya, o va a ir, o no va nunca (sí, o no va nunca). Pero yo tengo un diamante, que es negro porque era de noche y que centellea porque había hogueras.

Lo mejor es empezar por el principio. Sucedió en diciembre, en la antevíspera de una de las últimas Navidades, y en Madrid hacía frío, mucho. Por la noche lavaban las calles con grandes chorros de agua helada, todo resbalaba y brillaba con amplias superficies de reflejos, pero esto era más tarde. Salimos de la Gran Vía por la calle de Mesonero Romanos, luego por Rompelanzas, atravesamos Arenal y nos metimos por Coloreros. Los faroles de la plaza convertían la niebla en una especie de luminosidad grandiosa.

Aquel enorme cuadrilátero parecía un pozo lunar, o una plaza donde tal vez se escondieran toros de bruma. Fantasías. Era sólo la plaza Mayor, en antevíspera de Navidad, con todo el suelo cubierto de ramas, follaje y media docena de hogueras dispersas, y la niebla alta que veíamos moverse en olas, como alguien que lanzara su aliento contra el río. Se oían también unos sonidos extrañísimos de instrumento musical (¿flauta?) que atronaban violentamente contra las cuatro fachadas filipinas en una fiesta que era al mismo tiempo diversión y amenaza.

Avanzamos medrosos, ¿por qué no he de confesarlo? La atmósfera era tan rara, tan inesperado el espectáculo, que, de repente, no estábamos en Madrid, en el centro de una ciudad civilizada y policial, sino en cualquier desfiladero de Sierra Morena, con personajes de Cervantes o de las novelas picarescas. Bajo los pies, la blandura de las hojas nos convertía en fantasmas entre fantasmas. Las flautas (los gritos) continuaban, y las hogueras, vistas desde más cerca, no eran hogueras, sino faroles sofocados por la niebla. Nos acercamos más. Todo quedó explicado, o casi todo. Había bandadas de pavos, y los hombres que los guardaban eran quienes tocaban aquellos rudimentarios instrumentos, un bramante sujeto a una caja de resonancia, como aquellos juguetes que hacíamos antaño con una lata de betún y un cordel encerado. Todo sin misterio. Todo cosas banales, comunes, simple situación de hombres en un pacífico menester. La otra gente los rodeaba, toda soberbiamente indiferente a los turistas que éramos nosotros. Circulábamos por allí, aún no del todo convencidos de que fuera real lo que veíamos. Niebla de selva petrificada, ramas sobre las losas del suelo, faroles que parecían hogueras, hombres como troncos de carrascas. Y, envolviéndolo todo, la carcajada multiplicada, infinita, de las cuerdas cacareantes e irónicas. Forzosamente, todo aquello tenía un sentido.

Bajamos por el otro lado hacia Cuchilleros. Empezamos a oír sones de palmadas y guitarras, los rumores tranquilizantes de la noche madrileña. Pero, por el cielo abierto, sobre la plaza, seguían subiendo las carcajadas rechinantes. ¿Quién se reía así en la noche estremecida de la plaza Mayor? ¿De qué? ¿De quién?

«Una noche en la plaza Mayor», *Las maletas del viajero*, 1973

En Madrid, escala para Canadá. Nos instalamos por una noche en casa de Marisa, nuestro puerto de abrigo permanente, al lado de la Puerta del Sol. Encontramos el predio revuelto a causa de una filmación. Sólo para dar una idea, esta noche habrá una violación en la escalera... La película se llama *Fea*, es *underground* y hecha con escasos duros, según nos informa Marisa, mientras, en la cocina, con una amiga canaria llamada Hortensia, va preparando bocadillos para el equipo hambriento. Este *underground* madrileño me parece una pura inocencia. Una de las jóvenes actrices sube a saludarme. Por debajo del maquillaje estridente es como un ángel extraviado. Probablemente aún le preocupa lo que la familia pueda pensar de estos libertinajes en la calle Marqués Viudo de Pontejos...

Cuadernos de Lanzarote, 13 de agosto de 1994

Sevilla

Atravesaron Sevilla sin parar, aunque los estorninos sí se demoraron un poco celebrando a la Giralda, que nunca la habían visto. Si fueran sólo media docena, podrían haber formado una corona de ángeles negros para la estatua de la Fe, pero tantos millares, al caer sobre ella en alud, la convirtieron en figura indefinible que tanto podía ser lo que era como su contrario, el emblema del Descreimiento.

La balsa de piedra, 1986

Estaba en Sevilla, iba al encuentro de Pilar, mi mujer, y atravesando la plaza de La Campana en dirección a la calle Sierpes leí, de lejos, en un quiosco de prensa que más tarde supe era conocido como el quiosco de Curro, entre la confusión de periódicos y revistas expuestos en un lateral, y escrito en portugués, lo más nítido que explicarse pueda, estas palabras: «O Evangelho segundo Jesus Cristo». Miré y seguí adelante, atravesé la calle, y diez metros más adelante, entrando ya en Sierpes, me detuve y me dije que aquello no era posible, que tal cosa no podía existir, de tal modo que volví atrás para acabar comprobando que ni en portugués, ni en español, ni en italiano, ni en ninguna lengua del mundo estaba la palabra «evangelio», ni la palabra «Jesús», ni la palabra «Cristo». No quiere esto decir que yo hubiera tenido una alucinación, ha sido simplemente una ilusión óptica, una vez que la posibilidad de que Dios hubiese intervenido directamente, colocando allí unas palabras para luego hacerlas desaparecer, no pertenece ni a la lógica humana ni a la lógica divina, si la hay. Mucho se habría arrepentido Dios si hubiera mediado en este caso.

De la estatua a la piedra, 1997

El autobús era viejo, las carreteras no eran para nada lo que son hoy, no eran autopistas, eran carreteritas estrechísimas, el autobús entraba en todas las aldeas que había a un lado y al otro, y entraba gente con gallinas y con cestos de hortalizas sobre la cabeza... Y atravesar Sierra Morena llevaba tres horas. Yo salía de casa a las seis de la mañana, el autobús salía de Lisboa sobre las siete y llegaba a Sevilla a las tres de la tarde. Era un viaje interminable. Ella [Pilar] de vez en cuando también hacía ese viaje al revés, hasta que tomamos una decisión. Aquello nos parecía todo lo bastante sólido como para que ella se viniese a vivir a Lisboa, como efectivamente sucedió en 1988.

José y Pilar: conversaciones inéditas, 2011 (2006)

Península Ibérica

LLEGÓ el momento de decir, ahora llegó, que la Península Ibérica se apartó de repente, toda ella por entero y por igual, diez súbitos metros, quién me va a creer, se abrieron los Pirineos de arriba abajo como si de las alturas hubiera caído un hacha invisible, introduciéndose en las brechas profundas, cortando la tierra hasta el mar, ahora sí, ahora podemos ver al Irati cayendo, mil metros, como el infinito, en caída libre.
La balsa de piedra, 1986

PRIMERO soy portugués, segundo soy ibérico, y sólo en tercer lugar, y cuando me da la gana, soy europeo.
La Nación, 21 de enero de 1996

—¿CUÁL es el futuro de Portugal en esta península?
—No vale la pena hacerme el profeta, pero creo que acabaremos integrándonos.
Diário de Notícias, 15 de agosto de 2007

SE TRATA [*La balsa de piedra*] de una metáfora política y cultural, ya que alimento la convicción de que si es cierto que la Península Ibérica, es decir, Portugal y España, difieren del continente europeo por razones geológicas, físicas y culturales, como la lengua, las instituciones, el Derecho, todo —y éstas son nuestras primeras raíces—, la verdad es que nosotros, los ibéricos, tenemos otras raíces en otro lugar del mundo. Este lugar empieza en México y termina en el sur de Argentina.
Folha de S. Paulo, 2 de diciembre de 1986

VOY POR LA Península Ibérica como si fuera mi casa. Eso da mucha alegría. Hace pocos meses, en Vigo, estaba en una librería y apareció un portugués que se dirigió a mí con cara de pocos amigos diciendo: «Ellos ya se lo llevaron, pero no se olvide de que continúa siendo nuestro».
Cambio 16, 12 de junio de 1995

París

Lleva uno casi toda la vida soñando con París y después llega allí, ve el Sena, que es algo así como el Tajo visto por el otro lado del binóculo, y murmura, decepcionado: «Al final, ¿es sólo esto?». Pues sí, es sólo aquello. Dos horas después, sin embargo, empieza a sentirse que la ciudad va entrando, y enseguida alzamos la bandera blanca: rendición. Han sido cuatro días de redescubrimiento, que es aventura mucho mejor que descubrimiento. He visto todo lo que se podía ver en tan poco tiempo y he recorrido kilómetros de un tirón, allí, a pie. Imagine si iba a perder una oportunidad así... Me ha quedado la idea fija de volver...

Carta a José Rodrigues Miguéis, 8 de mayo de 1967

He estado en Francia, exactamente en París, que es, si creemos las estadísticas, la segunda ciudad portuguesa. He ido por obra y gracia de buenas voluntades oficiales y particulares y, tanto como me lo han permitido mis pocas fuerzas, he procurado no dejar a la patria en mal lugar. Se daba la circunstancia de que había una exposición en el Grand Palais, la Expolangues, Salón de las Lenguas y de la Comunicación Internacional, y entre los invitados y participantes fueron vistos y hablaron en público dos escritores portugueses, Lídia Jorge y este cronista. Participaron en una mesa redonda a la que asistieron cerca de cuatrocientas personas, la más concurrida de las veinticuatro que se han realizado en el ámbito de la exposición, con gran perplejidad de Jean-Pierre van Deth, presidente de Expolangues, que repetía: «¿Trescientas ochenta personas presentes en una mesa redonda de escritores portugueses, y en portugués?». Es comprensible: hasta a mí, que he estado allí, me cuesta creerlo.

He ido a varios sitios, he dejado mi recado personal y nacional por la vía acostumbrada de coloquio, conferencia y entrevista: en la Sorbona, en la Residencia André de Gouveia, en Radio France International, en el Club Juvenil Portugués de la Bastilla, en la Asociación de Amistad Luso-Francesa de Villiers-sur-Marne. Ha estado bien. Cansado, pero bien.

¿Y los emigrantes? Pues sí, los emigrantes. Los he visto, los he tocado, existen de verdad. No han sido muchos, unos doscientos en total. En Portugal he visto muchos más, cuando vienen de vacaciones, o *vacanças*, que es su palabra, inventada. Y la televisión portuguesa no pierde la oportunidad de informarme: va a esperarlos al tren, los interrumpe en la frontera, quiere saber si todavía padecen la enfermedad nacional de la saudade, si vienen a ver a sus seres queridos, si piensan regresar a la patria, si les sigue gustando el bacalao. Querida televisión. Mis emigrantes eran sólo doscientos y también hacían preguntas: cómo van las cosas por ahí abajo, si hay trabajo para los que vuelven, si vale la pena seguir mandando dinero. Como el escritor no es político, ni sociólogo, ni economista, ha respondido como ha podido, ha respondido como ciudadano entre ciudadanos, de igual a igual. Y si es verdad que ha hablado de libros, mucho más lo han oído hablar de esta cosa aparentemente sencilla de ser portugués, y que al final no es tan sencilla cuando la miramos de cerca. O de lejos.

«Paris, Portugal», *Folhas Políticas*, 1999

Pisa

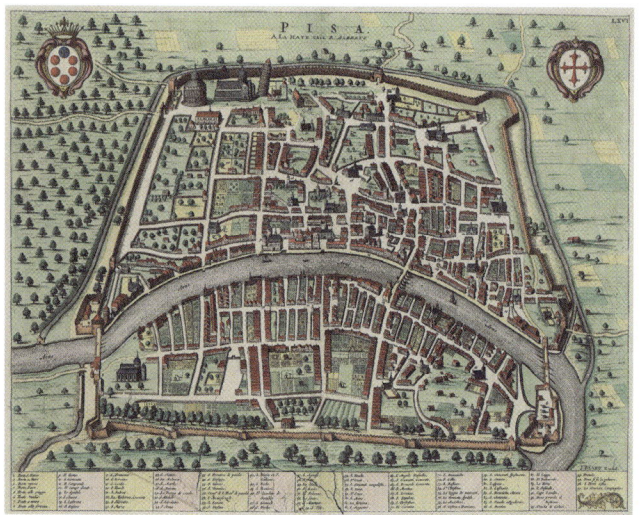 

Hecho en Pisa, por ejemplo, fue precisamente el Baptisterio, que parece una tiara gigantesca posada sobre el césped verdísimo. Todo de mármol blanco, va uno dándole la vuelta y al cabo de un rato empezamos a darnos cuenta de que lo vemos mal, pues una súbita humedad nos viene a los ojos. Hecho en Pisa también el Campo Santo con los frescos de Benozzo Gozzoli, de Taddeo Gaddi, de Spinello Aretino, del maestro del *Triunfo de la Muerte*. Pasaron siglos sobre las pinturas y las han ido royendo con sus dientes blandos y silenciosos. Hubo también bombardeos e incendios, plomo derretido: guerra.

Hecho en Pisa fue el Campanario, inclinado para dar la razón a las fotografías y que, para mucha gente, representa más un recuerdo divertido que un monumento precioso. También hecho en Pisa es el espacio poligonal llamado de los Caballeros —Piazza dei Cavalieri, como apetece decir en italiano—. Por la noche, liberado de turistas, da un salto a la Edad Media y hace que nos sintamos intrusos y aberrantes.

Hecho en Pisa es el genio de los Pisani, escultores. Hecho fue, tal vez, en Pisa, el lampadario que Galileo vio oscilar en la catedral, concebida también, hecha y construida en Pisa, en el siglo XI, por un hombre llamado Buscheto, cuyos huesos se ignoran en un sarcófago colocado bajo la última arcada de la fachada izquierda. Todo esto, y lo demás que no puedo o no sé contar, fue hecho en Pisa.

También hecho en Pisa era aquel hombre de mediana edad que nos sirvió nuestra primera cena verdaderamente italiana, en un restaurante cubierto de malas pinturas, todo naturalezas muertas y paisajes no menos muertos. Allí comimos la infalible pasta, bebimos el infalible *chianti*, mientras el camarero, hecho en Pisa, se esforzaba por adivinar nuestra nacionalidad. Falló por dos veces, y al fin se la dijimos nosotros. Le gustó saberlo. Se esmeró en el servicio, nos hizo oportunas sugerencias, sirvió el vino, dijo cuatro chistes. Un primor de camarero.

A los postres anduvo remoloneando por allí, como si nos hubiera adoptado. Todo él era una nostalgia anticipada. Y cuando, al fin, nos trajo el cambio de la cuenta, ya no pudo contenerse: «¡Ah, portugueses! ¡Qué suerte! ¡También nosotros, en tiempos de Mussolini...!».

Nos lo quedamos mirando, perplejos. El camarero hecho en Pisa nos miró con expresión cómplice a la que sólo le faltaba un guiño. Le respondimos en nuestro italiano, precario pero suficiente para lo que el caso requería. Y nos fuimos. Fuera, la Torre seguía inclinada. Pero no se había caído. Y ése fue el asombro mayor de mi viaje.

«Hecho en Pisa», *Las maletas del viajero*, 1973

Siena

Durante todo el camino, después de haber salido de Perugia, el cielo se fue cubriendo poco a poco. El día oscureció cuando estábamos aún lejos de Siena y la lluvia empezó a caer con fuerza. Se cerró la noche en agua y bajo una tempestad furiosa entramos en la ciudad entre relámpagos alucinantes que incendiaban las casas. El coche atravesaba una ciudad desierta. Por las calles estrechas, enlosadas, el agua corría en cascada. Y en el breve silencio entre dos truenos resonaba la lluvia sobre el capó del coche como baquetas en el cuero de un tambor. Tras innumerables vueltas, el coche se detuvo en un espacio desahogado, junto a unos escalones. Estábamos en la plaza del Duomo. A través de los cristales empañados veíamos vagas luces, gente abrigada en los portales y, hacia la derecha, una masa enorme, toda ella en franjas negras y blancas que se perdía en la noche y en la altura: era la catedral. La violencia de los truenos sacudía el automóvil y la lluvia acabó por aislarnos del mundo. Siena nos recibía mal. Pusimos el coche en marcha y volvimos al laberinto de callejuelas, hasta que desembocamos en lo que me pareció un amplio cráter. «Es el Campo», dijo uno de nosotros. Y la lluvia seguía cayendo. Mojados, fatigados, descubrimos un lugar para pasar aquella noche. No un hotel (todos estaban llenos), sino un verdadero palacio del siglo XIII cuyas piedras gemían agua e historia. No obstante, su interior era simultáneamente primitivo y confortable. Había cuartos alquilados a estudiantes (¿y qué era yo en Siena, sino un estudiante?). Abrí la pesada ventana y miré hacia fuera. La tempestad se había alejado o había muerto allí, y la lluvia empezó a caer lentamente, mansa, sin los latigazos de los relámpagos.

A la mañana siguiente, después de una noche atormentada por la inquietud de otro día de temporal, abrí otra vez los batientes medievales de la ventana. El cielo aparecía liso y limpio, y la luz del sol, rasante aún, se mostraba al fin en los tejados de Siena. Fue como si de las antiguas tierras de la memoria viniera un niño a colocarse allí, a mi lado, un chiquillo flaco y tímido, de calzones cortos y blusa. Éramos dos: yo, callado, grave, sabedor ya de que en tales circunstancias sólo el silencio es sincero; él, grumete que en el tope del mástil grande descubre por primera vez la tierra que buscaba, murmuraba con miedo: «tierrasena, tierrasena quemada», y desapareció, volvió al pasado, feliz por haber visto, por haber sabido al fin lo que significaban las misteriosas palabras que había oído decir a los adultos, muertos en la ignorancia de lo que habían dicho. Alguien se acercó a mí. Y yo dije, sin mirar, con una voz entrecortada que me dominaba: «Tierra de Siena, tierra de Siena mojada».

«Tierra de Siena mojada», *Las maletas del viajero*, 1973

RDA

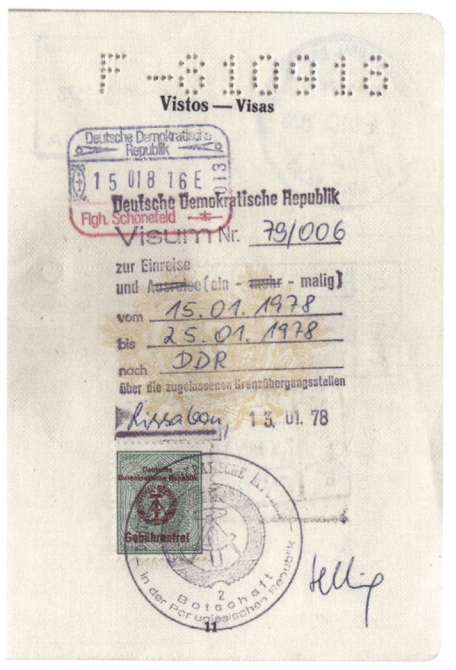

Un hombre va diez días a la RDA (forma expedita y familiar de decir República Democrática Alemana) y, por hábitos patrios adquiridos, si no por propia naturaleza, cree que le espera un discurrir sosegado por lugares y personas, algo que forzosamente ha de parecerse a unas vacaciones, por definición siempre merecidas. Pura equivocación. Como el día empieza por la mañana, esta gente se levanta terriblemente temprano. Las siete, para nosotros madrugada, en el frío enero y en una latitud semejante, y cuando vamos a mirar por la ventana vemos enseguida que la ciudad (cualquier ciudad) ya ha abierto los ojos y una buena parte está trabajando. El sol todavía está muy lejos y todas las ventanas resplandecen con luces generosas: si hay aquí problemas de energía, no se miden por nuestros patrones.

La primera cita, la primera visita, la primera charla (de trabajo) es a las nueve de la mañana, y así será todos los días. Descansos que merezcan tal nombre, sólo para comer, y únicamente ésos: hay más visitas por la tarde, espectáculos por la noche. Hoy sé lo que es un programa cargado, conozco la satisfacción de cumplirlo y el provecho de haberlo cumplido: entre las muchas lecciones de la RDA, que sea ésta la primera. Y quede ya apuntada la segunda: en todas las reuniones que hemos tenido, si alguien ha llegado tarde hemos sido nosotros: nuestros interlocutores, fuesen intelectuales, operarios industriales o cooperantes agrícolas, fuese el sitio Berlín o Dresde, una fábrica en un suburbio o una casa de reposo en las montañas de Zittaeur, o un parque infantil, o la VIII Exposición de Arte Nacional, o el campo de concentración de Sachsenhausen, fuese donde fuese y fuesen quienes fuesen, éramos esperados, no teníamos que esperar. Habrá quien llame a esto puntualidad, yo lo llamaría consideración o respeto humano, o sencillamente responsabilidad [...]. Preguntamos: ¿cómo es hoy la literatura de la RDA? ¿Qué estética, qué doctrina, qué escuela, qué orientación? Obtuvimos una respuesta: ninguna estética, o doctrina, o escuela, u orientación se ve favorecida, ninguna se beneficia de atenciones oficiales particulares. Y aún más: sólo no hay lugar para la literatura (o el arte en general) que defienda o proclame el racismo, la guerra, el imperialismo.

«Quatro lições na RDA», *Seara Nova*, mayo de 1978

Sarajevo

PAUL VALÉRY dijo, un día: «Nosotros, civilizaciones, sabemos ahora que somos mortales». Importa poco, para el caso, averiguar cuál sería el *ahora* de Valéry: tal vez la Primera Guerra Mundial, quizá la Segunda. De lo que nadie tiene duda es de que la civilización que hemos sido no sólo era mortal, sino que está muerta. Y no sólo está muerta, como decidió en sus últimos días demostrar hasta qué punto fue inútil. La proclamación de esa inutilidad está siendo hecha en Sarajevo (¿y en cuántos Sarajevos más?) ante la cobardía de la Europa política, ante, también, el egoísmo de los pueblos de Europa, ante el silencio (salvadas queden las excepciones) de aquellos que hacen del pensar oficio y ganapán. La Europa política enseñó a los pueblos de Europa el refinamiento del egoísmo. Compete a los intelectuales europeos, volviendo a la calle, a la protesta y a la acción, escribir aún una última línea honrada en el epitafio de esta civilización. De este inmenso Sarajevo que somos.

Cuadernos de Lanzarote, 18 de agosto de 1993

SARAJEVO es el símbolo de la insensibilidad general. Tenemos mucha información, nos asaltan los muertos despedazados a la hora de la cena, pero la información se agota en sí misma; parece que nos damos por satisfechos por el mero hecho de conocer. Hace treinta años, lo que ocurre en Sarajevo hubiese movilizado a miles y miles de personas. Ahora nadie protesta.

La Verdad, 15 de marzo de 1994

LO QUE SÍ SÉ es que el muro del que me siento a veces rodeado al final es más frágil de lo que parece, lo acometen frecuentemente, con particular violencia, las embestidas brutales de la realidad. El libro reciente al que el fotógrafo Gervasio Sánchez le ha dado el título de *Sarajevo* es uno de esos casos. Aquí le manifiesto mi profunda gratitud por haberme permitido ver con sus ojos, ya que los míos para tan poco me han servido. Y le agradezco también la lealtad personal y profesional que lo condujo a escribir que «la guerra no se puede contar». Para que no tengamos ilusiones, nosotros los que escribimos.

«Gervasio Sánchez», *El Cuaderno,* 28 de enero de 2009

Praga

EN VYSEHRAD, un panorama magnífico sobre el Moldava. Fuimos después a visitar las sinagogas. En las paredes interiores de una de ellas están siendo pintados los nombres de judíos —setenta y siete mil, me pareció— muertos en campos de concentración. En otra de las sinagogas encontramos una exposición de dibujos y pinturas de niños judíos. Hay visitantes que lloran ante las imágenes, algunas de una belleza casi insoportable. En un rótulo, al lado, el nombre, las fechas de nacimiento y de muerte, cuando pudieron saberse, el lugar donde la vida acabó: Terezín, Auschwitz... Se dispersaron, hechos ceniza y polvo, los restos de estos pequeños artistas, de algunos de ellos podemos ver fotografías, serían genios esperando crecer, niños sencillamente, niños, niños. Descendemos, en silencio, vamos al cementerio judío que está al lado. Otra vez la sofocante belleza, millares de estelas fúnebres esculpidas, desordenadas por el tiempo, el espacio es pequeño, nos preguntamos dónde están los muertos de tres siglos y medio, están todos aquí, polvo también ellos, confundidos, como en un único cuerpo.

Cuadernos de Lanzarote, 10 de mayo de 1994

EL PODER, en el castillo de Praga, no ha perdido el tiempo buscando símbolos, ha ido directamente a las raíces de su naturaleza: crueldad y muerte. Pero el ridículo, loado sea Dios, espía por todas partes. Esta vez iremos a encontrarlo en algunas de las puertas interiores del palacio, bajitas, porque el rey Carlos IV, el omnipresente Carlos IV de Praga, era una figura pequeña, sólo metro y medio de estatura, de lo que evidentemente no tenía la culpa, cada uno es como es, no era en la altura del rey donde estaba lo ridículo, sino en la concavidad rectangular del dintel de la puerta, hecha a propósito para dar pasaje a la corona cuando el rey la llevase en la cabeza... Fuera del palacio, en una calle estrecha a la que llaman Travesía de Oro (a causa, sin duda, de la tradición de que la habitaran alquimistas), en la minúscula casa que tiene el número veintidós, vivió durante algún tiempo Franz Kafka. Ahí terminó *El proceso* y empezó, oh coincidencias, *El castillo*...

Cuadernos de Lanzarote, 11 de mayo de 1994

Terezín

FUIMOS A TEREZÍN, la ciudad que los alemanes transformaron en gueto, la fortaleza que convirtieron en campo de concentración. Cerca de treinta y dos mil hombres y mujeres pasaron por las celdas del fuerte. Murieron ahí más de dos mil quinientas personas, millares de otros presos tuvieron el mismo destino en los campos adonde fueron transferidos. La propia ciudad gueto fue campo de concentración, de judíos checos principalmente. Entre 1941 y 1945, cerca de ciento cuarenta mil personas fueron deportadas a Terezín. Murieron aquí treinta y cuatro mil. Los restantes, ochenta y tres mil vidas, incluyendo millares de niños, fueron a acabar en Auschwitz, Maidanek, Treblinka... Visitamos el cementerio judío, construido al lado del crematorio. De 1942 a 1945 estos hornos redujeron a cenizas a treinta mil víctimas del gueto de Terezín, de la fortaleza y de un campo de concentración próximo, el de Litomerice. Los pájaros cantan en los árboles, no sale humo de la chimenea, hay flores entre las tumbas: la pesadilla terminó hace cincuenta años. Pero no puedo impedirme preguntar: «¿Volverá? ¿No volverá? ¿Vendrán máquinas algún día a levantar y revolver los míseros restos aquí enterrados? ¿Se ha apagado para siempre el fuego en el cual se quisieron quemar no sólo los cuerpos muertos, sino la misma memoria de sus espíritus?».

Cuadernos de Lanzarote, 14 de mayo de 1994

Europa

Siempre se ha hablado de Europa como un mercado con no sé cuántos millones de consumidores. Nadie ha hablado de la Europa de los ciudadanos que necesitan medicamentos, pensiones dignas, asistencia hospitalaria, sistemas educativos modernos. Es dudoso que, en cuarenta años de construcción europea, nada en la Comunidad camine en esa dirección. De lo que se habla es de reducir los beneficios sociales. Si me lo permiten, hemos pasado del ideal del Estado-providencia al Estado-chulo.

Expresso, 7 de agosto de 1993

Se hablaba del imparable flujo de inmigrantes a Europa y yo dije: «Si el centro no va a la periferia, irá la periferia al centro». Con otras palabras: Europa está hoy «cercada» por aquellos a quienes abandonó después de haberlos explotado hasta las propias raíces de la vida.

Cuadernos de Lanzarote, 26 de octubre de 1993

Yo reivindico la diferencia, pero cada vez nos estamos volviendo más iguales, en el sentido menos bueno, menos creativo y menos contestatario, perdiendo así la capacidad de discusión. Aunque me siento dentro de la cultura europea, no me gusta que Europa se esté transformando en un imperio. Empiezo a sospechar que todo es igual, y me parece sorprendente que no nos demos cuenta de que en esta Europa da igual que los gobiernos sean socialistas, conservadores y, mañana, hasta neofascistas. Mientras eso sucede, las preguntas —por qué, cómo y para qué—, que deberían estar todo el día en boca de los ciudadanos, no están.

Turia, 2001

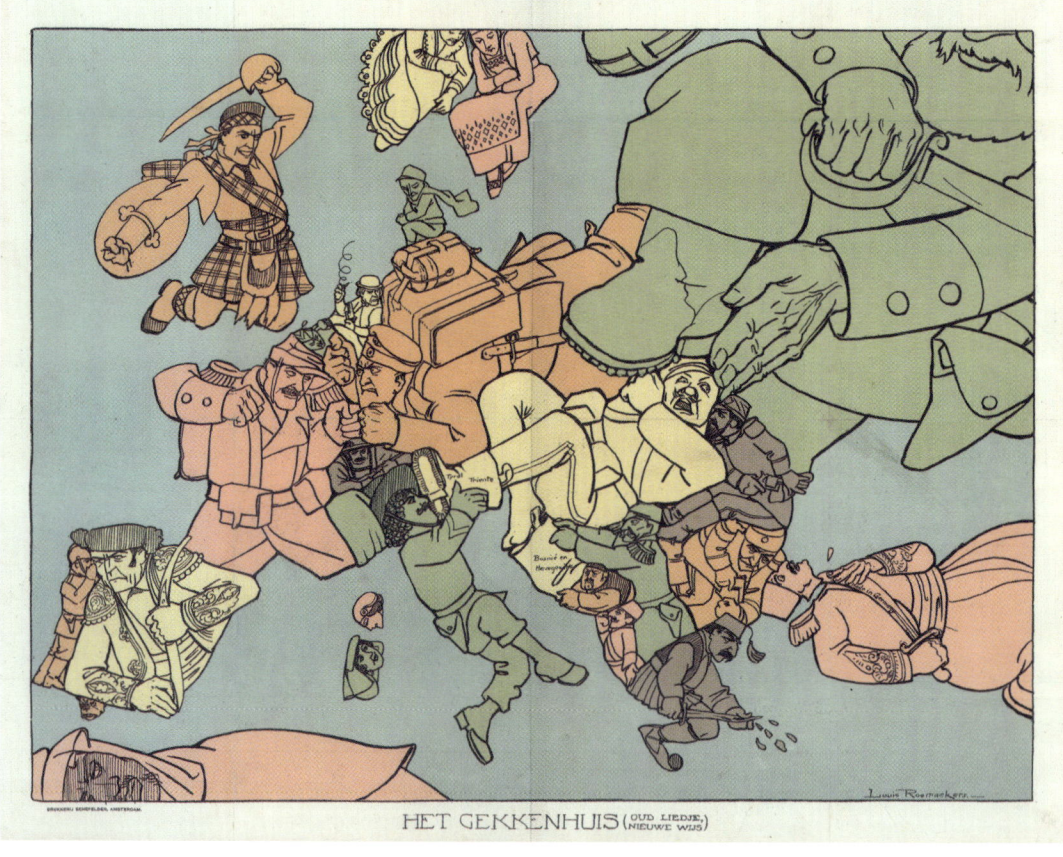

Mozambique

Los vientos que los países colonialistas —en mayor o menor medida, toda Europa— fueron deshumanamente a sembrar a África se están transformando en huracanes devastadores. Son terribles las noticias que llegan desde allí todos los días a la «fortaleza europea», pero aquí nadie parece saber qué respuesta dar a la pregunta: «¿Qué hacer?». Se dan respuestas, sí, pero no la respuesta, esa que, si no sufro de utopía incurable, sólo podrá crear en África condiciones de vida que merezcan llamarse humanas. Europa va a tener que restituir a África lo que le robó en cuatrocientos años de despiadada explotación. ¿Cómo? Que lo decida la sociedad europea, si aún le queda algún sentido ético.

«África», *Folhas Políticas*, 1999

Las inundaciones de 2000 fueron las peores de los últimos cien años. Impotente ante el drama que vivíamos, escribí una petición para que las víctimas de las riadas recibiesen apoyo internacional. Saramago me respondió en el día, preguntándome por teléfono, con su habitual tono seco:

—Sólo dime lo que tengo que hacer.

Al instante siguiente, había hecho una transferencia de veinticinco mil dólares a una cuenta que pasaría a ser auditada por una agencia financiera internacional. Otros escritores siguieron su ejemplo. Al final había dinero para levantar un centro de salud en Chivonguene, a orillas del río Limpopo.

Ya en Maputo, meses después, Saramago fue recibido por Helder Muteia, el entonces ministro de Agricultura. El gobernante pretendía expresar a Saramago la gratitud de los mozambiqueños. Muteia es poeta. Organizó el encuentro con un cariño que superaba las obligaciones protocolarias. No tuvo en cuenta, por eso, la sequedad del escritor portugués durante todo el encuentro. Al lado de Saramago, adiviné sus prisas: quería evitar los agradecimientos. Para él había un deber de solidaridad que se explicaría mejor junto a los campesinos que se beneficiaron de su apoyo. Ya al final, entre despedidas, Saramago preguntó: «¿Y qué nombre le han puesto al centro de salud?». Imitando el tono seco del visitante, el ministro le respondió, casi displicente: «Se llama Levantado del Suelo». Saramago se detuvo, fulminado por la emoción. Titubeó, confundiendo letras y palabras. Y al final confesó, con un suspiro: «Caramba, hombre, ¡me ha emocionado!».

Mia Couto, *Cheias em Moçambique*, 2000

Palestina

Lo que hay que hacer es dar la alarma en todo el mundo para decir que lo que ocurre en Palestina es un crimen que podemos detener. Podemos compararlo con lo que ocurrió en Auschwitz. Es lo mismo, aunque guardamos en la mente las diferencias de tiempo y de lugar.

La Jornada, 26 de marzo de 2002

Esto que está pasando en Israel contra los palestinos es un crimen contra la humanidad. Los palestinos son víctimas de crímenes contra la humanidad cometidos por el Gobierno de Israel con el aplauso de su pueblo.

BBC Mundo, 30 de marzo de 2002

Si la denominada comunicación social tuviese interés en divulgar con rigor lo que dije en Palestina [el día 25 de marzo de 2002], tendría que informar de que no comparé los hechos de Ramala con los hechos de Auschwitz, sino el espíritu de Auschwitz con el espíritu de Ramala... Ya era por entonces evidente para cualquier persona a quien la prudencia no hiciese cerrar los ojos. Como la prudencia no es una de mis virtudes, me limité a anticipar lo que el ejército israelí (ese que un gran intelectual judío, el profesor Leibowitz, a principios de los años noventa, clasificó como judío-nazi) no hizo después sino confirmar.

Público, 27 de mayo de 2002

Aguardo el día en que sean llevados ante un Tribunal Internacional los políticos y militares de Israel responsables del genocidio del que ha sido víctima el pueblo palestino en los últimos sesenta años. Porque, como escribí hace unos meses, «mientras haya un palestino vivo, el Holocausto continuará».

La Repubblica, 3 de julio de 2007

China

SIN EMBARGO no todo es tan deplorable para las navegaciones portuguesas. Llegó hace días la nave de Macao que se esperaba, habiendo salido de aquí veinte meses ha, que no hace tiempo ni nada, aún Sietesoles andaba en la guerra, e hizo feliz jornada pese a ser largo el viaje, que queda Macao mucho más allá de Goa, tierra de tantas bienaventuranzas, en China, que excede a todas las otras en regalo y riquezas, y los géneros todos a lo más barato que se puede, y tienen además lo favorable y sano de su clima, tanto que todo lo ignoran allí de achaques y dolencias, por eso no hay ni médicos ni cirujanos, y se muere sólo de viejo y desamparado de la naturaleza, que no siempre nos puede preservar.

Memorial del convento, 1982

PASEO POR las islas de Taipa y Coloane con Gabriela Cabelo del Instituto Cultural de Macao. Día bonito, de sol radiante y temperatura suave. Noté que en la parte china andan ocupados en ciclópeos trabajos de arrasamiento de montañas, imagino que será para la construcción, o tal vez para nivelar el terreno, trabajo tan común en estos parajes, es decir, sacan de donde hay para poner donde hacía falta. En todo caso, es desconcertante si pensamos en el tamaño de China... Di una conferencia en la Universidad, que está en la isla de Taipa, y desde cuyas ventanas se goza de una vista deslumbrante de Macao. No sé si los alumnos chinos que allí se encontraban comprenderían todo lo que les dije, pero no sería por su falta de atención: es poco frecuente tener delante rostros tan serios, tan concentrados, miradas tan fijas. ¿O estarían simplemente pensando en otra cosa mientras esperaban que me callase?

Cuadernos de Lanzarote, 8 de marzo de 1997

La Gran Muralla es eso mismo, una muralla grande, un enorme muro que se extiende a lo largo de cinco mil kilómetros, haciendo frente, en su mayor parte, a la Mongolia Interior. Sube a la cresta de las montañas, que va bordeando al alcance de la vista, de repente, cae derecha en la hendidura de un valle, hay momentos en que se pierde entre los peñascos erizados, se confunde con ellos, pero resurge una y otra vez, hasta desaparecer al otro lado de un pico que a la distancia en que nos encontramos parecía inaccesible. Después del primer sentimiento de asombro, la reacción normal sólo puede ser la consideración de que se está ante algo irremediablemente absurdo. Lo mismo debió de pensar Gengis Kan cuando, antes de invadir China, declaró a sus generales: «La fuerza de la muralla depende del coraje de quienes la defiendan». Centenas de miles de hombres construyeron durante diez años este muro, miles de ellos, si la leyenda no engaña, quedaron sepultados bajo estas piedras, muertos de una guerra que no llegó a entablarse porque, la Gran Muralla, como la Línea Maginot, en Francia, dos mil años después, nunca detuvo una invasión... (La verdad es que la historia, pese a no repetirse nunca, es terriblemente monótona). Era inevitable que mi vieja afición por las caminatas me desafiase a aprovechar la ocasión para recorrer un trecho largo de muralla. Mi intención era subir hasta uno de los baluartes de la pendiente frontera, o, si las piernas y los pulmones lograsen aguantar el esfuerzo de la ascensión, hasta el primer fortín de la cumbre, allí en lo alto, desde donde podría contemplar el paisaje del otro lado. Pilar, Carmélia y los compañeros se armaron de paciencia y esperaron. No llegué a andar un kilómetro: el camino estaba cortado a la entrada de un baluarte. En todo caso, todavía pude ver, desde ese punto, a unas centenas de metros en la vertiente, un extenso paño de muro destruido. Incluso aunque consiguiera llegar allí, no podría ir más lejos: la Muralla China se está cayendo...

Cuadernos de Lanzarote, 10 de marzo de 1997

La Muralla China fotografiada por el autor en 1987; en la página siguiente, al lado de una estatua del Buda de la Alegría, fundada por tres monjes en el año 1991, con la siguiente inscripción: «Salva a personas en peligro / gasta dinero correctamente / ten infinitas bendiciones gracias a la moral alta / larga vida y saludable gracias a las buenas acciones».

EN EL TEMPLO del Cielo, donde fuimos después, la experiencia de lo inaccesible ascendió, para mí, a alturas inesperadas. No sé lo que todavía estará a mi espera en Beijing, pero no creo que ningún otro lugar pueda ser más bello que éste. Supongo que será posible, con tiempo, paciencia y memoria personal suficiente, aparte de la ayuda de una buena guía ilustrada, describir satisfactoriamente a los vecinos la Ciudad Prohibida, pero el Templo del Cielo, no. Lo impide su propia simplicidad, un cuadrilátero vastísimo casi enteramente desnudo de edificaciones, con algunas escalinatas, algunos muros, amplias explanadas, un gran pabellón circular al fondo, que es el Templo de la Oración de las Buenas Cosechas. El resto, aparte de lo expuesto tan pobremente, no es explicable con palabras. El Templo del Cielo es para verlo y quedarse callado. Simplemente.

Cuadernos de Lanzarote, 11 de marzo de 1997

Brasil

Me estoy planteando seriamente la posibilidad de irme a Brasil, en busca de una vida mejor, no de mejor vida... Es verdad que, con casi cuarenta años, no se puede decir que sea pronto, pero otros se han marchado más mayores y les ha ido bien. Todo, aun así, es todavía incierto, y hasta puede suceder que al final se quede en nada: me cuesta, a pesar de todo, dejar esta tierra amargada e infeliz, con un futuro tan negro por delante. Ya veremos qué pasa. Estas cosas o se hacen de inmediato, o tardan su tiempo en madurar, y yo, como tengo mi vida organizada, no puedo decidir nada precipitadamente. Si los proyectos se hacen realidad, le avisaré con tiempo, para salvaguardar mi sucesión. ¡Ya veremos, como se dice que decía el ciego!
Carta a Nataniel Costa, 27 de febrero de 1962

Mi posible ida a Brasil está de momento en la niebla de las cosas que se desean y al mismo tiempo se temen. Tengo casi cuarenta años, una infinidad de problemas personales a la espalda, no debe sorprender que dude ante un paso semejante. Sé que el extranjero es siempre un exilio, como dice, pero ¿no será una esclavitud el tipo de vida que llevo, atado a mil obligaciones de las que no puedo escaparme, ocupando las veinticuatro horas del día con mucho más de lo que razonablemente deberían comprender?
Carta a Nataniel Costa, 1 de abril de 1962

De voces que claman en el desierto está llena a rebosar la historia de las relaciones entre Brasil y Portugal. No es posible reprimir un sentimiento de melancolía cuando hacemos el balance de los malentendidos, los equívocos, las actitudes intempestivas, las incongruencias, y también de los oportunismos, los trucos y habilidades con los que, a uno y otro lado, se ha tejido la manta de retales de esas relaciones. Pero tampoco se puede olvidar lo que aún existe de fe verdadera, de amistad sin puertas falsas entre tantos portugueses y brasileños que conservan la esperanza de una fraternidad asentada en el conocimiento leal, en la comprensión mutua, en la voluntad sincera de vivir juntos viviendo cada uno en su casa.
Revista Brasileira de Literatura Comparada, 1985

Lo que el viajero mucho estimó ver fue la escenográfica ordenación de los pórticos de la meseta inferior de la escalera, con grandes estatuas de fantasiosos reyes en lo alto de pedestales, que, por el perfil, recuerdan las figuras de los profetas del Aleijadinho, en Congonhas do Campo, en Brasil. No es que el viajero haya ido allá a verlas, que de eso no se puede alabar, pero corren mundo sus fotografías, y sólo no las ve quien no quiere verlas.

Viaje a Portugal, 1981

De los lugares que han de ser el Brasil, el azúcar, el tabaco, el copal, el índigo, la madera, los cueros, el algodón, el cacao, los diamantes, las esmeraldas, la plata, el oro, que sólo de éste llega al reino, un año por otro, el valor de doce a quince millones de cruzados, en polvo y amonedado, aparte del otro, y aparte también del que se va al fondo o se llevan los piratas, claro está que todo esto no es ingreso de la corona, rica sí, pero no tanto, no obstante, sumado todo, de dentro y de fuera, entran en las arcas del rey más de dieciséis millones de cruzados, sólo los derechos de paso de los ríos por donde se va a Minas Gerais rinden treinta mil cruzados, tanto trabajo tuvo Dios para abrir los cauces por donde las aguas habían de correr y viene ahora un rey portugués a cobrar un peaje gananciso.

Memorial del convento, 1982

Hay una razón esencial [para viajar a Minas Gerais]. Es que acaba de publicarse aquí, tras ser publicada en Portugal el año pasado, mi novela *Memorial del convento*, que transcurre en el siglo XVIII, entre 1711 y 1739, y que aborda la construcción del convento de Mafra, financiado con la riqueza de Brasil, especialmente de aquí, de Minas Gerais. Oro, diamantes y esas cosas. Además, teniendo en cuenta mi interés por el Barroco, no se me pasaba por la cabeza venir a Brasil y no ir a Ouro Preto y Congonhas. En el fondo, mi deseo de venir a Minas, Ouro Preto y Congonhas es para confirmar por mí mismo, tocándolo, lo que veía en las fotografías. Tenía un conocimiento en dos dimensiones y ahora quiero tener las tres dimensiones, tocando los Profetas de Aleijadinho y viendo Ouro Preto, tocándolo.

Suplemento Literário de Minas Gerais, 3 de diciembre de 1983

La revista *Caras* me mandó plantarme delante del hotel de José Saramago con la siguiente instrucción: averiguar lo que el escritor iba a hacer en Salvador en su último día en la capital. Llegué bien temprano, me senté y, de repente, vi al editor de Saramago, que lo acompañaba en aquel viaje. Ya lo había visto el día anterior, cuando fui a hacerle fotografías en casa de Jorge Amado. Me acerqué a él y le pregunté cuáles eran los planes del día. «Saramago quería conocer el Mercado Modelo, pero no sé dónde está», dijo. Le respondí: «Yo sí lo sé; si quieren, puedo llevarlos». Y fue así como pasamos la mañana en el centro, Saramago y su esposa, curiosos, mirando y preguntándolo todo, y yo haciéndoles fotografías.

Xando Pereira, fotógrafo bahiano, 2021

Bobó de gambas, *muqueca* de pescado y *vatapá*. El escritor portugués José Saramago tuvo un final de semana típicamente bahiano, tal y como había pedido a su amigo Jorge Amado, en los tres días que estuvo en Salvador.

—Estoy de vacaciones en Bahía y quiero sentirme como un bahiano —dijo el jueves por la noche.

En tierras bahianas, el escritor insistió en volver a ver el barrio de Pelourinho. Y se mostró sorprendido con el escenario totalmente diferente del conjunto de caserones en ruinas que había conocido doce años atrás.

Saramago fue de compras con su mujer, Pilar del Río. Entró en el Mercado Modelo, se compró unas sandalias y regateó con el vendedor, que le quería vender dos estatuillas por treinta reis. Acabó consiguiendo tres por el mismo precio. Confesamente ateo, dio su mayor muestra de bahianidad al participar en la fiesta de Lemanjá, sumándose a los devotos que llevaban flores al mar.

—Venir aquí el día 2 de febrero y no participar en la fiesta de Lemanjá es como ir a Roma y no ver al Papa —afirmó Saramago.

El escritor vio desde la casa del compositor Caetano Veloso la procesión marítima en homenaje a Lemanjá cruzando la playa de Rio Vermelho. El anfitrión reunió en una comida a otros ilustres bahianos, como Gilberto Gil, Jorge Amado y Zélia Gattai. El sábado, Saramago volvió a Pelourinho en compañía de sus amigos Jorge y Zélia. Tras conocer la Fundación Casa de Jorge Amado, fue al restaurante Tempero de Dadá, en un maratón gastronómico que repitió el domingo, con la comida ofrecida por el artista Calazans Neto.

—Me he sentido un auténtico bahiano —dijo Saramago.

O Globo, 5 de febrero de 1996

Cuba

ROMPER el cerco internacional que se está haciendo a Cuba es inaplazable. Hay una hipocresía mundial en lo que se refiere a Cuba que es realmente vergonzosa, pero al menos aquí no hay manera de romper. Es evidente, hay que hacer algo, y ya.
Brasil Agora, 15 de junio de 1992

NO HAY dudas sobre los inconvenientes de un partido único. Lo digo con todo respeto. Yo he estado en Cuba algunas veces. Conozco a la gente, me gusta la Revolución cubana, admiro la Revolución cubana, estoy con la Revolución cubana. En Oporto, en la Cumbre de los Estados Iberoamericanos, al lado de Fidel Castro, he dicho: «El premio Nobel de 1998 está al lado de la Revolución cubana». Lo sigo diciendo. Eso no me impide ser crítico, en algunos casos por las mismas razones que he sido crítico respecto a la Unión Soviética, en otros por razones que son propias de Cuba. Pero, insisto, ¿qué sería de Cuba hoy si no existiera el bloqueo? Pueden decir: «No me interesa, no me interesa». ¿Cómo «no me interesa»? Cuba es el único pueblo del mundo, el único país del mundo que sufre un bloqueo. Ya son cuarenta años.
El Interpretador, 2005 (21 de agosto de 1999)

YO NO ME HE DISTANCIADO de la Revolución cubana. Ha sido la Revolución cubana la que se ha distanciado de sí misma. He entendido que, por mi responsabilidad social, tenía que hacer una declaración [la carta abierta «Hasta aquí he llegado», publicada en *El País* el 14 de abril de 2003] y hablar en mi propio nombre. Mi solidaridad con el pueblo cubano continúa intacta.
La Nación, 2 de mayo de 2003

YO NO HE ROTO con Cuba. Sigo siendo un amigo de Cuba, pero me reservo el derecho de decir lo que pienso, y decirlo cuando entiendo que debo decirlo.
La Repubblica, 26 de octubre de 2003

EN CUBA habrá una transición. Esperemos que se produzca únicamente por obra de los cubanos (los de dentro y los de fuera), sin intromisiones extrañas, directas o indirectas, con total respeto hacia la dignidad del pueblo cubano, demostrada de manera ejemplar con la Revolución y en los años transcurridos desde entonces.
La Repubblica, 3 de julio de 2007

ANTE EL FUSILAMIENTO de tres chicos [en Cuba, el 11 de abril de 2003], escribí ese texto [«Hasta aquí he llegado»]. Me afectó mucho, después me invitaron a ir a la isla, acepté y, allí, repetí mis argumentos contra la pena de muerte. Podía haber sido una ruptura, pero la verdad es que los cubanos no quisieron romper conmigo, ni yo tampoco con ellos, y me aceptaron con esas críticas incluidas. No estoy peleado con Cuba. Es una diferencia seria que he tenido con alguien de mi propia familia.
La Vanguardia, 10 de diciembre de 2008

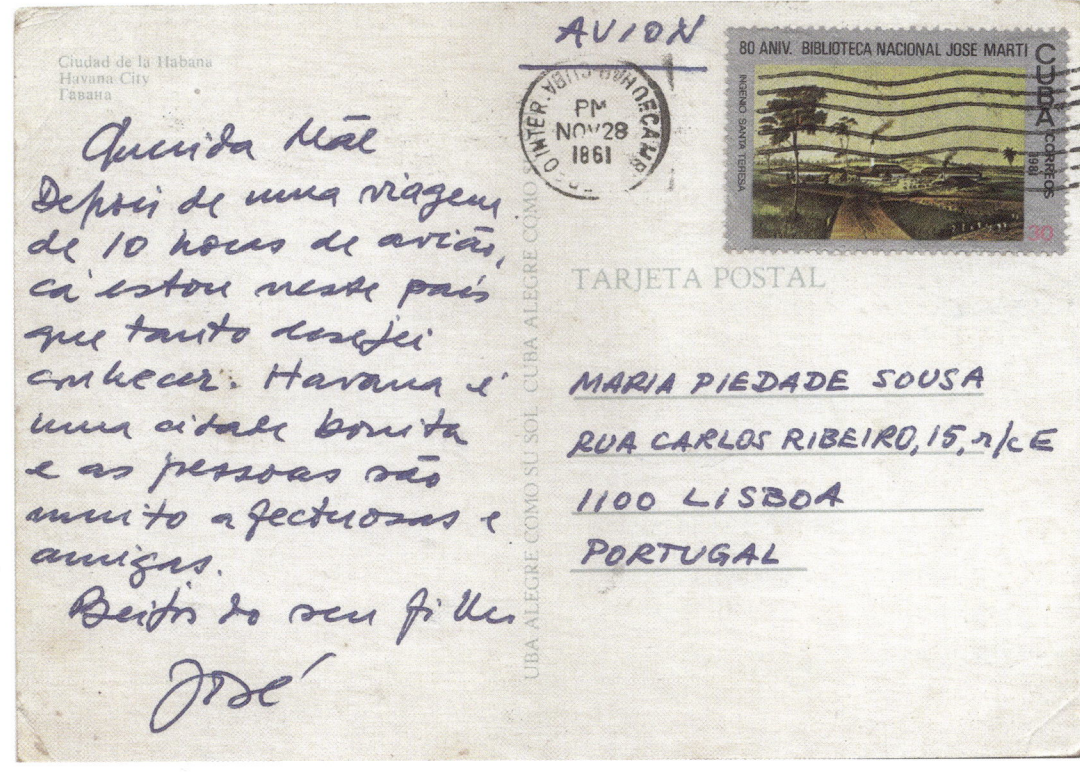

Querida madre: tras un viaje de 10 horas de avión, aquí estoy en este país que tanto deseaba conocer. La Habana es una ciudad bonita y la gente es muy afectuosa y amistosa. Besos de su hijo José. 28 de noviembre de 1981

Machu Picchu

La llegada a Machu Picchu, una de las emociones, no sé si estética o de otro tipo, de mi vida.
UP-Magazine, 1 de diciembre de 2009

De regreso de un viaje a Bolivia y Argentina mis cuñados María y Javier traen el periódico Clarín del 30 de agosto. En él viene la noticia de que va a ser presentada al Parlamento peruano una nueva ley de turismo que contempla la posibilidad de entregar la explotación de zonas arqueológicas importantes, como Machu Picchu y la ciudadela preincaica de Chan Chan, a empresas privadas, mediante concurso internacional. Clarín llama a esto «la loca carrera privatista de Fujimori». El autor de la propuesta de ley es un tal Ricardo Marcenaro, presidente de la Comisión de Turismo y Telecomunicaciones e Infraestructura del Congreso peruano, que alega lo siguiente, sin necesitar de traducción: «En vista de que el Estado no ha administrado bien nuestras zonas arqueológicas, ¿qué pasaría si las otorgáramos a empresas especializadas en esta materia que vienen operando en otros países con gran efectividad?». A mí me parece bien. Que se privatice Machu Picchu, que se privatice Chan Chan, que se privatice la Capilla Sixtina, que se privatice el Partenón, que se privatice Nuno Gonçalves, que se privatice la catedral de Chartres, que se privatice el Descendimiento de la cruz de Antonio da Crestalcore, que se privatice el Pórtico de la Gloria de Santiago de Compostela, que se privatice la cordillera de los Andes, que se privatice todo, que se privatice el mar y el cielo, que se privatice el agua y el aire, que se privatice la justicia y la ley, que se privatice la nube que pasa, que se privatice el sueño, sobre todo si es el diurno y con los ojos abiertos. Y, finalmente, para florón y remate de tanto privatizar, privatícense los Estados, entréguese de una vez por todas su explotación a empresas privadas mediante concurso internacional. Ahí se encuentra la salvación del mundo... Y, metidos en esto, que se privatice también a la puta que los parió a todos.
Cuadernos de Lanzarote, 1 de septiembre de 1995

Chile

He visto que Su Excelencia es habilísimo en conspiración, intrigas y golpes de Estado. Lo he visto de lejos y no desearía tenerlo cerca. Ya me basta con haber leído lo que Su Excelencia hizo en Chile, la mortandad que hubo y hay, comprobar todos los días qué gobiernos promueve y apoya.

«Carta aberta à CIA», *Diário de Lisboa*, 25 de julio de 1974

Mañana volvemos a Lisboa. Llueve en Santiago. «Llovió» en Santiago de Chile hace veinte años.

Cuadernos de Lanzarote, 11 de septiembre de 1993

El hotel está enfrente del Palacio de la Moneda. Ya no hay tanques disparando, los aviones militares chilenos hicieron su trabajo sucio hace precisamente veintiún años. Miro a los jóvenes que pasan por la calle, me pregunto: «¿Qué pensarán de lo que sucedió aquí?».

Cuadernos de Lanzarote, 6 de octubre de 1994

En la mesa redonda final (llena la sala porque era la clausura), en la que también fui llamado a participar, conseguí encontrar la manera, un tanto traída por los pelos, de hacer referencia a la «Carta abierta a Salvador Allende» que publiqué en el *Diário de Notícias* en el «Verano caliente» de 1975... No creo que fuera ilusión mía la súbita tensión que se creó en la sala, una tensión, por lo demás, en la que creí notar tanto una ola positiva como una ola negativa. O yo me engaño mucho, o Salvador Allende rehúsa ser enterrado.

Cuadernos de Lanzarote, 7 de octubre de 1994

Su primera visita fue al Parque por la Paz Villa Grimaldi. Allí fue ovacionado por miles de personas, y Rubí Maldonado le dio la bienvenida y le explicó cómo ese lugar que era bello, con una hermosa casa llena de estatuas y piletas, había sido expropiado y transformado por la DINA [policía política] en una cárcel de torturas y exterminio, y cómo antes de entregarla decidieron quemarla para que no quedaran vestigios de lo que allí había sucedido. En nombre de los escritores habló Gonzalo Rojas, premio Nacional de Literatura, y después se escuchó el testimonio desgarrante de una superviviente, Gladys Díaz, y luego a Malucha Pinto, que interpretó el cuento dedicado a una detenida-desaparecida de María Paz Concha.

A Saramago le hizo entrega de un recuerdo Norma Matus, madre de Mauro, un recluta del ejército de dieciocho años que, por los buenos tratos con los prisioneros, fue colgado de un ombú y muerto a cadenazos. José Saramago, profundamente conmovido, fue breve, [...] pero su presencia y su aliento fueron el toque final a una ceremonia por la memoria y los derechos humanos.

Mónica Echeverría, «Saramago en Chile», 2003

La noticia de la detención de Pinochet nos congratula a todos y nos anima a pensar que la justicia histórica ha comenzado en nuestro presente. No alivia el dolor que Pinochet causó en tantas vidas, en la tuya en particular, pero es un estímulo para seguir adelante a pesar de las dificultades que tanto ayer como mañana —y hoy— se levantan alrededor de quienes, a contracorriente, siguen soñando y trabajando para que la dignidad se constituya en norma de vida. Todos, empezando por los chilenos de buena voluntad, nos merecíamos esta noticia. Todos nos merecemos el derecho a la esperanza.

Carta a Gladys Marín, 20 de octubre de 1998

Durante una visita al Parque por la Paz Villa Grimaldi, con los escritores Raúl Zurita, Gonzalo Rojas y Volodia Teitelboim; con Hortensia Bussi, compañera de Salvador Allende

Chiapas

Algunos datos estadísticos de Chiapas para ayudar a comprender el mundo. Además de ser el primer productor de café y plátanos, el segundo de miel y cacao, el cuarto en el sector pecuario; además de generar el 46 por ciento de la energía eléctrica del país, en Chiapas se encuentran los nichos más importantes de hidrocarburo de México, con reservas que se calculan entre veinte y sesenta mil millones de barriles. A pesar de estas riquezas, el 60 por ciento de la población (casi un millón de habitantes) no tiene ingresos o gana menos que el salario mínimo, el analfabetismo alcanza el 30 por ciento, variando entre el 50 y el 70 por ciento en las áreas indígenas. ¿Adónde va, entonces, el dinero, si no ha sido puesto al servicio del desarrollo de Chiapas? ¿Qué papel representan los indígenas en todo esto? Un funcionario del Gobierno mexicano, un tal Hank González, a quien tenemos que reconocer el mérito de la franqueza, aunque brutal, si no preferimos antes denunciar su cinismo, acaba de dar la respuesta: «Sobran cinco millones de campesinos», ha dicho. Éste es el problema que el neoliberalismo triunfante quiere resolver de forma radical: hacer desaparecer poco a poco (un genocidio a escala planetaria causaría demasiado escándalo), quitándoles o negándoles condiciones mínimas de vida, a los cientos de millones de seres humanos que sobran, sean indios de América o indios de la India, o negros de África, o amarillos de Asia, o subdesarrollados de cualquier parte. Lo que se está preparando en el planeta azul es un mundo para ricos (la riqueza como una nueva forma de arrianismo); un mundo que al no poder, como es obvio, librarse de la existencia de los pobres, sólo estará dispuesto a conservar a los que sean estrictamente necesarios para el sistema.

El cuaderno del año del Nobel, 22 de enero de 1998

Por mucho que se haya pretendido reducir la cuestión de Chiapas a un mero conflicto local, cuya solución sólo podría encontrarse en el marco estricto de la aplicación de las leyes nacionales (hipócritamente moldeables y ajustables, como se ha visto una vez más, a las estrategias y las tácticas del poder económico y del poder político, su servidor), lo que se está jugando en las montañas chiapanecas y en la selva Lacandona sobrepasa las fronteras mexicanas y alcanza el corazón de aquella parte de la humanidad que no ha renunciado ni renunciará nunca al sueño y a la esperanza, al simple imperativo de una justicia igual para todos. Como escribió un día esa figura, por muchos motivos excepcional y ejemplar, que conocemos bajo el nombre de subcomandante insurgente Marcos, «un mundo donde quepan muchos mundos, un mundo que sea uno y diverso»; un mundo, me permito añadir, que, para siempre jamás, declarase intocable el derecho de cada cual a ser «persa» durante el tiempo que quisiera, y obedeciendo nada más que a sus propias razones...

Los macizos montañosos de Chiapas son, sin duda, uno de los paisajes más asombrosos que mis ojos han visto alguna vez, pero son también un lugar donde campan la violencia y el crimen protegido. Miles de indígenas, expulsados de sus casas y de sus tierras por el «imperdonable delito» de ser simpatizantes silenciosos o confesos del Frente Zapatista de Liberación Nacional, están amontonados en campamentos de barracas improvisadas donde falta la comida, donde la poca agua de que disponen está casi siempre contaminada, donde enfermedades como la tuberculosis, el cólera, el sarampión, el tétano, la neumonía, el tifus, el paludismo van diezmando a adultos y niños; todo esto ante la indiferencia de las autoridades y de la medicina oficial. Alrededor de sesenta mil soldados, nada más y nada menos que un tercio de los efectivos permanentes del ejército mexicano, ocupan actualmente el estado de Chiapas, con el pretexto de defender y asegurar el orden público. Sin embargo, la realidad de los hechos desmiente la justificación. Si el ejército mexicano protege a una parte de los indígenas, y no sólo los protege sino que los arma, instruye, entrena y municiona, esos indígenas —por lo general dependientes y subordinados al Partido Revolucionario Institucional (PRI), que viene ejerciendo desde hace setenta años, sin interrupción, un poder prácticamente absoluto— son, aunque no por una coincidencia extraordinaria, aquellos que forman los diversos grupos paramilitares constituidos con el objetivo único de realizar el trabajo represivo más sucio, o sea, agredir, violar, asesinar a sus propios hermanos.

Acteal fue un episodio más de la terrible tragedia iniciada en 1492 con las invasiones y la conquista. A lo largo de quinientos años, los indígenas de Iberoamérica (y empleo intencionadamente esta designación para no dejar fuera del juicio a los portugueses, y también a los brasileños, sus continuadores en el proceso de genocidio, que redujeron los tres o cuatro millones de indios existentes en Brasil en la época de los descubrimientos a poco más de doscientos mil en 1980), esos indígenas anduvieron, por así decirlo, de mano en mano: de la mano del soldado que los mataba a la mano del señor que los explotaba, teniendo en medio la mano de la Iglesia católica que les cambió unos dioses por otros, aunque no consiguió alterarles el espíritu. Cuando después de la matanza de Acteal comenzaron a oírse en la radio voces que decían «Vamos ganando», cualquier persona desprevenida podría haber pensado que se trataba de una proclamación insolente y provocadora de los asesinos. Se equivocaba: esas dos palabras eran un mensaje de ánimo, un grito de coraje que unía por los aires, como un abrazo, a las comunidades indígenas. Mientras lloraban a sus muertos, otros cuarenta y cinco que juntar a una lista cinco veces secular, las comunidades, estoicamente, levantaban la cabeza, diciéndose las unas a las otras «Vamos ganando», porque realmente sólo puede haber sido una victoria, y grande, la mayor de todas, sobrevivir así a la humillación y a la ofensa, al desprecio, la crueldad y la tortura. Porque esta victoria es de espíritu.

«Chiapas, nome de dor e de esperança», *Visão*, 9 de julio de 1998
(incluido en *El cuaderno del año del Nobel*)

Nueva York

En compañía de Isabel Pires de Lima, Pilar y Carlos Câmara Leme, todo el día deambulando por Nueva York, empezando en Harlem, por la mañana, y acabando, por la noche, en Times Square, primero bajo la lluvia, después con cielo descubierto, pasando sucesivamente por Central Park, Quinta Avenida, Greenwich Village, Little Italy, Wall Street, Staten Island, East Village, el puente de Queensboro... Sobre este itinerario más o menos turístico, sobre las impresiones y sensaciones que durante él fui registrando y recogiendo, sobre las asociaciones de ideas suscitadas, tendré que escribir unas cuantas páginas para el *Público*, como si acerca de esa Bella y ese Monstruo que es Nueva York no estuviese ya dicho todo.

Cuadernos de Lanzarote, 23 de septiembre de 1996

¿Será Nueva York realmente una ciudad? ¿No será un enorme estudio de cine, con calles, avenidas, taxis, autobuses, ascensores, escaleras mecánicas y vagones de metro para conducirnos a escenarios donde en cada momento se rueden todos los guiones posibles y algunos inimaginables? Hay sustentantes y gárgolas para la nueva versión de *Batman*, cornisas y ventiladores para otro *Blade Runner*, torres y frontispicios para un *Ciudadano Kane* de nueva generación. Hay edificios sin estilo clasificable en cuya contemplación el gusto de un europeo se desorienta, en que las referencias estéticas se confunden, pero que los ojos no querrían abandonar. El hotel Theresa, en la calle 125, en pleno Harlem negro, es uno de éstos. Visto desde fuera, más parece un *set* desocupado, a la espera de los actores y de las cámaras para volver a vivir, fantásticamente, las viejas ficciones de la luz y de la sombra. En la calle, algunos blancos miran sorprendidos la alta fachada, después van hasta el teatro Apollo, un poco más adelante, para ver los carteles, y ahí les sale al encuentro un hombre con barbas que lleva en cada mano un saco de plástico, y les pregunta si están por Dios o por el Diablo. No parecía estar muy interesado en las respuestas, quizá porque sepa que, también en la calle 125, el verdadero sentido de las cosas es que no tengan ningún sentido...

Cuadernos de Lanzarote, 11 de noviembre de 1996

LA ALDEA de Nueva York es el barrio de Greenwich Village, como la aldea de París es el barrio del Marais y el barrio de Campo de Ourique es la aldea de Lisboa. Ya se sabe que las diferencias son enormes, pero lo que cuenta es que todas son aldeas, es decir, tienen, cada una, su propia manera de vivir, habitar y conversar con los vecinos que no es consecuencia de las diversidades de lengua, de religión o de raza. Harlem, socialmente, siendo negro, no es una aldea, es un gueto, como Chinatown. Qué define a Greenwich Village... Digamos que Greenwich Village es una cosa que se siente, que se percibe, que nos roza la piel con su respiración, que está hecho de casas pequeñas, de tiendas antiguas, de toldos, de flores, de calles con principio y fin a la vista, y, si debe a los músicos, a los pintores y a los escritores que allí han vivido alguna armonía, del color y del silencio en que se envuelve, es por ser, y lo es magnífica y humanamente, un espacio. Un espacio que no se sabe por qué milagro ha resistido la gula del mundo financiero y los apetitos de las grandes empresas. ¿O tendrá esta aldea más poder del que discretamente intenta aparentar? Que existen asociaciones de vecinos, se dice. ¿Por qué tendrán éstas tanta fuerza, y las de Campo de Ourique tan poca? ¿Por qué será?

Cuadernos de Lanzarote, 12 de noviembre de 1996

UN DÍA que desde la mañana hasta la noche no fuese más que una continua luz del crepúsculo vespertino, quizá pudiese cambiar a los seres humanos y el destino del mundo... Muchas otras parejas, de verdad, o fingiendo según sus propias razones, se sentaron en este mismo banco a esta hora, algunos sólo porque vieron *Manhattan* y quisieron sentirse como Woody Allen y Muriel Hemingway, repetir su pobre diálogo, sin comprender que esta luz pide sólo que la miren. Admite palabras, es cierto, pero con la condición de que no ofendan el silencio.

Cuadernos de Lanzarote, 14 de noviembre de 1996

Lanzarote

[¿POR QUÉ LANZAROTE?] Habíamos estado aquí un año antes y nos gustó mucho. Pero cuando mi mujer sugirió hacernos una casa, reaccioné como sería de esperar: «Pilar, por favor...». Pero dos días después ya le estaba diciendo: «A fin de cuentas, esa idea no es mala...». Son dos típicas reacciones masculinas. Cuando la mujer le dice al marido: «¿Y si hacemos esto así y así?», por lo general él responde: «¡No, menuda idea!». La segunda reacción es decir, veinticuatro o cuarenta y ocho horas después, como quien condesciende: «¿Sabes que a fin de cuentas esa idea tuya no es tan mala...?».

El cuaderno del año del Nobel, 28 de junio de 1998

LLEGARON Luciana [Stegagno Picchio] y Rita [Desti] [...] Pero no las dejaré irse de aquí sin que vean la Montaña de Fuego, Los Jameos del Agua, los lugares selectos de esta isla que fue portuguesa (como ha quedado dicho) y que debe su nombre (quedaba por decirlo) al comerciante genovés Lancelotto Malocelli, hacia finales del siglo XIV. En verdad os digo que todos los pasos del mundo se cruzan y entrecruzan, los tiempos vienen y van, sólo los lugares permanecen. Y esperan.

Cuadernos de Lanzarote, 27 de abril de 1994

TODO EL MUNDO SABE que Lanzarote no es mi tierra, y yo nunca permitiré que se olvide que mi lugar de origen, el auténtico, el natural, el de raíz, flor y fruto, es Azinhaga, con todo lo que, de norte a sur y de este a oeste, llamado Portugal, la rodea. Pero es en Lanzarote donde vivo ahora, y con estatuto de residente comunitario, lo que hace de mí un lanzaroteño más, sujeto a los mismos casos y acasos de los que nacieron aquí. Desde este punto de vista, Lanzarote, no siendo *mi tierra*, es *tierra mía*.

Cuadernos de Lanzarote, 29 de marzo de 1996

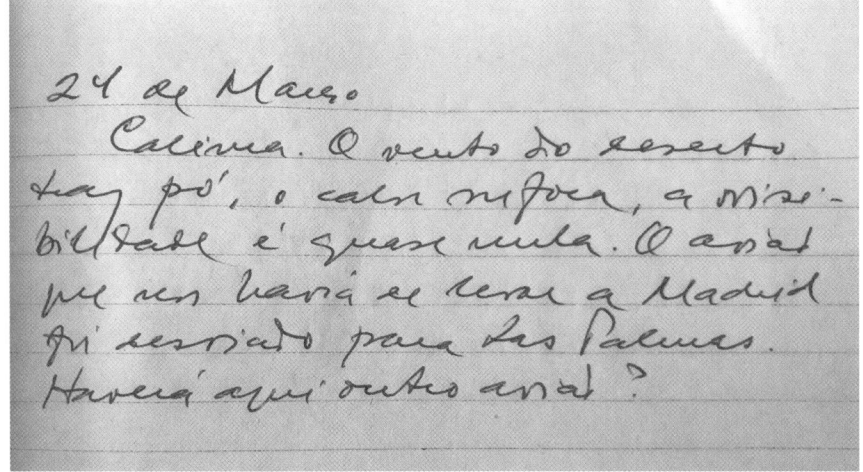

Calima. El viento del desierto trae polvo, el calor sofoca, la visibilidad es casi nula. El avión que nos tenía que llevar a Madrid ha sido desviado hacia Las Palmas. ¿Habrá aquí otro avión?
Anotaciones del autor, 24 de marzo de 1995

No me imaginaba que la más profunda emoción estética de mi vida, aquel inolvidable estremecimiento que un día, hace muchos años, me sacudió de la cabeza a los pies cuando me encontré ante la puerta que Miguel Ángel dibujó para la Biblioteca Lorenciana, en Florencia, no me imaginaba entonces que esa sacudida de todo mi ser se repitiera alguna vez, mucho menos ante un paisaje natural [...]. Cuando mis ojos, atónitos y maravillados, vieron por primera vez Timanfaya; cuando recorrieron y acariciaron el perfil de sus cráteres y la paz casi angustiante de su Valle de la Tranquilidad; cuando mis manos tocaron la aspereza de la lava petrificada; cuando desde las alturas de la Montaña Rajada pude entender el esfuerzo demente de los fuegos subterráneos del globo como si los hubiese encendido yo mismo para romper y dilacerar con ellos la piel atormentada de la tierra; cuando vi todo esto, cuando sentí todo esto, creí que debería agradecerle a la suerte, al azar, a la ventura, a ese no sé qué, no sé quién, a esa especie de predestinación que va conduciendo nuestros pasos, el privilegio de haber contemplado en mi vida, no una, sino dos veces, la belleza absoluta.

El cuaderno del año del Nobel, 28 de abril de 1998

[¿Mi zona preferida?] Unos campos de lava entre Yaiza y Timanfaya. El silencio, el viento, rodeado de la oscuridad de los materiales, de la piedra. La sombra de una nube pasando sobre la montaña. No he ido muchas veces, porque así es mejor: por repetición dejamos de ver lo que antes nos parecía maravilloso.
El País, 21 de abril de 2007

Desahogo irreprimible de Susan ante la desolación exaltadora de Timanfaya: «Si hubiese conocido esto, *El amante del volcán* habría sido diferente...».
Cuadernos de Lanzarote, 11 de mayo de 1996

Timanfaya es el único lugar del mundo, entre los que conozco, donde cobra pleno sentido el cansado dicho de que una imagen vale más que mil palabras.
Cuadernos de Lanzarote, 29 de abril de 1994

Subí ayer a la Montaña Blanca. El alpinista del cuento tenía razón: no hay ningún motivo serio para subir a las montañas, salvo el hecho de que ellas están *ahí*. Desde que nos instalamos en Lanzarote venía diciéndole a Pilar que subiría a todos estos montes que tenemos detrás de la casa, y ayer, para empezar, me atreví con el más alto de ellos. Es cierto que son apenas 600 metros por encima del nivel del mar, y en la vertical, a partir de la falda, serán unos cuatrocientos, ni siquiera, pero este Hilary ya no es ningún niño, aunque sea todavía muy capaz de suplir por la voluntad lo que le vaya faltando de fuerzas, pues verdaderamente no creo que sean tantos los que, con esta edad, se arriesgasen, solos, a una ascensión que requiere, por lo menos, unas piernas firmes y un corazón que no desista. La bajada, hecha por la parte de la montaña que da hacia San Bartolomé, fue dificultosa, bastante más peligrosa que la subida, dado que el riesgo de resbalar era constante. Cuando, por fin, llegué al valle y a la carretera que va para Tías, las tan firmes piernas mías, con los músculos endurecidos por un esfuerzo para el que no habían sido preparadas, más parecían tarugos que piernas. Aún tuve que caminar unos cuatro kilómetros para llegar a casa. Entre ir y volver habían pasado tres horas. Me acuerdo de haber pensado, mientras subía: «Si caigo y aquí me mato, se acabó, no haré más libros». No hice caso del aviso. La única cosa realmente importante en aquel momento era llegar a la cima.

Cuadernos de Lanzarote, 9 de mayo de 1993

Si tuviese las piernas de entonces dejaría ahora mismo este escrito en el punto en que está para subir otra vez y contemplar la isla, toda ella, desde el volcán de la Corona, en el norte, hasta las planicies del Rubicón, en el sur, el valle de La Geria, Timanfaya, el ondular de las innumerables colinas que el fuego dejó huérfanas. El viento me batía en la cara, me secaba el sudor del cuerpo, me hacía sentirme feliz. Fue en 1993 y tenía setenta años.

«Montaña blanca», *El último Cuaderno,* 22 de julio de 2009

Marte

Anoche hice un viaje a Marte. Pasé allí diez años (si la noche dura en los polos seis meses, no sé por qué no han de caber diez años en una noche marciana) y tomé muchas notas sobre la vida que allí llevan. Me comprometí a no divulgar los secretos de los marcianos, pero voy a faltar a mi palabra. Soy hombre y deseo contribuir, en la medida de mis escasas fuerzas, al progreso de la humanidad a la que me enorgullece pertenecer. Este punto es muy, muy importante. Y espero, si algún día los marcianos me vienen a pedir cuentas de mis actos, es decir, del perjuicio cometido, que los no sé cuántos billones de hombres y mujeres que hay en la Tierra se apresten, todos, a mi defensa.

En Marte, por ejemplo, cada marciano es responsable de todos los marcianos. No estoy seguro de haber entendido bien qué quiere decir esto, pero mientras estuve allí (y fueron diez años, repito), nunca vi que un marciano se encogiera de hombros. (He de aclarar que los marcianos no tienen hombros, pero seguro que el lector me entiende). Otra cosa que me gustó en Marte es que no hay guerras. Nunca las hubo. No sé cómo se las arreglan y tampoco ellos supieron explicármelo, quizá porque yo no fui capaz de aclararles qué es una guerra, según los patrones de la Tierra. Hasta cuando les mostré dos animales salvajes luchando (también los hay en Marte), con grandes rugidos y dentelladas, siguieron sin entenderlo. A todas mis tentativas de explicación por analogía respondían que los animales son animales y los marcianos son marcianos. Desistí. Fue la única vez en que casi dudé de la inteligencia de aquella gente.

Con todo, lo que más me desorientó en Marte fue el no saber qué era campo y qué era ciudad. Para un terrestre eso es una experiencia muy desagradable, os lo aseguro. Acaba uno por habituarse, pero se tarda. Al fin, ya no me causaba extrañeza alguna ver un gran hospital o un gran museo o una gran universidad (los marcianos tienen esto, como nosotros) en lugares para mí inesperados. Al principio, cuando yo pedía explicaciones, la respuesta era siempre la misma: el hospital, la universidad, el museo, estaban allí porque allí eran precisos. Tantas veces me dieron esta respuesta que pensé que lo mejor sería aceptar con naturalidad, por ejemplo, la existencia de una escuela, con diez profesores marcianos, en un sitio donde sólo había un niño, también marciano, claro. No pude callar, desde luego, que me parecía un desperdicio que hubiera diez profesores para un alumno, pero ni así los convencí. Me respondieron que cada profesor enseñaba una asignatura diferente, y que la cosa era lógica.

En Marte les impresionó saber que en la Tierra hay siete colores fundamentales de los que se pueden sacar millones de tonos. Allí sólo hay dos: blanco y negro (con todas las gradaciones intermedias), y ellos sospecharon siempre que habría más. Me aseguraron que era lo único que les faltaba para ser completamente felices. Y aunque me hicieron jurar que no hablaría de lo que por allá vi, estoy seguro de que cambiarían todos los secretos de Marte por el proceso de obtener un azul.

Cuando salí de Marte, nadie vino a acompañarme a la puerta. Creo que, en el fondo, no nos hacen caso. Ven de lejos nuestro planeta, pero están muy ocupados con sus propios asuntos. Me dijeron que no pensarán en viajes espaciales hasta que conozcan todos los colores. Es extraño, ¿no? Por mi parte, ahora tengo mis dudas. Podría llevarles un pedazo de azul (un jirón de cielo o un pedazo de mar), pero ¿y después? Seguro que se nos vienen aquí, y tengo la impresión de que esto no les va a gustar.

«Un azul para Marte», *De este mundo y del otro,* 1971

Las injusticias se multiplican en el mundo, las desigualdades se agravan, la ignorancia crece, la miseria se expande. La misma esquizofrénica humanidad capaz de enviar instrumentos a un planeta para estudiar la composición de sus rocas asiste indiferente a la muerte de millones de personas a causa del hambre. Se llega más fácilmente a Marte que a nuestro propio semejante.

Discursos de Estocolmo, 1998 (incluido en *Un país levantado en alegría*)

lecturas/
sentidos

Biblioteca Lorenciana

CONTEMPLARÉ OTRA VEZ los frescos de Fra Angelico en San Marco, la iglesia de Santa Maria Novella y el Cappellone degli Spagnoli, con los bellísimos frescos de Andrea di Bonaiuto; vagaré por el interior del Duomo, alimentando ya recuerdos para después de partir, buscaré los Donatello del Museo Bargello como quien tiende la boca hacia un vaso de agua fresca; descubriré (nunca antes había estado allí) el Museo Arqueológico, y, vuelta a ver la capilla de los Medici, exultará mi admiración por Miguel Ángel en la Biblioteca Lorenciana, el lugar donde la arquitectura alcanzó su perfección extrema, nunca superada.

Manual de pintura y caligrafía, 1977

TODAVÍA HOY puedo recordar lo que sentí cuando me encontré por primera vez ante la puerta de la Biblioteca Lorenciana, en Florencia, el terremoto del espíritu que me sacudió en aquel momento. Solo, mudo de asombro, contemplando aquellos escalones de piedra gris, aquellos pasamanos, aquellos nichos vacíos —nunca, en toda la vida, una obra de arte causó en mí tan devastador terremoto, como si el resto del mundo hubiera dejado de existir en aquel instante y la puerta de Miguel Ángel fuese el último y sublime vestigio de nuestro paso por el planeta—. Cuando, tiempos después, volví, la puerta no era nada más que eso, una puerta de piedra simplemente, bellísima, sin duda, pero la emoción que me había transportado y transfigurado no se repitió: la felicidad llegó cuando le vino en gana, no porque yo la hubiera llamado, y ahora que la llamaba, no acudía. El momento fue escogido por ella, a mí sólo me competió estar allí. En la hora adecuada, ni un minuto antes, ni un minuto después.

Cuadernos de Lanzarote, 9 de febrero de 1997

IMPRESIÓN, pero impresión, la tuve en Florencia. Es una ciudad inagotable, Florencia nunca se termina de ver. Estaba solo y recuerdo un sitio donde hay uno de esos mercados callejeros y una iglesia sin acabar. Como sabía que estaba la Biblioteca Lorenciana, de Lorenzo de Medici, fui hasta allí. Nunca me había pasado nada semejante. [...] El acceso a la biblioteca, riquísima, se hace por un pequeño espacio que no tiene nada de especial, a no ser una escalera. Lo que cuenta es la escalera. Ni siquiera fue esculpida por Miguel Ángel, porque aquél es trabajo de cantero. Pero él la diseñó. Cuando me enfrenté a ella —nunca me había sucedido nada parecido— temblé de la cabeza a los pies. He visto muchas cosas, los Uffizi, el [Palacio] Pitti, el Louvre, el Jeu de Paume, y creo que he visto mucho. Años después volví y ya no se produjo el milagro, pero la gran emoción estética de mi vida no es un cuadro de Rembrandt, de Van Gogh o de Velázquez, fue una escalera. Tal vez no fuese el sumun de las escaleras, pero era y es para mí el sumun del arte.

UP-Magazine, 1 de diciembre de 2009

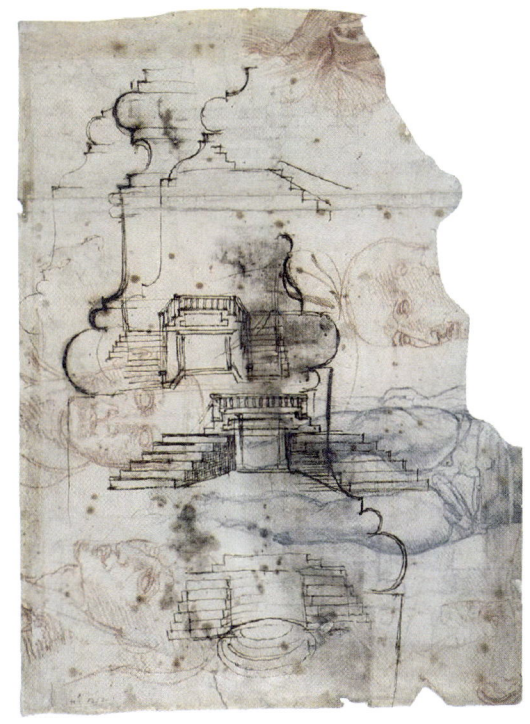

Padre António Vieira

El estilo que he construido se basa en la gran admiración y respeto que tengo por la lengua que se habló en esta tierra en los siglos XVI y XVII. Cogemos los sermones del padre António Vieira y, más allá del preciosismo y conceptismo del uso, que a veces oscurece algo el sentido, comprobamos que hay, en todo cuanto escribió, una lengua llena de sabor y de ritmo, como si eso no fuera exterior a la lengua, sino que le fuera intrínseco. La lengua es un hilo que se rompe constantemente, y hoy siempre estamos haciéndole nudos que se notan en la escritura. En realidad no sabemos cómo se hablaba en la época, pero sabemos cómo se escribía. La lengua que se escribía entonces era un flujo ininterrumpido. Admitiendo que podamos compararla con un río, sentimos que es como una gran masa de agua que se desliza con peso, con brillo, con ritmo, aunque a veces su curso sea interrumpido por cataratas. Ese gusto, que no es de hoy, se ha convertido en un agente transformador de mi lenguaje actual. Escribo, en el fondo, como si escribiese la lengua que me gustaría que se hablase.

O Diário, 21 de noviembre de 1982

António Vieira es una deuda que reivindico. Y aunque me digan que esa influencia no se nota mucho en mi propio lenguaje, sé que, profundamente, es el verbo de Vieira el que resuena en mi propio cerebro cuando escribo.

Correio do Minho, 12 de febrero de 1983

Tengo también otro proyecto, vaguísimo, como empiezan a serlo todos: una biografía medio de ficción del padre António Vieira. Me gustaría mucho escribirla, mucho de verdad, pero, en fin, tengo muchas dudas.

Setembro, enero de 1993

> ¡Oh, peces, cuánto envidio esa natural irregularidad! ¡Cuánto mejor es no tomar a Dios en las manos que tomarlo tan indignamente! En todo en lo que os excedo, peces, os reconozco muchas ventajas. Vuestra brutalidad es mejor que mi razón, y vuestro instinto mejor que mi albedrío. Yo hablo, pero vosotros no ofendéis a Dios con la palabra; yo tengo recuerdos, pero vosotros no ofendéis a Dios con la memoria; yo discurro, pero vosotros no ofendéis a Dios con el entendimiento; yo quiero, pero vosotros no ofendéis a Dios con la voluntad.
>
> Padre António Vieira, *Sermón de san Antonio a los peces*, 1682

Eça de Queiroz

La viuda cuenta los problemas sentimentales de una joven viuda con dos hijos y una criada vigilante que viene directamente de la Juliana de *El primo Basilio*. No digo que sea una copia de otros libros, pero fue escrito más a partir de sedimentos de lecturas que de una experiencia vivida o de una observación.

Público, 22 de junio de 1996

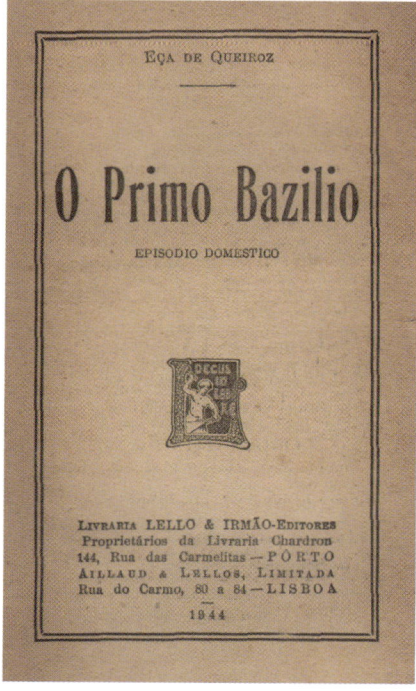

RICARDO REIS se detiene ante la estatua de Eça de Queirós, o Queiroz, por cabal respeto a la ortografía que el dueño del nombre usó, ay qué distintas pueden ser las maneras de escribir, y el nombre es lo de menos, lo sorprendente es que hablen éstos una misma lengua y ser, el uno Reis, el otro, Eça, probablemente es la lengua la que va escogiendo los escritores que precisa, se sirve de ellos para que expresen una pequeña parte de lo que es, cuando la lengua lo haya dicho todo, y callado, a ver cómo vamos a vivir. Ya empiezan a surgir las primeras dificultades, o quizá no sean aún dificultades sino más bien distintos y cuestionadores estratos del sentido, camadas, capas, sedimentos removidos, nuevas cristalizaciones, por ejemplo, Sobre la desnudez de la verdad el manto diáfano de la fantasía, parece clara la sentencia, clara, cerrada y conclusa, un niño sería capaz de entenderla y repetirla en un examen sin error, pero ese mismo niño entendería y repetiría con igual convicción un nuevo dicho, Sobre la desnudez de la fantasía el manto diáfano de la verdad, y este dicho sí da mucho más que pensar, y deleitosamente imaginar, sólida y desnuda la fantasía, diáfana apenas la verdad, si las sentencias vueltas del revés pasaran a ser leyes, qué mundo haríamos con ellas, el milagro es que los hombres no se vuelvan locos cada vez que abren la boca para hablar.

El año de la muerte de Ricardo Reis, 1984

Almada Negreiros

Para mí, Almada Negreiros es el responsable de la segunda gran revolución estilística de nuestra lengua y de nuestra literatura. La primera fue la de Garrett, con *Viajes por mi tierra*, y la segunda fue la de Almada Negreiros, con *Nombre de guerra*.

Uma Longa Viagem com José Saramago, 2009

Por dar un solo ejemplo, ahí tenemos al pobre Alberto Caeiro, que, habiendo muerto en mil novecientos quince, no leyó Nome de Guerra, Dios sabrá la falta que le hizo, y a Fernando Pessoa y a Ricardo Reis, que tampoco estarán en este mundo cuando Almada Negreiros publique esta novela.

El año de la muerte de Ricardo Reis, 1984

El autor de estas páginas también dibuja, y no sabe expresar con palabras la extraordinaria impresión que tiene siempre que copia el perfil de cualquier persona. La naturaleza se manifiesta de forma tan compleja en los rasgos de cada uno que nos vemos forzados a no poder aceptar a cada cual resumido al lugar en el que lo pone la sociedad. A través de los siglos, una línea única, seguida incesantemente, ha acabado por hacer inimitable el perfil de cada uno. Esa línea pasa ahora desde lo alto de la frente hasta debajo del mentón y, a veces, recuerda la de otros, pero es intransmisible.

Almada Negreiros, *Nombre de guerra*, 1925

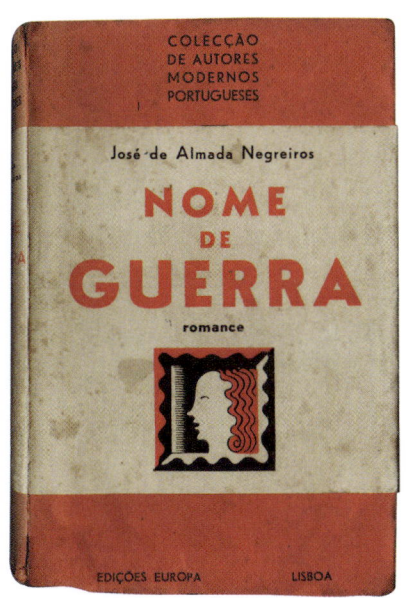

Fernando Pessoa

A FERNANDO PESSOA, hombre de máscaras que miran y se enfrentan a máscaras, sólo podríamos leerlo, y probablemente entenderlo, si reconociésemos en nosotros mismos las máscaras que somos. Se produciría, así, una constelación de sentidos, de lecturas infinitamente abiertas, nunca conclusivas. Sin embargo, a esta propuesta de aproximación se opone la tendencia general de definir a un Fernando Pessoa unificado, del cual, por mera ramificación, habrían nacido los heterónimos, reversibles en cualquier momento a su punto de partida, por mera voluntad nuestra. Es un intento, a mi entender, condenado a fallar. Cada uno de nosotros es aquel que es (somos quién cuándo), pero el que actúa en nosotros es otro. Fernando Pessoa lo habrá entendido mejor que nadie.

A partir del día en que Fernando Pessoa se convirtió en objeto de citas para políticos, el mito empezó a morir, para quedar sólo el poeta. Sólo, y como conviene.

La Vanguardia, marzo de 1988

ERA UN HOMBRE que sabía idiomas y hacía versos. Se ganó el pan y el vino poniendo palabras en lugar de palabras, hizo versos como los versos se hacen, esto es, arreglando palabras de una cierta manera. [...] Los amigos le decían que tenía un gran futuro por delante, pero él no debe de haberlo creído, tanto es así que decidió morir injustamente en la flor de la edad, a los cuarenta y siete años, imagínese. Un momento antes de finar pidió que le diesen las gafas: «Dame las gafas», fueron sus formales y finales palabras. Hasta hoy nunca nadie se ha interesado por saber para qué las quiso, así se vienen ignorando o despreciando las últimas voluntades de los moribundos, pero parece bastante plausible que su intención fuese mirarse en un espejo para saber quién, finalmente, estaba allí. No le dio tiempo la parca. Además, no había ni espejo en el cuarto. Este Fernando Pessoa nunca llegó a tener verdaderamente la seguridad de quién era, pero a causa de esa duda nosotros vamos consiguiendo saber un poco más quiénes somos.

Cuadernos de Lanzarote, 25 de noviembre de 1995

DE UNA PERSONA que se llamó Fernando Pessoa [Fernando Persona] se puede justificar lo que es bien sabido de Camões. Diez mil figuraciones, dibujadas, pintadas, modeladas, esculpidas, acabaron por hacer invisible a Luís Vaz, lo que permanece de él es lo que queda: un párpado caído, una barba, una corona de laurel. Es fácil comprobar que Fernando Pessoa también va de camino a la invisibilidad y, teniendo en cuenta la multiplicación actual de sus imágenes, provocada por apetitos sobreexcitados de representación y facilitada por un dominio generalizado de las técnicas, el hombre de los heterónimos, confundido voluntariamente con las criaturas que creó, entrará en la oscuridad absoluta en mucho menos tiempo que el otro de una sola cara, pero, también, de no pocas voces. Tal vez sea ése, quién sabe, el destino perfecto de los poetas, perder la sustancia de un perfil, de una mirada gastada, de una arruga en la piel, y disolverse en el espacio, en el tiempo, sumidos entre las líneas de lo que pudieron escribir, si del rostro sin rasgos ni límites todavía algo se entromete, está asegurado el día en que incluso ese poco será definitivamente echado fuera. El poeta no será más que memoria fundida en las memorias, para que un adolescente nos pueda decir que tiene en sí todos los sueños del mundo, como si tener sueños y declararlo fuese su primera invención. Hay motivos para pensar que la lengua es, toda ella, obra de poesía.

Um Rosto para Fernando Pessoa, 1985

ESTE JUEGO entre un yo (Quijano) que se convierte en otro (Quijote), punto fuerte, si me atrevo a decirlo, de mi interpretación, encuentra una simetría reciente en el conocido sistema de espejos, conscientemente organizado por Fernando Pessoa, que es la constelación heteronímica. Siendo tiempos diferentes, Pessoa no necesitó volverse loco para convertirse en esos otros Napoleones que son el Álvaro de Campos de *Tabaquería*, el Alberto Caeiro de *El guardador de rebaños*, el Ricardo Reis de las *Odas* o el Bernardo Soares del *Libro del desasosiego*.

La literatura iberoamericana en el 2000, 2003

Aquilino Ribeiro

La obra novelesca de Aquilino Ribeiro fue la primera y quizá única mirada sin ilusiones lanzada sobre el mundo real portugués, en su parcela de la Beira. [...] Aquilino es una roca enorme, solitaria y enorme, que irrumpió del suelo en medio de la alameda principal de nuestra florida y a veces delicuescente literatura de la primera mitad del siglo. [...] Los neorrealistas no supieron, por lo general, entenderlo, aturdidos por la exuberancia verbal de algún modo arcaizante del Maestro, desorientados por el comportamiento «instintivo» de muchos de sus personajes, tan competentes para el bien como para el mal, y aún más competentes siempre que se trataba de cambiar los sentidos del mal y del bien, en una especie de juego conjuntamente jovial y asustador, pero, sobre todo, descaradamente humano.

El cuaderno del año del Nobel, 6 de abril de 1998

José Régio

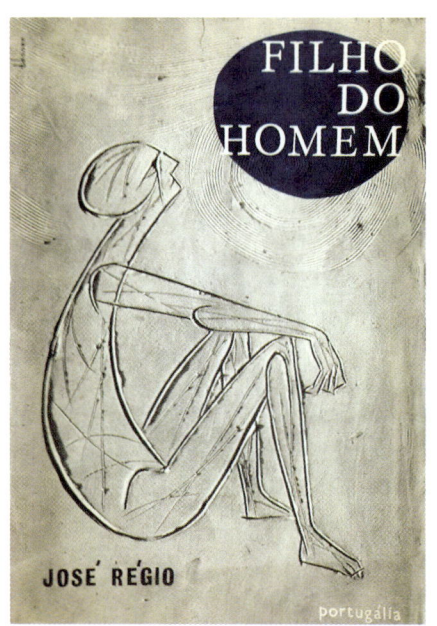

Razones tuvo Afonso III, en 1259, para mandar construir aquí la población de Portus Alacer, que después dio Portalegre, porto álacre, puerto alegre. Con todos estos campos y bosques alrededor, tan nítidamente distinta la mancha urbana del envoltorio campestre y bravío, comprendemos que José Régio haya escrito, y obsesivamente repetido: *Em Portalegre, cidade / Do Alto Alentejo, cercada / De serras, ventos, penhascos, oliveiras e sobreiros...*

Cualquier viajero que ame las letras ajenas y las riquezas propias se dejará mecer por la cantilena mientras por aquí ande.

Viaje a Portugal, 1981

En 1961, inesperadamente, cuando consideraba agotada su capacidad de creación literaria, la lectura del libro *Filho do Homem* de José Régio despertó en él una imperiosa necesidad de expresión poética.

Curriculum, 1967

Armindo Rodrigues

CREO QUE la libertad es el cimiento de toda la obra de Armindo Rodrigues. La libertad como derecho supremo. Y eso en un poeta tan comprometido con la vida, con la propia sociedad, con los demás, él pone por encima de ese mismo compromiso —y de las servidumbres a que esos mismos compromisos obligan— algo que podríamos llamar el alto amor a la libertad.

Declaración a la RTP, marzo de 1989

ARMINDO RODRIGUES es un poeta de la calle, de un lugar habitado, no un poeta urbano; es poeta de gándara y dehesa, no de cepa bucólica. Un poeta así no ansía, no indaga, no cuestiona. Pregunta como cualquier hombre común que sólo quiere saber su camino, pregunta siempre y a todos, se pregunta a sí mismo, es, en tres palabras sencillas, el poeta preguntador. Y esto puede merecer una reflexión.

Este poeta preguntador es un poeta de exigencia. Y la exigencia es quizá la gran necesidad cultural, ideológica y artística de estos tiempos portugueses. Qué respuestas podremos dar a un poeta que nos pregunta insistentemente

> ¿Qué, quién,
> de quién, de qué,
> dónde, de dónde, por dónde,
> hace, piensa, mueve, tiene,
> busca, sugiere, esconde,
> qué, por qué,
> para qué?

Prefacio a *O Poeta Perguntador*, de Armindo Rodrigues, 1979

Armindo Rodrigues, clavel en mano, el Primero de Mayo de 1974

Sophia de Mello Breyner Andresen

«CAMINÉ en la noche». Así empieza Sophia de Mello Breyner Andresen un poema que parece haber sido la raíz de este cuento suyo de Navidad. Todos los hombres caminan en la noche, pero es el terrible privilegio del poeta saberlo mejor que nadie. O saberlo con un saber más agudo, como aquel que, habiendo muerto y resucitado, sabe mejor lo que es la vida porque ya ha sabido lo que es la muerte. Así se entiende el afán y la obstinación del poeta cuando en cada poema va colgando estrellas: todo maneras de iluminar el negro opaco del camino por donde se alarga el viejo cortejo de los hombres.

Se dirá que esto de las estrellas es una muletilla cansada del arsenal poético. Pero entonces también las rosas, la esperanza y el amor (¿por qué no?) son otras tantas herramientas prehistóricas con ficha abierta y lugar definido en el museo arqueológico de nuestra inquietud, adonde sólo por entretenimiento y curiosidad irónica irán los correctos visitantes del futuro. Tal vez le quede al poeta poco tiempo para cantar y ser oído, tal vez mañana le esté reservado el papel (y el martirio) del mago, del brujo, del herético, del animal nocivo. En este desconcertante mundo que es el nuestro todo es posible, hasta la muerte de la poesía.

No importa. Que vaya el poeta descolgando estrellas y creyendo en ellas. Y apostemos a que en otro tiempo y en otro planeta, dentro de mil años, y lejos de aquí cien años luz, envuelto en las tinieblas de un mundo que comienza, un hombre con nuestros rasgos, heredero que cree haber despreciado su herencia, empezará un poema con las palabras exactas de un eco que no reconoce: «Caminé en la noche». Entonces será otra vez el tiempo de las rosas y las estrellas. El tiempo de la esperanza. El tiempo del amor.

Prefacio a *Os três reis do oriente*, de Sophia de Mello Breyner Andresen, 1965

BIOGRAFÍA

Tuve amigos que morían, amigos que partían
Otros quebraban su rostro contra el tiempo.
Odié lo que era fácil
Te busqué en la luz, en el mar, en el viento.

Sophia de Mello Breyner Andresen, *No mar novo*, 1958

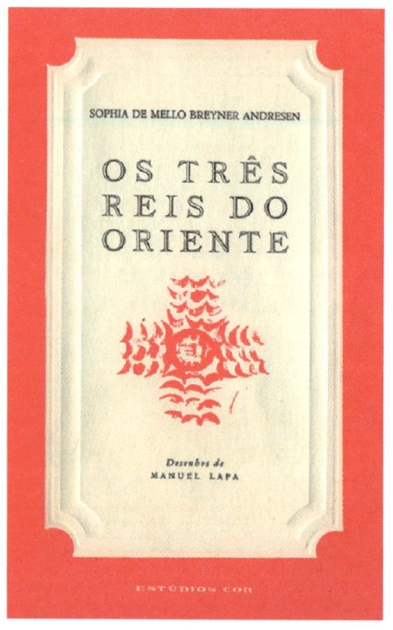

QUERIDA y admirada Sophia:
«Ulises, rey de Ítaca / fue carpintero de su barco». Si me preguntasen por qué razón he dicho tantas veces, en el sencillo silencio del pensamiento, o incluso murmurándolos, estos dos versos, quizá no sería capaz de encontrar una respuesta. Ahora los he escrito como si los estuviese copiando de la memoria feliz que guardo de sus poemas o, aún mejor, como si pudiesen ser, en nueve palabras, la más perfecta y conseguida «poética». Lo son para mí. Un nombre, un atributo, un acto, una obra; no creo que para decirlo todo haya que decir más. Poeta del espacio y de la luz, poeta del hacer y del suceder, así la veo, estimo y admiro, Sophia. Le pido que acepte mis felicitaciones, también las de Pilar, por el premio. Su nombre y su obra lo engrandecen. Y yo sé de muy buena fuente que Luiz de Camões, allá donde esté, votó a su favor.

Carta a Sophia de Mello Breyner Andresen, 18 de noviembre de 1999

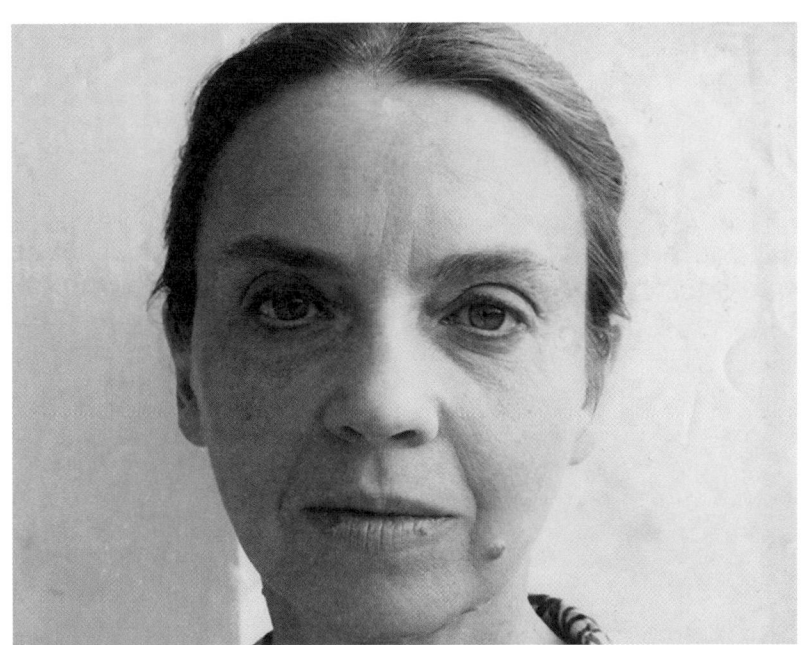

Mia Couto

Me encanta y casi me seduce la forma que tiene Mia de desarrollar situaciones que implican encuentros. Es todo tan natural. Este libro [*Venenos de Dios, remedios del Diablo*] es un atajo que une los veinte libros escritos por la misma persona, por la misma sensibilidad, por la misma inteligencia.

Mia Couto fue uno de los escritores que mejor supieron reaccionar ante los cambios traídos por el 25 de abril, respondiendo con una enorme libertad creativa a las dudas surgidas por entonces entre los autores, acostumbrados a enfrentarse con la censura.

Presentación en Lisboa de *Venenos de Dios, remedios del Diablo*, de Mia Couto, junio de 2008

Cubiertas de Porto Editora de *Levantado do Chão* y *As Pequenas Memórias*, con las caligrafías de Mia Couto y Gonçalo M. Tavares

Gonçalo M. Tavares

LA NUEVA GENERACIÓN de novelistas portugueses, me refiero a los que están ahora entre los treinta y los cuarenta años de edad, tiene en Gonçalo M. Tavares a uno de sus exponentes más cualificados y originales. Autor de una obra sorprendentemente extensa, fruto, en gran parte, de un profundo y minucioso trabajo escondido de la curiosidad del mundo, el autor de *O senhor Valéry*, un pequeño libro que estuvo durante muchos meses en mi mesilla de noche, irrumpió en la escena literaria portuguesa armado de una imaginación totalmente inusual y rompiendo todos los lazos con los datos del imaginario corriente, además de ser dueño de un lenguaje muy propio, en el que la osadía va del brazo con lo vernáculo, de tal manera que no será exageración decir, sin ningún desdoro para los excelentes novelistas jóvenes de cuyo talento disfrutamos actualmente, que en la producción novelística nacional hay un antes y un después de Gonçalo M. Tavares. Creo que es el mejor elogio que puedo hacerle. Le vaticiné el Premio Nobel de aquí a treinta años, o incluso antes, y pienso que voy a acertar. Sólo lamento no poder darle un abrazo de felicitación cuando eso suceda.

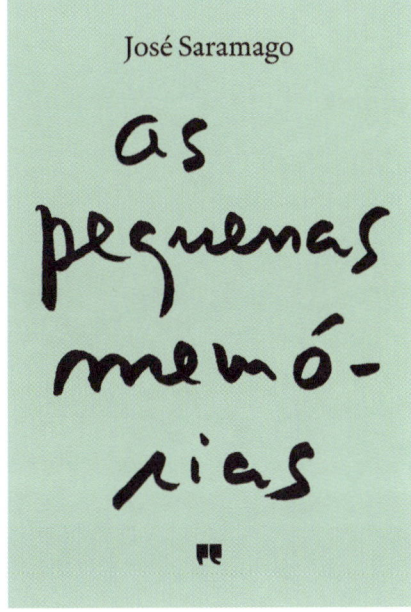

«Gonçalo M. Tavares», *El Cuaderno*, 2 de marzo de 2009

Don Quijote

Todos los españoles han sido, en los distintos tiempos por los que pasaron, un poco Quijotes, un poco Sanchos, montando unas veces el Rocinante ideal y otras el burro sin nombre, el burro callado y pragmático.

«A la gloria de Acacio», *Las maletas del viajero*, 1973

Dulcinea
    Quién eres no importa, ni conoces
    El sueño del que nació tu rostro:
    Cristal vacío y mudo.
    De la sangre de Quijote te alimentas,
    Del alma que en él muere recibes
    La fuerza para serlo todo.

Don Quijote
    No veo Dulcineas, Don Quijote,
    Ni gigantes, ni islas; nada existe
    De tu sueño de loco.
    Sólo molinos, mujeres y Baratarias,
    Cosas reales que Sancho bien conoce
    Y para ti son poco.

Sancho
    Capaz de miedos, sí, pero no de asombros.
    Para asombros otra alma se precisa
    Más desnuda y desarmada.
    Pero de esa mano ruda cae la semilla
    Que a tu amo sustenta y, sin el pan,
    Hasta el asombro es nada.

«Homenagem a Cervantes», *Seara Nova*, 1964
(poemas incluidos en *Los poemas posibles*)

Todos sabemos cómo empieza la historia: en aquel lugar de la Mancha, cuyo nombre nunca llegaremos a conocer, vivía un hidalgo pobre llamado Alonso Quijano que, un día, como consecuencia del mucho leer y del mucho imaginar, pasó del juicio a la locura, con tanta naturalidad como quien abre una puerta y la vuelve a cerrar. Así lo quiso Cervantes, quizá porque la mentalidad de su tiempo se negaba a aceptar que un hombre en plena posesión de sus facultades mentales, y aunque sólo fuese un personaje de novela, decidiese, por un simple acto de la voluntad, dejar de ser quien había sido para convertirse en otro: gracias a la locura, el rechazo de las reglas del llamado comportamiento racional se vuelve pacífico, ya que permite despreciar cualquier acercamiento al loco que no proceda de acuerdo con las vías reductoras que tienen como objetivo la curación. Desde el punto de vista de los contemporáneos de Cervantes y los personajes de la novela, Quijote está loco porque Quijano se ha vuelto loco. En ningún momento se insinúa la sospecha de que Quijote sea, solamente o, por el contrario, de modo supremo, el otro Quijano. No obstante, Cervantes tiene una visión muy precisa de la irreductibilidad de las consecuencias del cambio de Quijano. Tanto es así que reforma y reorganiza, de arriba abajo, el mundo en el que va a entrar esa nueva identidad que es Quijote, cambiando los nombres y las cualidades de todos los seres y cosas: la posada se convierte en castillo, los molinos son gigantes, los rebaños ejércitos, Aldonza se transforma en Dulcinea, por no hablar de un mísero caballo ascendido a épico Rocinante y de una bacía de barbero elevada a la dignidad de yelmo de Mambrino. Sancho, sin embargo, aun teniendo que vivir y sufrir las aventuras e imaginaciones de Quijote, no necesitará nunca enloquecer ni cambiar de nombre: incluso cuando lo proclamen gobernador de Barataria seguirá siendo, en lo físico y en lo moral, pero sobre todo en la sólida identidad que siempre lo define, Sancho Panza. Nada más, pero también nada menos.

El cuaderno del año del Nobel, 31 de mayo de 1998

Hay una expresión que, para mí, es la clave, aunque no parezca nada del otro mundo. Cuando don Quijote sale para empezar sus andantes caballerías, Cervantes dice esto de una manera tan sencilla que cualquiera de nosotros podría haberlo dicho: «Y empezó a caminar». Hay dos Quijotes: uno con su vida sin importancia y otro que nace en el momento en que empieza a caminar. Ése es don Quijote, el hombre que hará aquello que no estaba previsto. No estaba obligado, ni en su locura ni en su vida anterior, a hacer todo lo que hizo después. No hay un destino: hay un momento en el que empezamos a caminar. Empezamos a caminar y caminamos en otra dirección. No es, de hecho, la dirección que parecía fatal, irrechazable..., hasta podemos hablar de predestinación, si queremos, pero el momento en el que empezamos a caminar es una metáfora del movimiento y no sólo del movimiento personal, también del movimiento de la sociedad.

Expresso, 8 de noviembre de 1986

Víctima de una locura simplemente humana o agente de una voluntad sobrehumana de cambio, Quijote intenta recrear el mundo, hacerlo nacer de nuevo, y muere cuando entiende que no ha bastado con haber cambiado él mismo para que cambiase el mundo. Es la última derrota de Quijano, la más amarga de todas, la que no tendrá salvación. La voluntad se ha agotado, no hay tiempo para enloquecer de nuevo.

«La otra razón de Alonso Quijano», *La literatura iberoamericana en el 2000*, 2003

Federico García Lorca

Más Lorca. Esta vez fuimos de romería hasta la Huerta de San Vicente, la casa donde vivía cuando se lo llevaron para matarlo. Una sobrina, Laura García Lorca, fue la guía de la melancólica visita. Probablemente sin que ella se diera cuenta, cada palabra suya, cada gesto, cada puerta que abría y cerraba, nos iban guiando por los laberintos ambiguos de la relación de la ciudad de Granada con la memoria de Federico. Incluso llegué a pensar (la responsabilidad de este pensar es sólo mía), tanto por lo que conocía de antes, como por lo que he conocido ahora, que Granada sufre, todavía hoy, el remordimiento de no haberlo defendido...

Cuadernos de Lanzarote, 20 de octubre de 1996

Tierra seca,
tierra quieta
de noches
inmensas.

(Viento en el olivar,
viento en la sierra).

Tierra
vieja
del candil
y la pena.
Tierra
de las hondas cisternas.

Tierra
de la muerte sin ojos
y las flechas.

(Viento por los caminos.
Brisa en las alamedas).

Federico García Lorca, *Poema del cante jondo,* 1931

Rafael Alberti

REGISTRO aquí el recogimiento con que Carlos Fuentes leyó el poema de Rafael Alberti dedicado a César Manrique, aquel que está en la Fundación: *Vuelvo a encontrar mi azul...* Al final, Fuentes dijo: «Poetas como Alberti y Neruda convierten en poesía todo lo que tocan».
Cuadernos de Lanzarote, 28 de agosto de 1997

QUERIDO Rafael:
Ya antes de que en tu hermoso *Marinero en tierra* reunieses en un abrazo poético insólitamente moderno algunas de las viejas objetividades de la tierra y los nuevos y resplandecientes mitos del mar, ya habías creado cuatro versos que bien podrían colocarse en el umbral de toda obra literaria, como una especie de epígrafe universal. Son éstos: «Le quité el antifaz a una palabra / Y mudos / frente a frente / nos quedamos».

Todos los que escribimos conocemos ese instante de mudez perpleja, casi angustiante. De repente la palabra se nos aparece desnuda, desarmada, sorprendida por la luz, hay que echarle mano rápidamente, no dejar que se escape, no darle tiempo a que se esconda de nuevo. Escribir es aprender a ver, se escribe por haber visto la palabra que está por detrás de la palabra. Tendrá, una a una, las mismas letras, pero se habrá convertido en otra a partir de ese momento. La poesía, mucho más que la expresión dramática o novelesca, es la revelación de la palabra que había oculta.

Cuando, con sólo veinticinco años, publicaste *Sobre los ángeles,* ya habían caído delante de ti todas las máscaras de las palabras, tu mirada ya había captado definitivamente las fulgurantes claridades de sonido y de sentido que se resguardan bajo la opacidad que es la consecuencia fatal del hábito de no ver lo que se mira y de la indiferente rutina de hablar.
Discurso en homenaje a Rafael Alberti, 30 de octubre de 1997

Antonio Machado

Me acuerdo, tan nítidamente como si fuera hoy, de un hombre que se llamó Antonio Machado. En ese tiempo yo tenía catorce años e iba a la escuela para aprender un oficio que de poco iba a servirme. Había guerra en España. A los combatientes de un lado les dieron el nombre de rojos, mientras que los del otro lado, por las bondades que de ellos oía contar, debían de tener un color así como el del cielo cuando hace buen tiempo. Al dictador de mi país le gustaba tanto ese ejército azul que dio orden a los periódicos para que publicaran las noticias de modo que hicieran creer a los ingenuos que los combates siempre terminaban con victorias de sus amigos. Yo tenía un mapa donde clavaba banderitas hechas con alfileres y papel de seda. Era la línea del frente. Este hecho prueba que conocía a Antonio Machado, aunque no lo había leído, lo que es disculpable si tenemos en cuenta mi poca edad. Un día, al darme cuenta de que andaba siendo engañado por los oficiales del ejército portugués que dirigían la censura de la prensa, tiré el mapa y las banderas. Me dejé llevar por una actitud irreflexiva, de impaciencia juvenil, que Antonio Machado no merecía y de la que hoy me arrepiento. Los años fueron pasando. En cierto momento, no recuerdo cuándo ni cómo, descubrí que el tal hombre era poeta, y tan feliz me sentí que, sin ningún propósito de vanagloria futura, me puse a leer todo cuanto escribió. Fue entonces cuando supe que ya había muerto, y, naturalmente, coloqué una bandera en Collioure. Es tiempo, si no me equivoco, de poner esa bandera en el corazón de España. Los restos pueden quedarse donde están.

«Carta a Antonio Machado», *El Cuaderno*, 22 de febrero de 2009

A la entrada de *Los poemas posibles* se leen unos versos de Antonio Machado, que están ahí desde 1966.

> Demos tiempo al tiempo:
> para que el vaso rebose
> hay que llenarlo primero.

Sí, cualquier niño, con la inocente lógica de su edad, sería capaz de decir lo mismo, que únicamente rebosará el vaso si antes lo hemos llenado, pero me apuesto contra una página en blanco todos los libros que he escrito a que el poeta de *Campos de Castilla* sabía perfectamente que el vaso en que pensaba (¿la vida, la obra?) nunca se colmaría hasta derramar porque nunca se conseguiría llenar por completo. Como Sísifo empujando la piedra hacia la cima del monte para verla rodar otra vez hasta el valle, como las Danaides, condenadas a rellenar en vano durante toda la eternidad un tonel sin fondo, como todos nosotros que vamos poniendo letras tras letras, a la espera de que el infinito se deje tocar algún día. Antonio Machado estuvo casi, casi. Sólo le faltó el tiempo.

Del «Prólogo» a *Poesía completa*, 2005

Ángel González

Al amigo que era y, al mismo tiempo, a uno de los mayores poetas de España. En su recuerdo dejo hoy aquí uno de sus poemas, que traduciré al portugués.

Así parece

Acusado por los críticos literarios de realista,
mis parientes en cambio me atribuyen
el defecto contrario;
afirman que no tengo
sentido alguno de la realidad.
Soy para ellos, sin duda, un funesto espectáculo:
analistas de texto, parientes de provincias,
he defraudado a todos, por lo visto;
¡qué le vamos a hacer!
Citaré algunos casos:
Ciertas tías devotas no pueden contenerse,
y lloran al mirarme.
Otras mucho más tímidas me hacen arroz con leche,
como cuando era niño,
y sonríen contritas, y me dicen:
qué alto,
si te viese tu padre...,
y se quedan suspensas, sin saber qué añadir.
Sin embargo, no ignoro
que sus ambiguos gestos
disimulan
una sincera compasión irremediable
que brilla húmedamente en sus miradas
y en sus piadosos dientes postizos de conejo.
Y no sólo son ellas.
En las noches,
mi anciana tía Clotilde regresa de la tumba
para agitar ante mi rostro sus manos sarmentosas
y repetir en tono admonitorio:
¡Con la belleza no se come! ¿Qué piensas que es la vida?
Por su parte,
mi madre ya difunta, con voz delgada y triste,
augura un lamentable final de mi existencia:
manicomios, asilos, calvicie, blenorragia.
Yo no sé qué decirles, y ellas
vuelven a su silencio.
Lo mismo, igual que entonces.
Como cuando era niño.
Parece
que no ha pasado la muerte por nosotros.

«Ángel González», *El Cuaderno*, 13 de enero de 2009

Molière

En cierto teatro francés (del que es un buen ejemplo, para este caso, Molière) no falta nunca un personaje sensatísimo que va repartiendo, de principio a fin, sus consejos, funcionando quizá como la conciencia del autor o, más sutilmente, como la esperanza de conciencia de las apasionadas, perturbadas o perplejas figuras que son sólo el nudo real y la materia de la acción. Este personaje, al subir el telón, es ya un producto acabado de los pies a la cabeza, un poco fastidioso porque siempre tiene razón, sabio y paternal ante las tonterías practicadas por toda aquella agitada gente que anda por allí intentando definirse, haciendo espectáculo de sus debilidades, de sus vicios, de sus ambiciones o, sencillamente, de su desordenada vida de ser humano... Que el comportamiento de la figura acabe irritándonos sólo prueba la imperfección del barro del que estamos hechos: en grande, sería un Savonarola reprensor pero sobrehumano; en pequeño y ridículo, el legislador que mandaba medir el pudor de los trajes de baño.

Aquí en Portugal, en este drama épico de la Revolución, en este escenario con ocho millones de figuras, en esta lucha de clases que es acto e interpretación, no se ve que haya hueco para el personaje sensato de Molière, que en frío observa y en frío recomienda: por lo general, el prudente consejero no arriesga nada, y eso es una ayuda excelente. En este acuerdo hipócrita que ha sido el de las sociedades capitalistas en sus relaciones con los sectores encargados de sostener la ideología y justificar el dominio del capital sobre el trabajo (ya estamos lejos de Molière, pero todas estas cosas están relacionadas...), el periodismo (sector puntero) es, por lo general, el encargado de asumir el papel del consejero pacificador, de apaciguar los ánimos.

«Alguém está a mais», *Diário de Notícias*, 25 de julio de 1975

Tenía ocho años y ya sabía leer muy bien. Escribir, no tanto, pero eran pocos los errores que cometía, teniendo en cuenta mi edad. Sólo la caligrafía era mala, y así siguió para siempre. Escribía en aquellos grandes cuadernos de hermosas letras dibujadas, y las repetía con milagros de atención, pero al remate de la línea empezaba ya a inventar un alfabeto nuevo que nunca llegué a organizar completamente. Leía muy bien los periódicos, y sabía todo cuanto en el mundo pasaba. Yo creía que era todo. También tenía libros: había una guía de conversación portugués-francés que había ido a parar allí no sé cómo y cuyas páginas, divididas en tres columnas, eran para mí un enigma que sólo parcialmente desciframiento, pues tenía a la izquierda una que podía entender, en portugués, luego otra en francés, que era como chino, y al fin la pronunciación figurada, mucho peor que todos los criptogramas del mundo. [...] Pero lo que más me fascinaba eran unos diálogos, a veces acompasados y solemnes, otras veces vivos y rápidos como el reflejo del sol barrido por una ventana que se cierra. Cuando esto acontecía, me ponía a sonreír de una manera que sólo ahora entiendo: sonreía como el adulto que aún estaba lejos. Fue muchos años después cuando descubrí lo que en definitiva ya conocía Molière desde su buhardilla: había hablado conmigo, había sido mi guía de lectura.

«Molière y la curruca», *Las maletas del viajero*, 1973

Voltaire

MI RACIONALISMO tiene una raíz «voltairiana». Ese escepticismo, esa ironía y esa especie de compasión por la locura de los hombres viene de ahí.
Expresso, 2 de noviembre de 1991

ME GUSTARÍA encontrarme con Voltaire y decirle que tenía razón en su opinión escéptica y pesimista del género humano. Le diría que tuvo razón y que, muchos años después, no hemos cambiado nada, que hay motivos para pensar que, si él viviese en el siglo XX, tendría aún mucha más razón.
Diário Uno, 13 de septiembre de 1998

Montesquieu

HACE YA casi trescientos años que el barón de Montesquieu escribió sus famosas *Lettres persanes,* y todavía no hemos encontrado la manera de elaborar una respuesta inteligente a la cuestión más esencial que contiene el itinerario histórico de las relaciones entre los seres humanos. De hecho, seguimos sin entender cómo es posible que alguien haya sido «persa» y, encima, como si la extravagancia no fuera desproporcionada, que insista en serlo hoy, cuando el espectáculo que ofrece el mundo pretende convencernos de que sólo es deseable y provechoso ser aquello que, en términos muy generales y artificiosamente conciliadores, se suele designar por «occidental» (occidental de mentalidad, de modas, de gustos, de hábitos, de intereses, de manías, de ideas...), o, en el caso demasiado frecuente de no alcanzar tan sublimes alturas, que se sea, al menos bastardamente, «occidentalizado», da igual que ese resultado se haya conseguido por la fuerza de la persuasión o, de manera más radical, si no hay otro remedio, por la persuasión de la fuerza.

«Chiapas, nome de dor e de esperança», *Visão*, 9 de julio de 1998
(incluido en *El cuaderno del año del Nobel*)

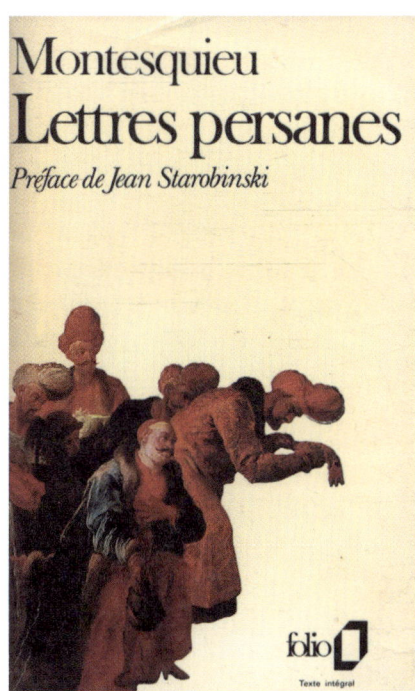

Marx

Transcribir, como otras cosas, dos páginas de Marx y profundamente creer en ellas, tener ciencia bastante y agudeza para confrontarlas con la historia y reconocerlas exactas, ¿qué es si no fuera más que esta intelectual labor? Sr. Marx: en este pequeño mundo y sociedad que es mi trabajo, se han alterado las relaciones de producción: ¿para quién va a trabajar ahora el pintor? ¿Y por qué? ¿Y para qué?

Manual de pintura y caligrafía, 1977

Marx, por ejemplo, no dogmatizó, pero no faltaron después pseudomarxistas para convertir *El capital* en otra biblia, cambiando el pensamiento activo por la glosa estéril o por la interpretación viciosa. Ya se ha visto lo que sucedió. Un día, si fuésemos capaces de deshacernos de los antiguos y férreos moldes, la piel que parecía vieja y al final no nos dejó crecer, volveremos a encontrarnos con Marx: tal vez un «reexamen marxista» del marxismo nos ayude a abrir caminos más generosos al acto de pensar. Que tendrá que empezar por buscar respuestas a la pregunta fundamental: «¿Por qué pienso como pienso?». Con otras palabras: «¿Qué es la ideología?». Parecen preguntas de poca monta y no creo que haya otras más importantes...

Cuadernos de Lanzarote, 21 de marzo de 1995

Sé que, en algunos casos, los epígrafes son gratuitos, son adornos. En mi caso, no. Normalmente, los epígrafes que uso anuncian lo que quiero decir. Y el epígrafe de *Casi un objeto* es una cita de Marx y Engels [de *La sagrada familia*] en la que dicen: «Si el hombre es formado por las circunstancias, entonces es necesario formar las circunstancias humanamente».

O Globo, 18 de octubre de 1995

Hay un adepto del Betis Balompié, conocido club de fútbol de Sevilla, que siempre aparece en los juegos con una caja de cartón, un tetra-brik, para usar el lenguaje actual. Qué tendría dentro de aquella cajita tan cuidadosamente traída y llevada era lo que debían de estar preguntándose amigos, conocidos e indiferentes, después de haber percibido que no se trataba de leche para la úlcera nerviosa, ni agua para las grandes sequedades andaluzas, ni vino para celebrar las victorias o suavizar los disgustos de las derrotas. El misterio ha sido ahora desvelado: la caja contiene cenizas humanas. El adepto del Betis cumple con devoción y puntualidad el último deseo de su fallecido padre: seguir asistiendo a los juegos del querido club, incluso no teniendo ya voz para gritar ni manos para aplaudir... Ante esto, creo que tendremos que concluir que Marx sabía bien poco de lo que hablaba cuando filosofó sobre la alienación...

Cuadernos de Lanzarote, 17 de noviembre de 1995

Ricardo [Ibarlucía] me dijo que soy muy rousseauniano... Debo confesar que nunca había pensado en tal, ni imaginaba que mis antiguas lecturas de *Las confesiones*, de *El contrato social* y del *Emilio* hubiesen dejado marcas tan visibles. Tal vez sí, tal vez yo sea un rousseauniano, pero pasado por Marx.

Cuadernos de Lanzarote, 15 de mayo de 1996

De una carta de Carlos Marx a un amigo suyo llamado Kügelmann: «Hasta hoy pensaba que la formación de los mitos cristianos durante el Imperio Romano sólo fue posible porque la imprenta no se había inventado aún. Hoy, la prensa diaria y el telégrafo, que difunden sus inventos por todo el universo en un abrir y cerrar de ojos, fabrican en un solo día más mitos que los que antes se creaban en un siglo». No sé cuándo fueron escritas estas palabras, pero, si recordamos que Marx murió en 1883, todavía en la primera infancia de los medios de comunicación de masas, asombra ver cómo su perspicacia se adelantó, también en este punto, a su tiempo...

Cuadernos de Lanzarote, 30 de julio de 1997

Trotsky

La inscripción de la placa de bronce, al lado de la puerta, informa: Trotsky vivió aquí. Estamos en el East Village, donde en los años sesenta florecieron los hippies y ahora prosperan los promotores inmobiliarios que van empujando hacia Brooklyn y New Jersey a los artistas y a los jóvenes. Trotsky bajó las escaleras de esta casa para llegar a la biblioteca de la Quinta Avenida, acompañado seguramente, muchas veces, por Bukharine. Sería interesante averiguar (si no se sabe ya: los archivos existen para satisfacer curiosidades) qué libros fueron los que consultó durante el tiempo de su residencia en Nueva York, qué ideas ajenas habrá incorporado a las suyas, o, por el contrario, rechazado. Sería interesante, pero gratuito. El pensamiento socialista (digo pensamiento) es hoy un campo de escombros, un amontonamiento de huesos donde las formas originales apenas se reconocen y sólo la imagen de Marx se distingue, precisa, nítida, al fondo.

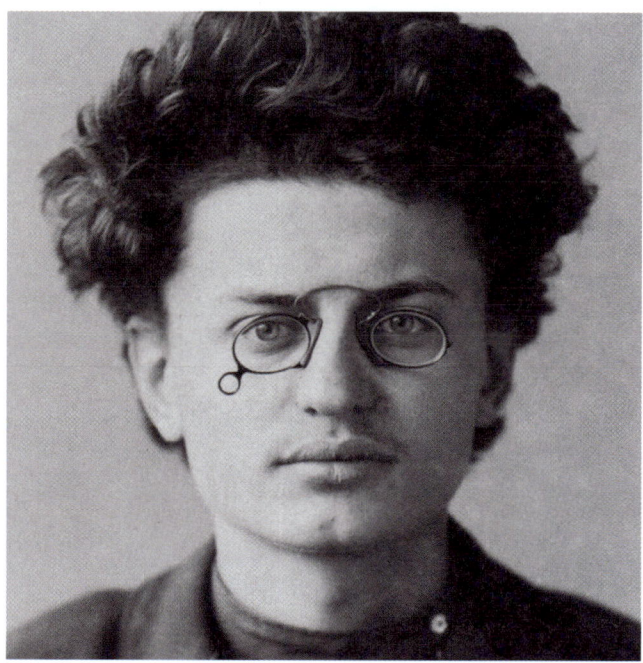

Cuadernos de Lanzarote, 13 de noviembre de 1996

Louis Althusser

Leo *El porvenir es largo*, la autobiografía de Althusser, carente de piedad y descarnada, como sólo la podría haber escrito quien, como él, tras pasar por la experiencia de una nada psiquiátrica, se preparase, lúcidamente, para la entrada en la muerte, en la nada absoluta, después de una vida durante mucho tiempo asombrada por la conciencia angustiante de ser nada. Leo e, inevitablemente, mi pensamiento se encamina hacia *El libro de las tentaciones* [...]. La cuestión está en saber si me contentaré con devanear apaciblemente por la superficie lisa de la memoria aparente o si, como Althusser ha hecho, seré capaz de remover y barrer esa capa neutra, compuesta de recuerdos, de imágenes y de sensaciones, de condescendencias y disculpas, de distorsiones intencionales o involuntarias, para cavar a fondo y continuar cavando, hasta la médula oculta de los hechos y de los actos.

Cuadernos de Lanzarote, 6 de mayo de 1993

Colette

También me acuerdo del tiempo que trabajé en la editorial Estúdios Cor, cuando alguna vez que otra recibimos la visita de agentes de la Policía Internacional y de Defensa del Estado, que venían a aprehender libros. Era una especie de juego del gato y el ratón: los llevaba al almacén, les señalaba la obra que buscaban, pero la obra no estaba allí entera, la mayor parte se encontraba disimulada entre otros libros. Nunca se llevaron más de dos o tres centenas de ejemplares. La estupidez del régimen rayaba lo sublime: una vez llegaron para aprehender una novela de Colette, *Chéri*, que estaba en la lista de libros prohibidos…

El cuaderno del año del Nobel, 16 de junio de 1998

A veces [le gustaba lo que traducía], a veces no. Había libros que efectivamente eran interesantes, digamos que la *Historia de la estética*, de Bayer…, el *Panorama de las artes plásticas*, de Jean Cassou, que me escribió una carta muy simpática […] y algunos otros libros. El de André Bonnard sobre Grecia, que es, de hecho, una obra admirable; otros como, por ejemplo, de Colette, cuyo estilo es de los más perfectos y acabados que haya conocido Francia.

Uma Longa Viagem com José Saramago, 2009

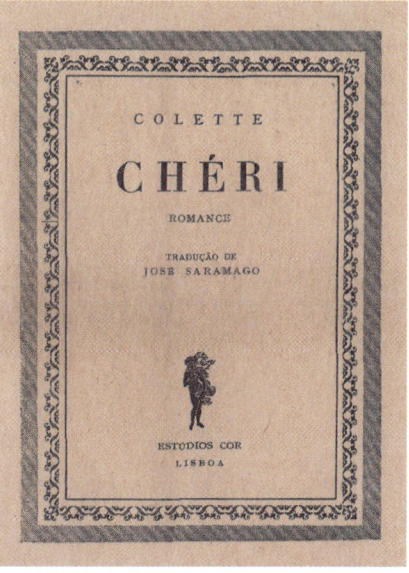

Flaubert

EL AUTOR está en todo el libro, el autor es todo el libro, incluso cuando el libro no consigue ser todo el autor. No fue simplemente para provocar a la sociedad de su tiempo por lo que Gustave Flaubert declaró que Madame Bovary era él mismo. Me parece, incluso, que, al decirlo, no hizo más que echar abajo una puerta abierta desde siempre. Sin faltarle al respeto al autor de *Bouvard et Pécuchet*, se podría realmente decir que una afirmación semejante no peca por exceso, sino por defecto: a Flaubert le faltó añadir que él era también el marido y los amantes de Emma, que era la casa y la calle, que era la ciudad y todos cuantos, de toda condición y edad, vivían en ella, casa, calle y ciudad reales o imaginadas, da igual. Porque la imagen y el espíritu, la sangre y la carne de todo esto tuvieron que pasar, enteros, por una sola persona: Gustave Flaubert, es decir, el autor, el hombre, la persona. También yo, aunque soy tan poca cosa si me comparo, soy la Blimunda y el Baltasar de *Memorial del convento*, y en *El Evangelio según Jesucristo* no soy sólo Jesús y María Magdalena, o José y María, porque soy también el Dios y el Diablo que andan por allí...

Revista Ler, primavera-verano de 1997

Proust

OTRO LECTOR me escribe y éste merece el título. [...] Se declara gran admirador de Proust y me pregunta si, tal como hace el autor del *Temps Perdu*, debe utilizar su vida rica en experiencias, palabras suyas, para escribir, pues ser escritor es su sueño. Le digo que tengo serias dudas de que *À la Recherche du Temps Perdu* sea un libro autobiográfico y, si lo hubiese querido ser, concluiríamos que el autor no había ido más allá de la intención... El hecho de que Proust escriba sobre el medio familiar y social en el que vivió, el hecho de introducir en el libro lo que parecen ser episodios de su vida, más o menos traspuestos, pero sobre todo reelaborados por la memoria, no quita un átomo a la evidencia del carácter ficcional y ficcionante de la narrativa. Proust, siendo el escritor que era, nunca se habría sentido satisfecho con lo que se encuentra más a mano, eso que llevó a Alexandre O'Neill a recomendarnos que no contásemos «la vidita...». Proust no escribió una autobiografía, sólo fue en busca del tiempo perdido, no con el designio de dejar recuerdo de una vida, sino para dejar constancia de un tiempo retenido por la memoria. Proust no está interesado en los hechos, sino en la memoria de los mismos.

Cuadernos de Lanzarote, 25 de agosto de 1993

Émile Richebourg

No entendía todo lo que decía, pero eso no importaba. Además de mi padre y de mi madre, los dichos adultos antes escépticos, ahora rendidos, eran los Barata. Pues bien, sucedió que en esa casa, donde no había libros, un libro había, uno solo, grueso, encuadernado, salvo error, en azul celeste, que se llamaba *A Toutinegra do Moinho*, y cuyo autor, si la memoria todavía acierta, era Émile Richebourg, de cuyo nombre las historias de la literatura francesa, incluso las más minuciosas, no creo que hagan gran caso, si es que alguno le hicieron, pero habilísima persona en el arte de explorar con la palabra los corazones sensibles y los sentimentalismos más arrebatados. La dueña de esta joya literaria absoluta, por todos los indicios también resultante de previa publicación en fascículos, era Concepción Barata, que lo guardaba como un tesoro en una gaveta de la cómoda, envuelto en papel de seda, con olor a naftalina. Esta novela acabaría convirtiéndose en mi primera gran experiencia de lector. Todavía me encontraba muy lejos de la biblioteca del Palacio de las Galveias, pero el primer paso para llegar ya estaba dado. Y gracias a que nuestra familia y la de los Barata vivieron juntas durante un buen puñado de años, tuve tiempo más que de sobra para llevar la lectura hasta el final y regresar al principio. Sin embargo, contrariamente a lo que me sucedió con *Maria, a fada dos bosques*, no consigo, por más que lo he intentado, recordar un solo pasaje del libro. A Émile Richebourg no le gustaría esta falta de consideración, él que pensaba haber escrito su *Toutinegra* con tinta imborrable.

Las pequeñas memorias, 2006

Franz Kafka

Es evidente que Dios no ha leído a Kafka.
«Sofía Gandarias», *El último Cuaderno*, 14 de junio de 2009

Si hay un escritor del siglo xx por el que siento veneración, ése es Kafka, y reivindico ser kafkiano. Kafka dijo que un libro tiene que ser el hacha que corta el mar helado de nuestra conciencia; todo esto como un programa de trabajo.
Época, 21 de enero de 2001

Mijaíl Bajtin escribió en su *Teoría y estética de la novela*: «El objeto principal del género novelístico, el que lo hace específico, el que crea su originalidad estilística, es el hombre que habla y su palabra». Creo que raramente una aseveración de ámbito general como ésta es y habrá sido tan exacta como en el caso humano y literario de Franz Kafka. Desobedeciendo a ciertos teóricos que, no destituidos de razón, se han levantado contra la tendencia «romántica» de ir a buscar a la existencia de un escritor las señales de su paso de lo vivido a lo escrito, lo que, supuestamente, sería la explicación final de la obra, Kafka no esconde en ningún momento (y parece incluso querer que se note) el conjunto de factores que determinaron su dramática vida y, en consecuencia, su trabajo como escritor: el conflicto con su padre, el encontronazo con la comunidad judía, la imposibilidad de dejar la vida del celibato por el matrimonio, la enfermedad. Creo que el primero de aquellos factores, es decir, el antagonismo nunca superado que enfrentó al padre con el hijo y al hijo con el padre, constituye la llave maestra de toda la obra kafkiana, derivando de ella, como lo hacen las ramas de un árbol del tronco principal, el profundo desasosiego íntimo que lo llevó a la deriva metafísica, a la visión de un mundo agonizante por absurdo, a la mistificación de la conciencia.

Cuando, transformado de la noche al día, sin ninguna explicación del narrador, en un bicho asqueroso, mezcla de escarabajo y cucaracha, se queja de los sufrimientos inmerecidos que caen sobre el viajante de comercio en general y sobre él mismo en particular, Gregor Samsa se expresa de una forma que no deja margen para dudas: «Muchas veces es víctima de una simple murmuración, de un azar, de una protesta gratuita, y le resulta absolutamente imposible defenderse, ya que ni siquiera sabe de qué lo acusan».
Prólogo a *El Proceso*, de Franz Kafka, 1999

Rainer Maria Rilke

No escribas poemas de amor
Rainer Maria Rilke

¿Por qué, Rainer Maria? ¿Quién le impide
Al corazón amar, y quién decide
Las voces que en el verso se articulan?
¿Qué nos impone la gallina ciega
De sumar infinito a infinito?
La tan larga escalera que subiste
Se ha roto en el vacío, cuando la sombra
Del Otro en los peldaños se repartía.
Al vértigo aéreo de tu vuelo
Opongo yo la dimensión del paso,
Terrestre soy, y de este ser terrestre,
Hombre me digo hombre, poemas hago.

Los poemas posibles, 1966

[¿Cómo surgió la idea de un libro sobre la muerte?] Yo estaba releyendo *Los cuadernos de Malte Laurids Brigge*, de Rainer Maria Rilke. Habla mucho de la muerte, son unas páginas realmente extraordinarias. De repente, vino esto. Una situación en la que la muerte no matase. ¿Qué pasaría si...? Esa pregunta, además, está presente en todas mis novelas. Siempre, en cualquier novela mía, aparece esa cuestión. Y, en ese caso, fue simplemente: ¿y si la muerte dejase de matar?

Folha de S. Paulo, 18 de junio de 2010

Estaba leyendo, no era la primera vez, *Los cuadernos de Malte Laurids Brigge*, de Rainer Maria Rilke, que tiene páginas extraordinarias en las que describe la muerte de su padre. En un momento determinado interrumpí la lectura, le di la vuelta al libro, leí la contracubierta. Y fue la referencia mínima a la muerte, en el texto del editor, la que hizo saltar la idea: la muerte empieza a anunciar a las personas que van a morir. Así nació este libro. El día 1 de noviembre, víspera del Día de los Difuntos, de 2004.

Visão, 3 de noviembre de 2005

«La desorientación del individuo ante un mundo regido por leyes invisibles, sometido a la arbitrariedad de la naturaleza, el temor ante el misterio insondable de la muerte, la perplejidad por los enigmas que el amor contiene...».
De la contracubierta de la edición de Losada

Georges Duby

Yo TRADUCÍA libros de Georges Duby, entre ellos *El tiempo de las catedrales*, que me fascinó. Y ahí pude ver lo fácil que es no distinguir lo que llamamos ficción de lo que llamamos historia. La conclusión, correcta o equivocada, a la que llegué es que, en rigor, la historia es una ficción. Porque, siendo una selección de hechos organizados de cierta manera para hacer el pasado coherente, es también la construcción de una ficción.

Jornal de Letras, 18 de abril de 1989

UN HISTORIADOR como Max Gallo empezó a escribir novelas para equilibrar con la ficción la insatisfacción que le provocaba lo que consideraba una impotencia real para expresar en la Historia todo el pasado. Fue a buscar en las posibilidades de la ficción, en la imaginación, en la elaboración sobre un tejido histórico definido, lo que sentía que le faltaba como historiador: la complementariedad de una realidad. No estaría muy lejos de este sentimiento, supongo, el gran Georges Duby cuando, en la primera línea de uno de sus libros, escribió: «Imaginemos». Precisamente ese imaginar que antes había sido considerado pecado mortal por los historiadores positivistas y sus continuadores de diferentes tendencias.

Contar a vida de todos e de cada um, 28 de octubre de 1995

IMAGINEMOS. Es lo que siempre están obligados a hacer los historiadores. Su papel es el de recoger los vestigios, las huellas dejadas por los hombres del pasado, establecer, criticar escrupulosamente un testimonio. Pero esas huellas, sobre todo las que han dejado los pobres, la vida cotidiana, son ligeras y discontinuas. Respecto a tiempos muy lejanos como estos de que aquí se trata, son rarísimas. Sobre ellas se puede construir un armazón, pero muy endeble. Entre esos pocos puntales permanece abierta la incertidumbre. No tenemos más remedio que imaginar la Europa del año mil.

Georges Duby, *Europa en la Edad Media*, 1981

Jean Giono

IMAGINO QUE Jean Giono habrá plantado no pocos árboles durante su vida. Sólo quien cavó la tierra para acomodar una raíz o una esperanza de que venga a serlo podría haber escrito la singularísima narración que es *El hombre que plantaba árboles*, una indiscutible obra maestra del arte de contar. Claro que para que tal cosa sucediese era necesario que existiese un Jean Giono, pero esa condición básica, afortunadamente para todos nosotros, era ya un dato adquirido y confirmado: el autor existía, lo que faltaba era que se pusiese a escribir la obra. También faltaba que el tiempo transcurriese, que la vejez se presentara para decir: «Aquí estoy», pues tal vez sólo con una edad avanzada, como ya entonces era la de Giono, sea posible escribir con los colores de lo real físico, como él lo hizo, una historia concebida en lo más secreto de la elaboración ficcional. El plantador de árboles Elzéard Bouffier, que nunca existió, es simplemente un personaje construido con los dos ingredientes mágicos de la creación literaria, el papel y la tinta con la que se escribe. Y con todo, acabamos conociéndolo a la primera referencia que de él se hace, lo vemos como a alguien a quien estuvimos esperando desde hace mucho tiempo. Plantó miles de árboles en los Alpes franceses, después esos miles, por acción de la propia naturaleza así ayudada, se multiplicaron en millones, con ellos regresaron las aves, regresaron los animales de los bosques, regresó el agua allí donde no había nada más que secano. En verdad, estamos esperando la aparición de unos cuantos Elzéard Bouffier reales. Antes de que sea demasiado tarde para el mundo.

«Jean Giono», *El último Cuaderno,* 14 de agosto de 2009

Machado de Assis

ENTRÉ EN LA OBRA de Machado de Assis a través de las *Memorias póstumas de Brás Cubas*. Mi edición, la cuarta, publicada en 1914 por Livraria Garnier, tiene un prólogo en el que el autor alude a los escritores que influyeron a Brás Cubas, y ahí salen, inevitablemente, Sterne y Xavier de Maistre. Todos los escritores, tanto los autodidactas como Machado de Assis, como los besados en la frente por las musas y por una madre furiosamente intelectual, como Elias Canetti, son hijos de sí mismos y de sus lecturas. Ésos son sus verdaderos padres. Pues bien, al menos que yo recuerde, no se ha hablado de Diderot a la hora de dilucidar las influencias (por lo tanto, las lecturas) de Machado de Assis. Me dirán que si Brás Cubas no habla de Diderot es simplemente porque no lo habría leído. Es posible. Pero entonces nadie me quitará de la cabeza que fue Diderot quien leyó a Brás Cubas...

The Author as Plagiarist —The Case of Machado de Assis, 2005

João Cabral de Melo Neto

EL PREMIO Reina Sofía de Poesía Iberoamericana fue para João Cabral de Melo Neto. Salí de la reunión del jurado contento. Me felicitaban como si hubiese sido yo el vencedor. Lo era: había ganado la lengua portuguesa.
Cuadernos de Lanzarote, 3 de junio de 1994

JOÃO CABRAL de Melo Neto recibió hoy, aquí en Madrid, de manos de la Reina, el Premio Reina Sofía de Poesía Iberoamericana. Me dijo que ha perdido la visión central, sus primeras palabras fueron incluso: «Estoy ciego», y yo sólo pude abrazarlo con fuerza. Más tarde pensé en mis ciegos del *Ensayo* y me parecieron insignificantes ante la realidad punzante de esos ojos perdidos. Ciego, João Cabral, el mayor poeta de lengua portuguesa vivo, con perdón de otros que también son grandes... El discurso de agradecimiento, leído por el embajador de Brasil, fue muy hermoso, de una serenidad profunda, como de alguien que, por encima de los tristes dolores de la vida, está en paz consigo mismo.
Cuadernos de Lanzarote, 26 de octubre de 1994

Muchos de ustedes no conocerán el Nordeste aunque conozcan el Brasil. Curiosamente, en el Nordeste, al lado del árido Sertão, se encuentran las playas más bellas del país; allí, el litoral y el interior nos dan elementos para reflexionar sobre lo que hay de más superficial y lo que hay de más profundo.

Yo nací en el Recife que atraviesa el Capibaribe, un río que durante los largos periodos de sequía es tan sólo barro —arcilla—, pobreza, y una gente que vive allí como si de él hubiera surgido, como si en él hubiera nacido.

Cuando era niño, aquel paisaje me era familiar, yo hacía lecturas para aquellos hombres que trabajaban en los *engenhos* (ingenios de azúcar) después transformados en *usinas* (fábricas).

Discurso de entrega del Premio Reina Sofía, 26 de octubre de 1994

Me piden un poema
un poema que sea inédito,
poema es algo que se hace viendo,
¿cómo imaginar a Picasso ciego?

Un poema se hace viendo,
un poema se hace para la vista,
¿cómo hacer el poema dictado
sin verlo inscrito en la hoja?

Poema es composición,
incluso de la cosa vivida,
un poema es lo que se ordena,
dentro de la desordenada vida.

Por ejemplo, es como un río,
por ejemplo, un Capibaribe,
en sus orillas domado
para llegar a Recife.

Donde con el Beberibe,
con el Tejipió, Jaboatão
para formar el Atlántico,
todos juntos de la mano.

Poema es algo para ver,
algo sobre un espacio,
como se ve un Franz Weissman,
como no se oye un cuadro.

João Cabral de Melo Neto, «Me piden un poema», 1998

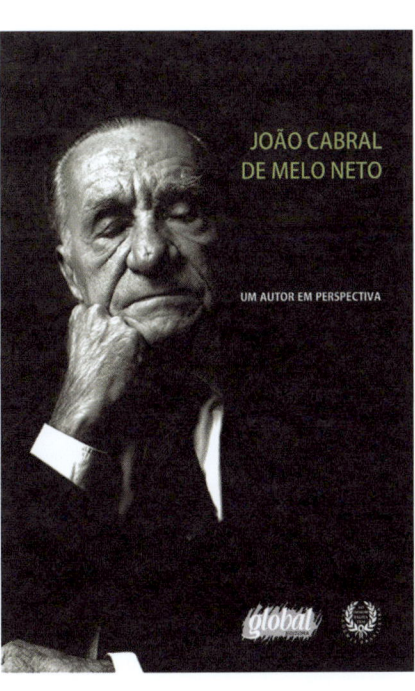

Carlos Drummond de Andrade

¿Y AHORA, JOSÉ?
La fiesta se ha acabado,
la luz se ha apagado,
el pueblo ha desaparecido,
la noche ha refrescado,
¿y ahora, José?,
¿y ahora, tú?,
¿tú que no tienes nombre,
que te burlas de los demás,
tú que haces versos,
que amas, protestas?,
¿y ahora, José?

Carlos Drummond de Andrade, *José*, 1942

HAY VERSOS célebres que se transmiten a través de las edades del hombre, como mapas, banderas, cartas de marear, señales de tráfico, brújulas —o secretos—. Éste, que vino al mundo mucho después de haberlo hecho yo, y de manos de Carlos Drummond de Andrade, me acompaña, desde que nací, por uno de esos misteriosos azares que hacen de lo que ya vivió, de lo que vive y de lo que no vive aún, todo un mismo nudo de tiempo sin medida, apretado y vertiginoso. Considero un privilegio mío el disponer de este verso, porque me llamo José, y muchas veces en la vida me he interrogado: «¿Y ahora?». Fue en aquellas horas en que se oscureció el mundo, en que el desánimo se hizo muralla, foso de víboras, cuando las manos se quedaron vacías y atónitas. «¿Y ahora, José?». Grande es, con todo, el poder de la poesía para que ocurra, como juro que ocurre, que esta simple pregunta sea como un tónico, un acicate, y no sea, como podría ser, tentación para el inicio de la interminable letanía que es la piedad hacia nosotros mismos.

«¿Y ahora, José?», *Las maletas del viajero*, 1973

HASTA QUE, de repente, noté que la operación de construir, de seguir levantando el edificio, si quería continuar el trabajo, estaba acabada para mí. Que no podía añadir más adornos a la estatua, que, muy al contrario, debería penetrar más hondo en la singular materia de la estatua, que tendría que excavar la piedra con la que había construido la estatua. Metafóricamente, si quieren, tenía que excavar en la materia-prima, en ese reino de las palabras donde, como dijo un día el poeta brasileño Carlos Drummond de Andrade, los escritos, paralizados, en estado de diccionario, esperan calmamente ser escritos.

De la estatua a la piedra, 1997

BÚSQUEDA DE LA POESÍA

Penetra sordamente en el reino de las palabras.
Ahí están los poemas que esperan ser escritos.
Están paralizados, pero sin desesperación,
con calma y frescor en la superficie intacta.
Ahí están solos y mudos, en estado de diccionario.

Carlos Drummond de Andrade, *La rosa del pueblo*, 1945

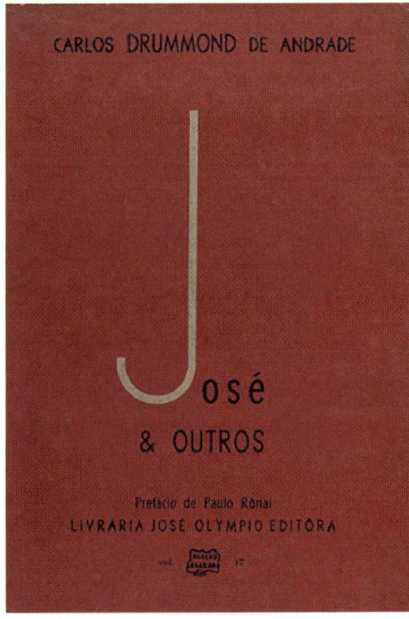

Jorge Luis Borges

Los Borges

Nada o muy poco sé de mis mayores
portugueses, los Borges: vaga gente
que prosigue en mi carne, oscuramente,
sus hábitos, rigores y temores.

Tenues como si nunca hubieran sido
y ajenos a los trámites del arte,
indescifrablemente forman parte
del tiempo, de la tierra y del olvido.

Mejor así. Cumplida la faena,
son Portugal, son la famosa gente
que forzó las murallas del Oriente

y se dio al mar y al otro mar de arena.
Son el rey que en el místico desierto
se perdió y el que jura que no ha muerto.

Jorge Luis Borges, *El Hacedor*, 1960

El último de los gigantes literarios. Esa literatura suya que parece haberse desprendido de la realidad para revelar mejor sus misterios invisibles. Hay mundos que existen a partir del momento en que él los creó.

Palabras en la inauguración del Memorial a Borges en Lisboa, 12 de diciembre de 2008

En *El año de la muerte de Ricardo Reis* hay mucho de Borges. El ser, el no ser, el estar, el no estar, el espejo, lo que muestra y oculta. No es en primer grado. Tampoco me gustaría que se reconociese a Borges en primer grado. Pero es la presencia de todo en todo. Es lo que digo: Borges está ahí. Incluso en la ficción que inventé para Ricardo Reis, que se autoexilió en Brasil y volverá a Portugal tras la muerte de Fernando Pessoa y se encuentra en la biblioteca del barco, del *Highland Brigade*, un libro de Herbert Quain, *The God of the Labyrinth*.

Declaración en el Museo Nacional de Bellas Artes, Buenos Aires, 21 de agosto de 1999

He declarado que se trata de una novela policial: *The God of the Labyrinth*; puedo agradecer que el editor la propuso a la venta en los últimos días de noviembre de 1933. [...] Al cabo de siete años, me es imposible recuperar los pormenores de la acción; he aquí su plan; tal como ahora lo empobrece (tal como ahora lo purifica) mi olvido. Hay un indescifrable asesinato en las páginas iniciales, una lenta discusión en las intermedias, una solución en las últimas. Ya aclarado el enigma, hay un párrafo largo y retrospectivo que contiene esta frase: *Todos creyeron que el encuentro de los dos jugadores de ajedrez había sido casual.* Esa frase deja entender que la solución es errónea. El lector, inquieto, revisa los capítulos pertinentes y descubre otra solución, que es la verdadera. El lector de ese libro singular es más perspicaz que el *detective*.

Jorge Luis Borges, *Examen de la obra de Herbert Quain*, 1941

Puso el libro en la mesilla de noche para acabar de leerlo cualquier día, cuando le apetezca, su título es *The God of the Labyrinth*, su autor Herbert Quain, irlandés también, por no singular coincidencia, pero el nombre, ése sí, es singularísimo, pues sin máximo error de pronunciación podría leerse, Quién, fíjense, Quain, Quién, escritor que sólo no es desconocido porque alguien lo encontró en el Highland Brigade, ahora, si allá estaba este único ejemplar, ni eso, razón mayor para preguntarnos, Quién. El tedio del viaje y la sugestión del título lo habían atraído, un laberinto con un dios, qué dios sería, qué laberinto era, qué dios laberíntico, y al fin resultaría una simple novela policiaca, una vulgar historia de asesinato e investigación, el criminal, la víctima, a no ser que, al contrario, preexista la víctima al criminal, y, finalmente, el detective, los tres cómplices de la muerte, en verdad os diré que el lector de novelas policiacas es el único y real superviviente de la historia que esté leyendo, si no es que como superviviente único y real lee todo lector cualquier historia.

El año de la muerte de Ricardo Reis, 1984

De acuerdo con lo que Borges nos permitió conocer sobre este asunto, la circunstancia de que Herbert Quain haya escrito unos cuantos libros no sería prueba suficiente para haber existido como persona. ¿Alguien ha visto un retrato de Quain? ¿Una muestra de su caligrafía? ¿Sus huellas digitales? ¿El pasaporte? ¿Una noticia en el *Larousse* o en la *Enciclopedia Británica*? ¿Una carta de amor escrita o recibida? No, nadie lo ha visto, nadie lo ha leído, por tanto Borges parece tener razón, Herbert Quain no ha existido, todo ha sido un puro juego. Pero ¿cómo puede haber sido todo un puro juego si el propio Borges afirma haber leído esos libros, y entre ellos uno que se llama *The God of the Labyrinth*? Y no sólo declara haberlo leído, sino que nos da indicaciones precisas sobre la intriga policial que narra...

Algunas pruebas de la existencia real de Herbert Quain, 1999

Borges inventó la literatura virtual. Pierre Menard, Herbert Quain, toda esa fantasía, todo ese inventar un mundo que sólo existe en su mente, en su imaginación... Es como si para Borges la realidad estuviese incompleta, como si a la realidad aún le faltase algo para existir del todo.

Alma, diciembre de 2009

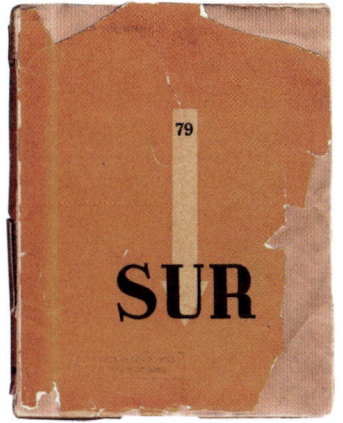
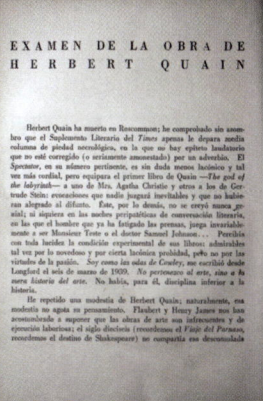

José Donoso

No ES ninguna novedad decir que los libros de José Donoso son también, en el ámbito de las circunstancias subjetivas y objetivas de la historia social y política de Chile y de sus clases en los últimos cuarenta años, una mirada por dentro. Por eso mismo, una mirada impiadosa. La mirada de quien sabe. La mirada de quien en ningún momento se dejará sustraer por la complacencia con que acostumbran a arreglarse todas las decadencias, siempre fácilmente romantizables, porque tan apasionadamente romántico es el temperamento del escritor y, quizá, del hombre. Creo que es exacto decir que en José Donoso existe, para nuestro gozo, el realismo de una razón que se mueve rectamente en la dirección de la fría objetividad y el romanticismo convulsivo de un sentimiento desesperado frente a la realidad.

José Donoso no ha hecho más que parar el tiempo. ¿Para qué? Sólo puedo ofrecerles una respuesta: que Donoso lo ha hecho simplemente para que pensáramos despacio, muy despacio, si somos en verdad humanos. ¿Lo hemos pensado? ¿O es que seguimos encerrados en el saco de nuestra propia absurdidad, esperando la hoguera y las cenizas como quien renunció ya a la vida? Si el escritor es, como creo, quien nos persigue con preguntas, entonces José Donoso es de los más grandes. Por eso, y por ser quien es, le doy las gracias.

Conferencia en el coloquio «José Donoso, 70 años»,
5-7 de octubre de 1994

Eliseo Diego

La noticia de que el Premio Juan Rulfo fue para Eliseo Diego me dejó contento. Conozco a Eliseo desde hace algunos años, sin embargo no somos amigos, no sé por qué diablo de timidez, suya o mía, nunca cambiamos más que media docena de palabras formales durante las veces que he estado en Cuba. No es por lo tanto la amistad la que se siente lisonjeada. Lo que sucede es que tengo por Eliseo Diego una admiración que empezó el día mismo en que leí poemas suyos y que, después, con el tiempo, no hizo más que crecer. Le considero uno de los grandes poetas de este siglo y lo dije dentro y fuera de Cuba, siempre que se presentó la ocasión. Si los premios, además de dar dinero, hacen justicia, de éste se puede decir que ya estaba tardando.

Cuadernos de Lanzarote, 7 de julio de 1993

Juegos

—¡Ahora nosotros somos buenos
y ustedes malos!

Y los niños,
desde la cima blanca
de la mañana,

todos,
buenos y malos,

se hunden en el fuego
purísimo

— ya espléndidos
— gritando.

Eliseo Diego, *Los días de tu vida*, 1977

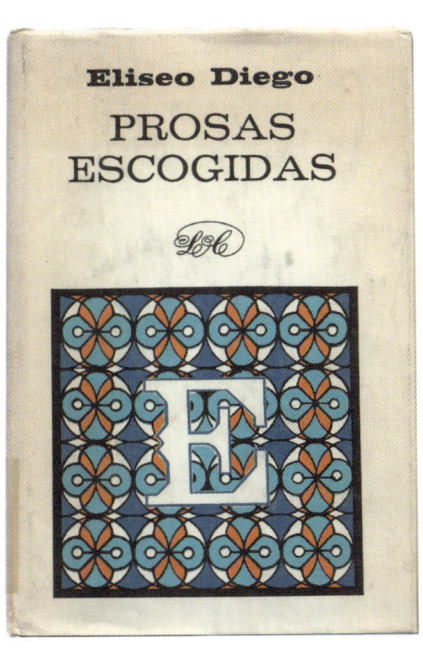

Simone Martini

Lo MEJOR, la pintura que está en la Walker Art Gallery, hacia donde nos habíamos precipitado apenas salimos de la estación de tren. Da qué pensar una tabla de Simone Martini, mostrando el episodio del encuentro de Jesús con los padres (insisto en llamar padres a José y María) después de haberse quedado él en el templo haciendo preguntas a los doctores. María está sentada, con un libro abierto en el regazo y su mano derecha, extendida en dirección al hijo, muestra que lo está amonestando, mientras José mira al chiquitín con una expresión al mismo tiempo represiva y angustiada. Con respecto a Jesús, no hay en él ninguna señal de pesar o de arrepentimiento por la escapada. Con los brazos cruzados, ceño que se adivina fruncido, las comisuras de la boca caídas, es el vivo retrato del muchachito mal educado que no acepta consejos ni riñas. Lo que aquí se describe es una escena de familia, las aureolas y los ropajes de aparato de los personajes no convencen a nadie...

Cuadernos de Lanzarote, 1 de diciembre de 1993

Ercole de Roberti

QUÉ DIFERENTE es la *Pietà* de Ercole de Roberti. María no tiene en el regazo un libro, sino al niño muerto, un cadáver de hombre que ella casi no consigue amparar. El rostro de él apenas se ve, pero puede percibirse en su expresión una especie de indiferencia. No la resignación del «todo está cumplido», la serenidad del «en tus manos entrego mi espíritu», la revuelta del «¿por qué me has abandonado?». Apenas indiferencia, una inexplicable y terrible indiferencia. No se quedan en esto las bellezas del museo de Liverpool: una *Deposición en el túmulo* del Maestro de la «Virgen entre vírgenes», el *Retrato de mancebo* de Jan Mostaert, la *Ninfa de la fuente* de Lucas Cranach, el viejo, un *Autorretrato* de Rembrandt, a los veinticuatro años... Pero aquel Cristo, con la cabeza caída hacia atrás, la barbilla apuntando al cielo, reduce el resto a simples pinturas. En el suelo está la corona de espinas, una corona que serviría a la cabeza de un gigante. No sorprende. Había sido puesta en la cabeza de un dios, acabó cayendo de la cabeza de un hombre.

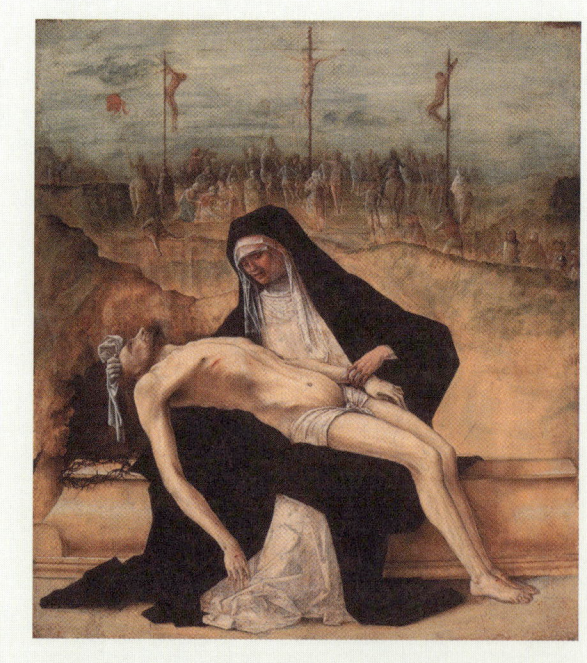

Cuadernos de Lanzarote, 1 de diciembre de 1993

Andrea Mantegna

La visión de Mantegna es la de un mundo de relieves, que los ojos palpan y rodean como si fuesen manos y que las manos reconocen e identifican como si fuesen ojos. El dibujo y el modelado del claroscuro le enseñaron a crear en la superficie de un muro o de una tabla la impresión visual del volumen, pero Mantegna parece perseguir siempre aquello que podríamos llamar un grado supremo de ilusión, una imagen plana que las manos se negasen a tocar, por miedo a atravesar la superficie que la razón aún afirma que está allí, pero que los ojos han roto para seguir adelante: es nuestra mirada la que nos contempla desde el fondo de una perspectiva o desde otro muro, intangible e irrefutable, que está por detrás de las estatuas fingidas por la pintura.

Andrea Mantegna: una ética, una estética, 1992

Giotto

Mientras recorría una vez, y otra, y una más, la capilla, siguiendo por su orden los tres ciclos, me sorprendí con un pensamiento que todavía ahora no consigo desdoblar y examinar. Más que un pensamiento, fue un anhelo: poder dormir una noche allí dentro, en medio de la capilla, despertar antes del amanecer, y ver surgir de la oscuridad, poco a poco, como fantasmas, los grupos procesionales, los gestos, los rostros, aquel color azul de miniatura que es sin duda un secreto de Giotto, porque no existe en otro pintor. O no existe mientras lo miro a él. Nadie crea que hay en mí una vocación religiosa que se denunciara de este modo. Se trata más bien, y muy terrenalmente, de querer saber cómo puede nacer un mundo.

Manual de pintura y caligrafía, 1977

Albrecht Dürer

Los ojos del pintor rozan ahora la superficie del suelo, el musgo que es guante sobre la tierra húmeda, cubriendo las flatulencias del agua que vagamente rezuma bajo el peso de la vegetación. No hay nada más que ver entre el musgo y el cielo, todo está por ver aún. Porque las hierbas se han estremecido. Se hizo y deshizo por dos veces la red cruzada de los tallos. Han oscilado las hojas. Todo estaría de nuevo por contar y es imposible el relato. Se guarda, pues, la imagen primera, mientras el rostro del pintor se hunde más y los ojos bajan al suelo vítreo donde las raíces rompen camino, como pequeñas manos multiplicadas en dedos larguísimos, de los que nacen otros dedos más finos, ventosas minúsculas que absorben la leche negra de la tierra. Los ojos del pintor descienden aún más, están ya lejos del cuerpo y bogan en medio de la fermentación esponjosa de la turba, entre burbujas de gas, ojos impares que lentamente se hinchan para reventar luego en lágrimas.

La mano del pintor pasa sobre el papel, disponiendo la tinta en manchas que parecen abandonos, avanza con la fijeza de los movimientos de un astro en órbita a lo largo de la necesidad de un asta de hierba, vuelve a cubrir con más nieblas el cielo aún falto de sol y de nubes. Entre tanto, los ojos se cierran fatigados, la mano deja en suspenso el último gesto, y después, mientras los párpados vuelven a abrirse, el pincel desciende lentamente y deposita en el lugar predestinado una levísima capa de tinta, casi invisible, pero sin la cual todo el trabajo habría sido falso e inútil. Nada hay más vivo que esta acuarela de Albrecht Dürer, aquí descrita con palabras muertas. Con los ojos en el suelo.

«Con los ojos en el suelo», *Las maletas del viajero*, 1973

ALBRECHT DÜRER
GRASSES
Albertina, Vienna

La acuarela de Durero intenta responder a la pregunta que la realidad le hizo: «¿Qué soy yo?».

Cuadernos de Lanzarote, 19 de enero de 1994

Edvard Munch

Munch es conocido sobre todo por el cuadro *El grito*, pero grito y gemido es su pintura toda, poblada por seres melancólicos y sufridores. En estos cuadros se llora por morir y por ver morir. Una muchacha desnuda sentada en una cama es la imagen de una desesperación y de una soledad que nunca esperaron remedio. Munch es un Cézanne más triste, un Van Gogh más trágico, un Gauguin sin ilusiones de paraíso.

Cuadernos de Lanzarote, 28 de octubre de 1995

Por primera vez en la historia del Teatro Colón de Buenos Aires, un escritor, el premio Nobel de Literatura José Saramago, leyó su obra en el escenario. La escenografía en el Colón se limitó a una imagen de *El grito*, pintura de Edvard Munch, y cuatro siluetas, dos contrapuestas y dos enfrentadas, en una referencia a su más reciente novela, *El hombre duplicado*, que el escritor lusitano presenta en Argentina.

La Jornada, 7 de mayo de 2003

Amadeo de Souza-Cardoso

LA OTRA «vivencia» fueron los dibujos de alguien llamado Amadeo de Souza-Cardoso, publicados, si la memoria no me falla, en *Ilustração Portuguesa*. Eran unas figuras como nunca había visto, un caballo blanco y un caballo negro galopando sin tocar el suelo con las patas, unos galgos corriendo detrás de conejos, unos halcones que más parecían flamencos (la comparación es de ahora, en aquel momento no sabía qué era un flamenco), una caballera y un caballero, un castillo torcido, una mujer desnuda en una terraza inclinada, todo dibujado con trazos que parecían de otro mundo. Realmente era otro mundo. Me asomé a él cuando tenía unos siete años.

El cuaderno del año del Nobel, 20 de enero de 1998

LA PRIMERA visita es al Museo Albano Sardoeira, donde hay algunas piezas arqueológicas de interés, unas tablas quinientistas que merecen atención, pero, por encima de eso y de lo demás, están los Amadeu, soberbias telas del periodo 1909 a 1918 con un oficio que se muestra en el esplendor de la última pincelada, como si el pintor, acabada la obra, hubiera salido a toda prisa para su casa de Manhufe, donde lo estaba esperando la vendimia. Tiene además el museo unos Eloi, unos Dacosta, unos Cargaleiro, pero es Amadeo de Souza-Cardoso lo que atrae la atención demorada del viajero, que contempla aquella prodigiosa materia, suculenta pintura que se desquita del exotismo orientalista y medievalizante de los dibujos que, en reproducción reducida, ha comprado el viajero humildemente.

Viaje a Portugal, 1981

Johann Sebastian Bach

DURANTE UN INSTANTE la muerte se soltó a sí misma, se expandió hasta las paredes, llenó todo el cuarto, y se alongó como un fluido hasta la sala de estar contigua, ahí una parte de sí misma se detuvo a mirar el cuaderno que estaba abierto sobre una silla, era la suite número seis opus mil doce en re mayor de johann sebastian bach compuesta en cöthen y no necesitó haber aprendido música para saber que fue escrita, como la nona sinfonía de beethoven, en la tonalidad de la alegría, de la unidad de los hombres, de la amistad y del amor. Entonces sucedió algo nunca visto, algo no imaginable, la muerte se dejó caer sobre las rodillas, era toda ella, ahora, un cuerpo rehecho, por eso tenía rodillas, y piernas, y pies, y brazos, y manos, y una cara que escondía entre las manos, y unos hombros que temblaban no se sabe por qué, llorar no será, no se puede pedir tanto a quien siempre deja un rastro de lágrimas por donde pasa, pero ninguna de ellas suya.

De súbito la orquesta se calló, apenas se oye el violonchelo, esto se llama un solo, un modesto solo que no llegará a durar dos minutos, es como si de las fuerzas que el chamán había invocado se hubiera erguido una voz, hablando por ventura en nombre de todos aquellos que ahora están silenciosos, el propio maestro está inmóvil, mira a aquel músico que dejó abierto en una silla el cuaderno con la suite número seis opus mil doce en re mayor de johann sebastian bach, la suite que él nunca tocará en este teatro, porque es simplemente un violonchelista de orquesta, aunque principal en su grupo, no uno de esos famosos concertistas que recorren el mundo entero tocando y dando entrevistas, recibiendo flores, aplausos, homenajes y condecoraciones, mucha suerte tiene ya con que alguna que otra vez le salgan unos cuantos compases para tocar solo, algún compositor generoso que se acordó de ese lado de la orquesta donde pocas cosas suelen pasar fuera de la rutina. Cuando el ensayo termine guardará el violonchelo en su estuche y volverá a casa en taxi, de esos que tienen un portamaletas grande, y es posible que esta noche, después de cenar, abra la suite de bach sobre el atril, respire hondo y roce con el arco las cuerdas para que la primera nota nacida lo venga a consolar de las incorregibles banalidades del mundo y la segunda se las haga olvidar si puede.

Las intermitencias de la muerte, 2005

AL ESCOGER la suite n.º 6 en re mayor BWV, de Johann Sebastian Bach, ¿por qué lo ha hecho? ¿La estaba buscando en su discoteca?

Tenía que encontrar una composición sólo para violonchelo. De las seis suites de Bach, que me he puesto a escuchar con más atención, la n.º 6 ha sido la que he oído con más fuerza.

Público, 12 de noviembre de 2006

Frédéric Chopin

FR. CHOPIN.

Ahora bien, quiso la casualidad que estuviese oyendo, mientras escribía, el conjunto de los *Estudios* de Chopin, que me gustan muchísimo y a los que vuelvo regularmente. Me detuve unos minutos para poner atención a uno de ellos y, de súbito, pensé que si alguien, en aquel momento, me preguntase con qué pieza musical me identifico más, respondería sin dudar: «Con el *Estudio opus 25, n.º 12, en do menor* de Chopin, ahí está mi retrato...». Reconozco que la pretensión es insoportable, pero no llega al escándalo que habría sido responder: «Con *La pasión según San Mateo*, de Bach, ni más ni menos»...

Cuadernos de Lanzarote, 19 de enero de 1994

Un día, conversando con algunos colegas de la orquesta que en tono ligero hablaban de la posibilidad de la composición de retratos musicales, retratos auténticos, no tipos, como los de samuel goldenberg y schmuyle, de mussorgsky, tuvo la ocurrencia de decir que su retrato, en caso de existir en la música, no lo encontrarían en ninguna composición para violonchelo, y sí en un brevísimo estudio de chopin, opus veinticinco, número nueve, en sol bemol mayor. Quisieron ellos saber por qué, y él respondió que no conseguía verse a sí mismo en nada más que hubiera sido escrito en una pauta y que ésa le parecía la mejor de las razones. Y que en cincuenta y ocho segundos chopin había dicho todo cuanto se podría decir sobre una persona a la que no podía haber conocido. Durante algunos días, como amable divertimiento, los más graciosos le llamaron cincuenta y ocho segundos, pero el apodo era demasiado largo para perdurar, y también porque no se puede mantener ningún diálogo con alguien que había decidido demorar cincuenta y ocho segundos en responder a lo que le preguntaban.

Las intermitencias de la muerte, 2005

Maria João Pires

Corremos a un concierto de Maria João Pires. Me agasajo con los aplausos como si fuesen cosa mía. Conocí a Maria João hace muchos años, allá por los finales de los sesenta, y nunca más volví a verla. En el descanso, guiados por Mário Quartin Graça, fuimos a saludarla al camerino y, ahí, de boca de una mujer que ha acumulado arte y triunfos oigo, en respuesta a mis agradecimientos y felicitaciones, estas palabras completamente inesperadas: «Mire, que los libros es lo que más me gusta...».

Cuadernos de Lanzarote, 21 de mayo de 1993

Maria João Pires no tuvo mucha suerte con el país en que nació. Sesenta años de carrera (y qué extraordinaria carrera la suya) justificarían un homenaje de ámbito nacional capaz de expresar nuestra gratitud por pisar el mismo suelo y respirar el mismo aire. No será así, por lo visto, aunque no le vengan a faltar en la tierra portuguesa otras manifestaciones de admiración y respeto. Fue en casa de unos amigos donde la oí por primera vez, cuando ella no pasaba de ser una adolescente que, con su frágil cuerpo, apenas parecía haber salido de la infancia, y que me hizo temer si los brazos y las manos le llegarían para enfrentarse al gigantesco teclado. El piano familiar, vertical, tal vez no estuviese en perfecto estado de afinación, pero las primeras notas saltaron límpidas, cristalinas, dándome la sensación, no de ser la mera consecuencia del choque de los martillos con las cuerdas, sino de haber brotado directamente de los dedos de la propia pianista. Ése fue mi bautismo en el arte de Maria João Pires. Después, a lo largo de los años, siempre que ella, viajante emérita ya, aparecía por Lisboa para dar sus recitales, allí estaba yo, rogándoles a las potestades celestes que la protegiesen del mal de ojo, de un simple soplo de aire que la perturbase. Quizá por efecto de mis peticiones y del crédito que tengo en el cielo, todos los conciertos y recitales de Maria João Pires a que asistí llegaron felizmente a su término. Esta vez, por razones de distancia y también de salud, no podré estar presente, aplaudir y besar sus manos tan llenas de música, de humanidad, de belleza. Por todo lo que me hizo oír y sentir, Maria João, gracias.

«Sobre Maria João Pires», *El último Cuaderno,* 12 de octubre de 2009

Carlos Paredes

No lo pensaba antes, cuando escuchaba la guitarra de Carlos Paredes, pero hoy, recordándola, comprendo que aquella música estaba hecha de alboradas, canto de pájaros anunciando el sol. Todavía tuvimos que esperar una década antes de que llegara otra madrugada abriéndose para la libertad, pero el inolvidable tema de *Verdes Anos*, ese cantar de extática alegría que al mismo tiempo se entreteje en arpegios de una sorda e irreprimible melancolía, fue para nosotros una especie de oración laica, un toque de reunión de esperanzas y voluntades. Ya era mucho, pero aún no era todo. Nos faltaba por conocer al hombre de dedos geniales, al hombre que nos mostraba lo bello y robusto que podía ser el sonido de una guitarra, y que era, a la vez que un músico e intérprete excepcional, un ejemplo extraordinario de sencillez y grandeza de carácter. A Carlos Paredes no era preciso pedirle que nos franquease las puertas de su corazón. Estaban siempre abiertas.

«Carlos Paredes», *El último Cuaderno,* 18 de agosto de 2009

Paco Ibáñez

RECITAL DE Paco Ibáñez. Mientras lo oía me decía a mí mismo: «Este hombre me parece bueno, ¿pero lo será de hecho?». No es que la pregunta resultase de una actitud de desconfianza sistemática de la que Paco fuera, en aquel momento, objeto inocente, sino por esta preocupación en la que ando, de querer saber lo que se encuentra por detrás de los actos que se ven y de las palabras que se oyen. El público aplaudió al cantante y se aplaudió a sí mismo: todos habíamos sido, en nuestro tiempo, más o menos resistentes, restos de un pasado cargado de esperanza, los mismos que fuimos y, a pesar de todo, tan diferentes, cabezas blancas o calvas en lugar de las cabelleras al viento de antaño, como dice Pilar, arrugas donde la piel había sido lisa, dudas en vez de certidumbres. Sin embargo, lo que son estas cosas, durante dos horas, por obra de una voz que los años corroyeron pero a la que no robaron la expresión, por obra de unas poesías y de unas músicas, los sueños parecieron volverse otra vez posibles, como realidades, no como sueños.

Cuadernos de Lanzarote, 3 de junio de 1993

ESTA VOZ la reconocería en cualquier circunstancia y en cualquier lugar donde me rozara los oídos. Esta voz la conozco desde que, a principios de los años setenta, un amigo me envió desde París un disco suyo, un vinilo que el tiempo y el progreso tecnológico han puesto materialmente fuera de moda, pero que guardo como un tesoro sin precio. No exagero, a mí, en aquellos años todavía de opresión en Portugal, ese disco, que me pareció mágico, casi trascendente, me trajo el resplandor sonoro de la mejor poesía española y la voz (esa inconfundible voz de Paco) el vehículo perfecto, el vehículo por excelencia de la más profunda fraternidad humana. Hoy, cuando trabajaba en la biblioteca, Pilar puso la última grabación de los poetas andaluces. Interrumpí lo que estaba escribiendo y me entregué al placer del instante y al recuerdo de aquel inolvidable descubrimiento. Con la edad (que alguna cosa tiene que tener, y tiene, de bueno) la voz de Paco ha ido ganando un aterciopelado particular, capacidades expresivas nuevas y una calidez que llega al corazón. Mañana, sábado, Paco Ibáñez cantará en Argelès-sur-Mer, en la costa de la Provenza, en homenaje a la memoria de los republicanos españoles, entre ellos su padre, que sufrieron allí tormentos, humillaciones, malos tratos de todo tipo, en el campo de concentración montado por las autoridades francesas. La *douce France* fue para ellos tan amarga como el peor de los enemigos. Que la voz de Paco pueda pacificar el eco de aquellos sufrimientos, que sea capaz de abrir caminos de fraternidad auténtica en el espíritu de quienes lo escuchen. Bien lo necesitamos todos.

«Paco», *El Cuaderno*, 24 de febrero de 2009

paco ibáñez
canta a los poetas andaluces

María Pagés

¿MARÍA PAGÉS baila? Plantada, como cualquier otro ser humano, sobre la tierra que pisamos, difiere de nosotros en que el suelo donde sus pies van dibujando preguntas y respuestas no es sólo la base indispensable para que el movimiento no se rompa a cada avance o retroceso. Con María Pagés, el suelo adquiere un misterioso poder de levitación, como si a la tierra le fuera imposible desprenderse de la tierra y diluirse en los aires siguiendo los caminos que sus brazos señalan. Que en María Pagés habita el genio del baile, todos lo sabemos y lo proclamamos. Pero hay algo más en esta mujer: ella baila y, bailando, mueve todo lo que la rodea. Ni el aire ni la tierra son iguales después de que María Pagés haya bailado.

Flamenco y poesía de María Pagés, 2008

Maya Lin

PERO LA BIBLIOTECA de Libros Raros no es la única maravilla de la Universidad de Yale. No lejos de ahí se ve una escultura de la artista chinoamericana Maya Lin, que es una de las cosas más bellas en que he puesto los ojos. Imagínese una enorme piedra oscura, maciza, de sección elíptica horizontal, tallada alrededor en forma de copa. De un orificio practicado en la superficie superior lisa, más o menos donde estará situado uno de los focos de la elipse, brota un naciente de agua que se derrama por igual en la piedra, como una fina película, y va escurriendo por los bordes de la arista viva, de manera uniforme, con un discreto rumor de cascada de jardín. Acariciada continuamente por la toalla de agua que cubre la piedra, una espiral de números grabados cuenta la historia de las mujeres que frecuentaron esta Universidad: desde 1874, cuando no fueron más que trece, hasta 1994, cuando ya sobrepasaron ampliamente las cinco mil... Nunca la simplicidad ha sido tan elocuente.

Cuadernos de Lanzarote, 25 de abril de 1995

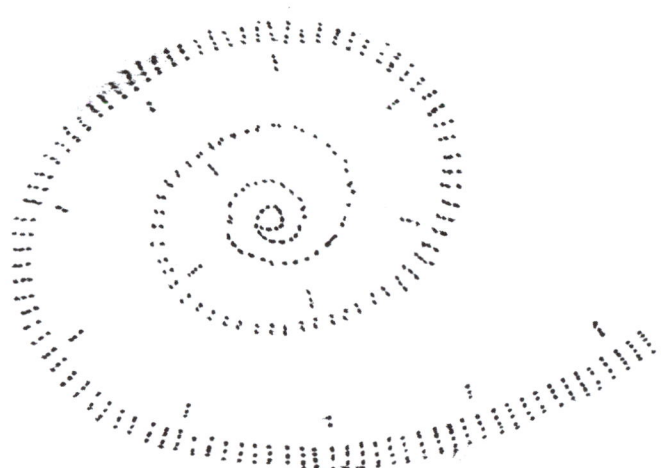

Dorotea de Armas

Visitamos [con Elena Butragueño y Gloria Rodríguez] a una mujer llamada Dorotea, anciana de noventa y cuatro años, antigua alfarera de obra gruesa, una especie de Rosa Ramalho más rústica. Ya no trabaja, pero la dinastía (su abuela ya estaba en este arte) continúa en la persona de un yerno [...]. Entre los objetos que producen, generalmente utilitarios (aunque sea dudoso en esta era del plástico triunfante que alguien vaya a utilizar formas tan primitivas y pesadas), hay dos figuras humanas, una de hombre, otra de mujer, desnudas, con los órganos sexuales ostensivamente modelados y a las que llaman los Novios. Parece (pero quizá sea demasiado hermoso para ser verdadero) que los novios conejeros, antes, intercambiaban estas figuras, la novia daba al novio la efigie femenina, el novio a la novia la efigie masculina, era como si estuviesen diciendo: «Éste es mi cuerpo, aquí lo tienes, es tuyo». Los compramos, están ahí, delante de mí, al lado de un atril de mesa, probablemente del siglo XVIII, que exhibe una figurita hecha de maderas taraceadas que representa el Cordero de Dios: «Éste es mi cuerpo, tomadlo...». Por idea de Pilar (¿cómo podría no serlo?), ofrecimos a Gloria y a Elena dos aguamaniles, del mismo tipo de aquel que ya habíamos comprado, hace tiempo, en Mirador del Río y, para nosotros, un jarro de boca baja y larga que aún tiene cenizas dentro, vestigios de la lumbre en la que fue cocido. Estos artesanos no usan horno, las piezas son cocidas al aire libre, sobre rejas de hierro. Cuando Elena preguntó a la vieja Dorotea si le gustaba ver por allí a los turistas, respondió que sí, que tanto daba entenderlos como no...

Cuadernos de Lanzarote, 24 de abril de 1993

Álvaro Siza Vieira

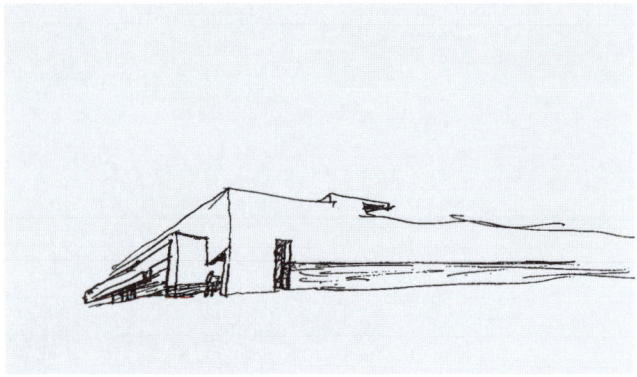

TODA ARQUITECTURA presupone una determinada relación entre la opacidad natural de la mayoría de los materiales empleados y la luz exterior. Los gruesos muros románicos se abrían difícilmente para que la claridad del día moviese, en un espacio que parecía rechazarlas, las sombras que precisamente acabarían dándole sentido. La sombra es lo que permite hacer la lectura de la luz. El gótico se rasgaba verticalmente en vidrieras que, dando paso a la claridad, al mismo tiempo la matizaban para rescatar en el último instante el efecto misterioso de la penumbra. Incluso en los tiempos modernos, cuando la pared es, en gran parte, sustituida por aberturas que casi la anulan, que la hacen desaparecer en absurdos revestimientos de vidrio que diluyen sus propios volúmenes en un proceso de caleidoscópicas reflexiones y proyecciones, la necesidad de apoyo de la que el ojo humano no puede prescindir busca ansiosamente un punto sólido desde donde descansar y contemplar.

No conozco en la arquitectura moderna una expresión plástica en que el primordio de la pared sea tan importante como en la obra de Siza Vieira. Esos muros anchos y cerrados surgen, a primera vista, como enemigos inconciliables de la luz, y, al dejarse finalmente abrir, lo hacen como si obedeciesen contrariados a las inaplazables exigencias de la funcionalidad del edificio. La verdad, según entiendo, es otra. La pared, en Siza Vieira, no es un obstáculo para la luz, sino un espacio de contemplación donde la claridad exterior no se detiene en la superficie. Tenemos la ilusión de que los materiales se volverán porosos a la luz, de que la mirada penetrará la pared maciza y reunirá, en una misma conciencia estética y emocional, lo que está fuera y lo que está dentro. Aquí, la opacidad se ha hecho transparencia. Sólo un genio sería capaz de fundir tan armoniosamente estos dos irreductibles contrarios. Siza Vieira es ese taumaturgo.

«Siza Vieira», *El último Cuaderno,* 15 de julio de 2009

Mafalda

A<small>QUELLA</small> Mafalda sabia y subversiva de quien sigo siendo un discípulo fiel.

Cuadernos de Lanzarote, 8 de abril de 1997

L<small>A AGENTE</small> alemana Ray-Güde Mertin, que representaba, entre otros, a Saramago y al chileno Luis Sepúlveda, había instaurado la costumbre de invitar a escritores y editores a una cena en su casa la noche previa a la inauguración oficial de la Feria de Frankfurt. Allí conocí en 1998 a José Saramago, que al enterarse de que yo era el editor de Mafalda me habló de la admiración que tenía por Quino y su personaje más conocido. Cuando le mencioné que él estaría en Frankfurt por primera vez en su vida, Saramago dijo que quería conocerlo. Cuando Quino visitó el estand argentino en la Feria, muy cercano al de Portugal, fui a buscar a Saramago para presentarlos. Fue la única vez en mi vida que lamenté no tener una cámara fotográfica a mano (todavía no existían los teléfonos celulares que las incluyen). Se pararon frente a frente, los dos muy altos y delgados, y Saramago exclamó: «Mafalda fue mi maestra de filosofía», y después: «Debería ser de lectura obligatoria en las escuelas, pero no en las primarias, sino en las universidades». Quino no emitía palabra alguna, pero se iba ruborizando. El monólogo laudatorio casi ininterrumpido de Saramago se mantuvo por algunos minutos, escuchado con embarazo por Quino, quien seguramente conocía su renombre y se adhería a sus posturas políticas, pero no había leído sus obras, pues no era lector de ficción. La situación se prolongó hasta que alguien vino a buscar a Saramago, que debía volar al día siguiente a Portugal o Lanzarote; sin embargo, al llegar al aeropuerto le comunicaron que le había sido otorgado el Nobel de Literatura, lo que lo obligó a regresar a la Feria para la celebración de rigor.

Daniel Divinsky, «Quino y Saramago en la Feria de Frankfurt», 2021

Astérix

En lo que se refiere al autor de *El Evangelio según Jesucristo*, supe de fuente segurísima que siempre fue fanático de Astérix.

Cuadernos de Lanzarote, 21 de mayo de 1993

Lon Chaney

Recuerdo que dormía en el suelo, en la habitación de mis padres (que era la única, como ya dije), y desde allí los llamaba temblando de miedo porque debajo de la cama, o en un abrigo colgado en la percha, o en la forma contorneada de la cómoda, o en una silla, seres indescriptibles se movían y amenazaban con saltar sobre mí para devorarme. La responsabilidad de tales pavores, creo, la tuvo aquel famoso cine «Piojo», en la Morería, donde, con mi amigo Félix, me alimenté espiritualmente de las mil caras de Lon Chaney, de gente malvada y cínicos de la peor especie, de visiones de fantasmas, de magias sobrenaturales, de torres malditas, de subterráneos lóbregos, en fin, de toda la parafernalia, entonces todavía en el jardín de la infancia, del susto individual y colectivo a bajo precio.

Las pequeñas memorias, 2006

Pat y Patachón

Los ACTORES que más me gustaban eran Pat y Patachón, que hoy parecen haber caído en el más absoluto de los olvidos. Nadie escribe sobre ellos y sus películas no se emiten en televisión. Los veía sobre todo en el Cine Animatógrafo, en la calle del Arco de Bandeira, adonde iba de vez en cuando, y recuerdo cuánto tuve que reírme en una película en que ellos (los estoy viendo en este momento) hacían de molineros. Mucho más tarde llegué a saber que eran daneses y que se llamaban, el alto y delgado, Carl Schenström, y el bajo y gordo, Harald Madsen. Con estas características físicas era cierto y sabido que vendría un día en que tendrían que interpretar a don Quijote y a Sancho Panza, respectivamente. Ese día llegó en 1926.

Las pequeñas memorias, 2006

Un FILME que me acude a la memoria como si viniera de la primera noche de la historia de los cuentos al amor de la lumbre, *Don Quijote de la Mancha*, de Pat y Patachón, aquellos sublimes (no exagero) actores daneses que me hicieron reír (tenía entonces seis o siete años) como ningún otro. Ni Chaplin, ni Buster Keaton, ni Harold Lloyd, ni Laurel y Hardy. Quien no haya visto a Pat y Patachón no sabe lo que se ha perdido...

«Cinco filmes», *El último Cuaderno,* 23 de julio de 2009

Golem

A ese Golem de tosco barro y otros parecidos prodigios del cinematógrafo (entonces se decía así) acabaría debiéndoles las pesadillas más horribles de mi infancia. El susto fue tal que me curó para el resto de la vida.

Don Giovanni o *El disoluto absuelto,* 2005

Descendemos, en silencio, vamos al cementerio judío que está al lado. [...] Aquí está aquel rabí Loewi, muerto en 1609, de quien se cuentan leyendas: que hizo, con barro, un hombre artificial, el Golem (me acuerdo de haber visto, hace mil años, en el viejo Ginásio, una película, quizá checa, quizá alemana, llamada precisamente *El Golem*, recuerdo el momento tremendo en que el rabí hacía vivir al Golem, al grabarle en la frente unas letras, unas señales cabalísticas); y otra leyenda, aquella que cuenta que la Muerte, cansada de esperar al viejo rabí, ya casi centenario, incansablemente entregado al estudio de los libros de la Ley, se disfrazó de rosa, y fue su nieta, inocente de lo que hacía, quien se la llevó al abuelo, que murió al aspirar el perfume de la flor. No creo que la Muerte haya vuelto nunca a disfrazarse de rosa, fue Muerte para los niños de Auschwitz, sin respeto ni piedad. Cuando salíamos, ya en la calle, vimos que hay pequeñas mesas donde se venden recuerdos para turistas. En una de ellas está el Golem. Compro el Golem, las palabras no están a la venta.

Cuadernos de Lanzarote, 10 de mayo de 1994

Fellini

AMARCORD es, probablemente, la película que me llevaría a una isla desierta. No es suficiente decir que me gusta Fellini. Es más correcto decir que me apasiona. Desgraciadamente para todos nosotros, no habrá otro Fellini.

La Repubblica, 23 de junio de 2007

EN SANTANDER, en la Universidad Internacional Menéndez Pelayo, para participar en un seminario sobre «El cine y las bellas artes. El cine y los grandes textos». [...] Me atreví a declarar que una cosa es que a uno le gusten las películas y otra cosa es que le guste el cine, del mismo modo que no decimos que nos gusta la literatura, sino tal libro. Observé que muchas veces me ha sido imposible aceptar la convención de que la cámara puede estar en todas partes, incluso cuando sería rigurosamente imposible que estuviera allí. Di el ejemplo de una secuencia de *Roma* de Fellini, cuando la máquina perforadora que trabaja en la ampliación del metro derriba un muro que da a una sala cuyas paredes están decoradas con pinturas. Como si estuviéramos dentro de la sala, vemos aparecer la broca de la perforadora, y luego la violenta irrupción del aire exterior que hará desaparecer las figuras. El montaje en paralelo muestra las imágenes del fresco antes y al final de su desintegración. Todo pasa como si una cámara, preparada para funcionar en el instante en que alguien entrase, hubiese sido dejada allí desde los tiempos del Imperio Romano...

Cuadernos de Lanzarote, 1 de agosto de 1997

NO CONSIGO ver a los señores cardenales y a los señores obispos, trajeados con un lujo que escandalizaría al pobre Jesús de Nazaret, apenas cubierto con su túnica de pésimo paño, por muy inconsútil que fuera y seguramente no lo era, sin recordar el delirante desfile de moda eclesiástica que Fellini, genialmente, colocó en *Roma* para su y nuestro disfrute. Estos señores se suponen investidos de un poder que sólo nuestra paciencia ha hecho perdurar.

«Vaticanadas», El Cuaderno, 9 de febrero de 2009

EN LISBOA, adonde llegamos nosotros el sábado a primera hora, descubrí que el duelo es una parte necesaria del proceso de la despedida. El Gobierno de Portugal había decidido que los ciudadanos darían el adiós al escritor en la Casa del Ayuntamiento, un palacete con salones y columnas. [...] Vi a un hombre mayor, del campo, pastor, que se detuvo frente al rostro de Saramago. Andaba con dificultad apoyando su cuerpo sobre un bastón de madera retorcida. Llevaba un clavel rojo que apretaba contra su pecho. Miró a los ojos al escritor, inclinó la barbilla en señal de respeto, apretó más fuerte el clavel contra su cuerpo, se inclinó con dificultad y colocó en el suelo, a los pies del féretro, aquella flor [...]. Otros tantos le siguieron después, durante horas. Vi también a dos policías uniformados, grandes, como imponentes gotas de agua, detenerse allí. Se quitaron la boina al unísono, bajaron la barbilla, se la colocaron de nuevo y se marcharon. Vi a dos estudiantes universitarias. Una de ellas se quedó en un segundo plano ensimismada, pero la otra se acercó a él, abrió una página y leyó con voz suave, casi de suspiro, un fragmento de *A Viagem do Elefante*. Tras ellas, una mujer cargaba con un cello. Caminaba despacio y se detuvo unos segundos, acarició discretamente la funda del instrumento y siguió su camino desapareciendo entre la gente. En esas cuarenta y ocho horas se produjeron imágenes de gran simbolismo [...], como cuando llegó la pequeña comitiva de gala de cinco personas, unas horas antes. Venían de Azinhaga y quizá, por su atuendo, de otro tiempo. Ellos con chaquetilla verde, pantalón marrón y gorra uniformada, y ella con un vestido blanco sobre otra falda también verde y con una banda de gala en la cabeza que le caía por los hombros. Sostenían un estandarte y se colocaron durante toda la mañana custodiando al escritor. Si no se tratase de Portugal, podría el lector imaginar que Fellini estaba disponiendo el espacio.

Fernando Berlín, La isla se quedó sin flores, 21 de junio de 2010

Almodóvar

Llegué tarde a la «movida», cuando ya había dejado sus trajes de arlequín urbano, sus lágrimas falsas de rímel negro, sus postizos, sus pelucas, sus risas y su tristeza. No quiero decir que las «movidas» sean tristes por definición, lo que digo es que tienen que esforzarse mucho para no dejar que les salga de la boca, en medio de la fiesta y de la orgía, la pregunta definidora: «¿Qué hago aquí?». Atención, estoy contando una historia que no es la mía. Nunca he sido hombre de «movidas» y si alguna vez acabara dejándome seducir, estoy segurísimo de que no haría mejor figura que don Quijote en el palacio de los duques. El ridículo existe de hecho, no es simplemente un punto de vista. Dicho esto, no creo equivocarme mucho imaginando a Pedro Almodóvar, referente por excelencia de la «movida» madrileña, preguntándole a su pequeña alma (las almas son todas pequeñas, prácticamente invisibles): «¿Qué hago aquí?». La respuesta la viene dando en sus películas, esas que nos hacen reír al mismo tiempo que nos ponen un nudo en la garganta, esas que nos insinúan que detrás de las imágenes hay cosas pidiendo que las nombremos. Cuando vi *Volver* le envié a Pedro un mensaje en que le decía: «Has tocado la belleza absoluta». Tal vez (seguramente) por pudor, no me respondió. Debo concluir. De una forma quizá inesperada para quien está malgastando su tiempo leyendo estas líneas, y que resumo así: a Pedro Almodóvar le espera la gran película sobre la muerte que todavía le falta al cine español. Por mil razones, sobre todo porque ésa sería la manera de recuperar de los escombros el sentido último de la «movida».

«Almodóvar», *El último Cuaderno*, 5 de agosto de 2009

escritos/
creaciones

José Saramago

Terra do Pecado

Editorial Minerva·Lisboa

Maria Leonor

EL REGRESO fue doloroso. En el carro que la llevaba, Maria Leonor, tumbada en un lecho de paja húmeda, lloraba. El cura, inclinado hacia ella, la miraba con una tristeza impotente. Habría querido pronunciar las palabras balsámicas que consuelan las penas y secan las lágrimas, pero toda su piedad de sacerdote no le inspiraba nada más allá del silencio. Benedita, en cuyo regazo reposaba la cabeza de Maria Leonor, miraba el camino con apatía mientras le acariciaba el pelo a su señora. Pensaba en la trágica escena del cementerio y, delante de ella, saltando en la grava, le pareció ver la calavera de piedra, andando sobre las dos tibias cruzadas.

Al nacer el día, claro y alegre, entraba en un sueño profundo, inmóvil como una piedra, con unas amplias ojeras que le ensombrecían la cara, el pelo suelto sobre la almohada, destapada, fría, con el pecho descubierto, donde brillaba una gota de sudor. Así era como Benedita la encontraba todas las mañanas. La vestía y ella retomaba su rutina de enferma, recibiendo al médico, oyendo el palique de su cuñado, viendo jugar a sus hijos, dormitando bajo la calma silenciosa y cálida de la tarde, sin ánimo para hablar, perezosamente despeinada, enrollando y desenrollando en los dedos un rizo del pelo.

La viuda, 1947

ESCRIBÍ mi primer libro a los veinticinco años, en 1947. Se titulaba *La viuda*. Fue publicado por Minerva, pero al editor [Manuel Rodrigues] le pareció que *La viuda* no era un título comercial y sugirió que se llamase *Tierra del pecado*. Pobre de mí, lo que quería era ver el libro editado y así salió. De pecados sabía muy poco y, aunque la historia conlleve alguna actividad pecaminosa, no eran cosas vividas, eran cosas provocadas más por las lecturas que por la propia experiencia. No lo incluyo en mi bibliografía, a pesar de que mis amigos insisten en que no es tan malo como me empeño en decir. Pero como el título no fue mío y detesto ese título…

O Independente, 17 de mayo de 1991

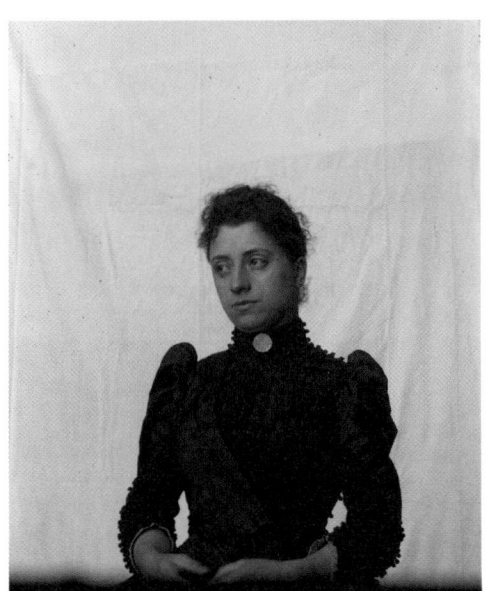

Silvestre

Iría a conversar con Silvestre, con su amigo Silvestre. Sabía que el momento era malo, que el zapatero estaba ocupado con un trabajo de urgencia, pero si no le podía hablar por lo menos estaría junto a él, observándole los movimientos de las manos hábiles, sintiéndole la mirada tranquila. «Tranquilidad, rara cosa...», pensó.

—Si ser republicano es no admitir la monarquía, soy republicano. Pero a mí me parece que monarquía y república, a fin de cuentas, son palabras. Me lo parece, hoy... En aquel momento era republicano convencido y la república, más que una palabra. Llegó la república. Para eso ni hice ni deshice, pero lloré con tanta alegría como si todo hubiera sido obra mía.

—Después llegó la guerra —continuó Silvestre—. Fui a Francia. No lo hice por gusto. Me mandaron, no tuve otro remedio. Anduve por allí, metido hasta las rodillas en el barro de Flandes. Estuve en La Couture... Cuando hablo de la guerra, no soy capaz de decir muchas cosas. Imagino lo que debe de haber sido esta última para quien la vivió, y me callo. Sé que aquélla fue la Gran Guerra, ¿qué nombre se le dará a ésta? Y ¿qué nombre se le dará a la próxima? —sin aguardar respuesta, prosiguió—: Cuando volví, había algo diferente. Dos años siempre traen cambios. Pero quien estaba más cambiado era yo. Volvía al banco, a otro taller. Mis nuevos compañeros eran ya hombres, padres de hijos, que no se metían, decían ellos, en historias. Así que descubrieron quién era yo, intrigaron con el patrón, fui despedido y amenazado por la policía...

Claraboya, 2011 (1953)

Romeo y Julieta

Y AHÍ estaba ahora, en el huerto de Silvestre, fumando un cigarro y encogiéndose de hombros ante la vida... «Parezco Romeo en el jardín de Capuleto —pensó—. Sólo falta la luna. En vez de la inocente Julieta, tenemos a la experimentada Lidia. En vez del dulce balcón, la ventana de un cuarto de baño. La escalera de seguridad en vez de una escala de seda —encendió un nuevo cigarro—. Dentro de poco ella dirá: "¿Quién eres tú, que así, envuelto en la noche, sorprendes mis secretos?"».

Claraboya, 2011 (1953)

JULIETA A ROMEO

Es tarde, amor, el viento se levanta,
La oscura madrugada va naciendo,
Sólo la noche fue nuestra claridad.
Ya no seré quien fui, lo que seremos
Contra el mundo ha de ser, que nos rechaza,
Culpados de inventar la libertad.

ROMEO A JULIETA

Me voy, amor, mas dejo aquí la vida,
Al calor de esta cama que abandono,
Arenas dispersas que fueron dunas.
Si la noche se hizo día, y con la luz
El negro alejamiento se interpone,
La sombra de la muerte nos reúna.

WEST SIDE STORY

Jardines de Verona redivivos
En el cemento gris de esta era:
Un mensaje pasado hacia otra mano,
Una nueva experiencia, otra espera.

Los poemas posibles, 1966

TENÍA MUCHA razón aquel autor que preguntó un día, Cómo sería la piel de Julieta para los ojos de un halcón, ahora bien, el corrector, en su agudísima tarea, es precisamente el halcón, aunque vaya teniendo ya la vista cansada, pero al llegar la hora de la lectura final, es como Romeo cuando miró por primera vez a Julieta, inocente, traspasado de amor.

En este caso de la *Historia del cerco de Lisboa*, sabe ya que Romeo no encontrará motivos suficientes de embeleso, aunque Raimundo Silva, en la conversación preambular y algo laberíntica sobre la corrección de los errores y los errores de las correcciones, haya dicho al autor que le gustaba el libro, y, realmente, no mintió.

Historia del cerco de Lisboa, 1989

Don Juan

ORGULLO DE DON JUAN EN EL INFIERNO
    Bien sé que para siempre: donde caí
    No hay perdón o letra de rescate.
    Mas fui, cuando viví, la sal de la tierra,
    La flor azul, el cetro de escarlata.
    Aquí, aun condenado, no he olvidado,
    Ni muerto estoy siquiera: vuelvo a ser yo
    En la sangre de mujer que, ardiente, pide
    Ese modo de amar que fue el mío.

LAMENTO DE DON JUAN EN EL INFIERNO
    Del cielo no temí las amenazas
    Cuando de la tierra las leyes desafié:
    El lugar de los castigos está aquí,
    Del cielo nada conozco, nada sé.
    El cilicio del Diablo no me ciñe,
    Ni la merced de Dios aquí me sigue:
    La llama más ardiente es la que finge
    Este olor de mujer que me persigue.

SARCASMO DE DON JUAN EN EL INFIERNO
    ¿Contra mí, Don Juan, qué puede el infierno,
    Qué puede el cielo y todo cuanto hubiere?
    Ni Dios ni el Diablo amaron nunca
    Con ese amor que une hombre a mujer:
    De pura envidia premian o castigan,
    En lo demás, que crea quien quiera.

Los poemas posibles, 1966

Y HE AQUÍ que la solícita persona que me servía de guía [en Praga] dijo en cierto momento: «Ahora le llevaré al teatro donde se estrenó el *Don Giovanni* de Mozart». No exagero nada si digo que el corazón me dio un brinco en el pecho. Si hay una ópera en el mundo capaz de ponerme de rodillas, rendido, sometido, es ésta. Había olvidado, o no le presté suficiente atención si alguna vez lo leí, que *Don Giovanni* fue alumbrado para las candilejas en Praga. [...] Por aquella puerta, un día del año de gracia de 1787, entró Wolfgang Amadeus Mozart con la partitura de su *Don Giovanni ossia Il dissoluto punito* debajo del brazo para hacer que la gente de Praga escuchara la música de escena más sublime que jamás se haya compuesto.

Don Giovanni o El disoluto absuelto, 2006

MI IDEA es que Don Giovanni, al contrario de lo que suele decirse, no es un seductor, sino más bien un permanente seducido. La simple presencia de una mujer lo perturba. Pero esto no es lo importante. Lo importante es la dignidad de quien es capaz de decir NO cuando no sólo su vida, sino también la salvación de su alma, se encuentran en peligro.

Carta a Azio Corghi, 2005

Giordano Bruno

No estará pisando, pese a todo, la sepultura de Giordano Bruno, porque éste fue quemado en Roma, ardió de manera atroz, como arde el cuerpo humano; y de él, que yo sepa, ni las cenizas se conservan. Pero al mismo Giordano, para que las cosas queden todas en el lugar que les corresponde, y para que por fin se haga justicia, le fueron reservadas cuatro líneas en este diccionario biográfico. Allí, en tan poco espacio, con tan pocas letras, entre la fecha de nacimiento, 1548, y la fecha de su muerte, 1600, balizas de un universo personal que vivió en el mundo, poco se dice: italiano, filósofo, panteísta, dominico, colgó los hábitos, se negó a renunciar a sus ideas, fue quemado vivo. Nada más. Nace, vive, lucha y muere un hombre, así, para esto. Cuatro líneas.

«Los gritos de Giordano Bruno», *Las maletas del viajero*, 1973

Don Sebastián

Nosotros, portugueses, somos así. Delegamos mucho. Mientras aún hubo esperanzas de regreso de Don Sebastián, nos pasamos los días (sobre todo las mañanas de niebla) mirando hacia la barra del Tajo, a la espera del Deseado que vendría a liberarnos del yugo castellano. E incluso cuando los muchos años pasados nos estaban diciendo pacientemente que ya no podíamos contar con Don Sebastián, nos orientamos hacia la banda de los milagros: volvería el rey, aunque fuese dentro de cien años, tan jovenzuelo como había partido, y traería los remedios que nuestros males reclamaban, por más que no reclamásemos nada. Nos quedó ese flaco de estar pensando siempre en alguien que nos apadrinase y nos diese una carrera. Dar ejemplos sería repetir los manuales de historia patria. Démoslos por dados.

«Nosotros, portugueses», *De este mundo y del otro*, 1971

Moby Dick

¿SE ACUERDAN? Moby Dick es aquella gigantesca ballena blanca que el capitán Acab persigue en las páginas de la novela de Herman Melville. Es, dicen los exégetas autorizados de la obra, una encarnación del mal sobre la que se obstina, sordo a consejos y razones, el odio de Acab. A lo largo de centenares de páginas, acabamos por saberlo todo sobre la caza de la ballena en el siglo XIX y sobre cómo se hace una obra maestra literaria. *Moby Dick*, ahora título de libro, es, probablemente, la mayor novela de toda la literatura norteamericana.

Pues Moby Dick ha venido a Lisboa. Llegó del vasto Atlántico, apareció en alta mar, una mañana de niebla, enferma, herida de muerte, tal vez perdida entre corrientes encontradas. Volvió hacia la ciudad sus ojos fríos y redondos, y su pequeño cerebro registró de manera difusa la ondulación de las colinas, que tomó por enormes olas cargadas de corales sueltos. Temió el gran temporal y quiso volver atrás, pero la marea, plena, la empujaba hacia dentro del estuario. Los delfines rodeaban la gran masa medio muerta que iba y venía al azar del balanceo lento de la cola. Empezaba el funeral del gigante.

Por la orilla del río, los coches acompañaban el lento avance de la ballena. Los prismáticos apuntaban hacia ella, muchos de ellos habituados sólo a enfocar a las coristas del Parque Mayer o a las primadonas del Teatro de San Carlos. Los pescadores de caña miraban avergonzados aquella especie de isla flotante que jadeaba de vez en cuando. Todo el río era pasmo y asombro. Sólo las gaviotas, que clasifican cuanto flota en dos grandes categorías, lo que se come y lo que no se come, evaluaban, ávidas, en su volar incansable, la calidad del manjar, y proclamaban a todos los vientos el advenimiento de una era de abundancia.

Moby Dick iba perdiendo fuerzas. Las corrientes la desviaban hacia la orilla, hacia la ignominia de un varar definitivo en las aguas bajas, contaminadas por los detritos de un millón de seres humanos. Si la ballena no fuera un animal ciertamente obtuso y sin memoria, vendría ahora a la red del estilo el recuerdo de los grandes y abiertos mares por donde navegó en los tiempos de su robustez. Pero el cuerpo medio hundido se disgregaba y la piel estallaba y se embebía de agua, al paso que sus ojos turbios apenas distinguían los barquichuelos que agitaba la marea y los curiosos que dentro de ellos disparaban máquinas fotográficas contra la primera ballena de su vida.

Nadie reparó en el minuto exacto en que murió Moby Dick. Su cuerpo inmenso fue extinguiéndose poco a poco: ahora este lado del dorso, luego aquella aleta, después la cola, el cabezón informe, hasta que una célula remota, perdida entre los grandes arcos de las costillas, se disolvió en la masa fétida que lo invadía todo. Los curiosos se alejaron apretándose las narices, los barqueros hicieron balance del negocio inesperado, pero breve, y la ballena se quedó sola, inmóvil, mientras las aguas del río se agitaban a su alrededor, y los peces, por debajo, atacaban su cuerpo liso y vulnerable.

La ciudad, esta noche, tuvo tema de conversación. Los periódicos, al día siguiente, anunciaron que la ballena sería quemada. No fue así. La remolcaron hasta alta mar y la trocearon. Había vivido su tiempo y acabó de triste manera, degradada, como un simple erizo que la resaca arrastra hasta la playa. Y yo pregunto: «¿Qué extraño caso o presagio trajo aquí, de tan lejos, a este animal? ¿Por qué vino Moby Dick, entre dos náuseas, a morir a Lisboa? ¿Quién me dirá por qué?».

«Moby Dick en Lisboa», *Las maletas del viajero*, 1973

El lagarto

El cuento va de hadas. No es que aparezcan (no lo afirmo), pero ¿qué historia será, si no, la de este lagarto que ha aparecido en el Chiado? Sí, ha aparecido un lagarto en el Chiado. Grande y verde, un saurio imponente, con unos ojos que parecían de cristal negro, el cuerpo sinuoso cubierto de escamas, el rabo largo y ágil y las patas rápidas. Se quedó parado en medio de la calle, con la boca entreabierta disparando la lengua bífida, mientras la piel blanca y fina del pescuezo latía acompasadamente.

Era un animal soberbio. Un poco alzado, como si fuera a lanzarse en una súbita carrera, se enfrentaba a la gente y a los coches. El susto fue general. Gente y automóviles, todo se detuvo. Los transeúntes se quedaron mirando desde lejos, y algunos, más nerviosos, se desviaron por calles transversales, despistando, diciéndose a sí mismos, para no confesar su cobardía, que la fatiga —como dicen los médicos— causa alucinaciones.

Claro que la situación resultaba insostenible. Un lagarto parado, una multitud pálida en las aceras, coches abandonados en punto muerto, y, de repente, una vieja suelta un grito. No se necesitó nada más. En un abrir y cerrar de ojos la calle quedó desierta, los tenderos bajaron las persianas y una muchachita que vendía violetas —era tiempo de violetas— soltó el cesto, dispersándose las flores por el suelo de tal modo que formaron un círculo perfecto en torno al lagarto, como una guirnalda. El animal no se movió. Agitaba lentamente la cola y alzaba la cabeza triangular, como olfateando.

Alguien debió de dar cuenta del suceso, porque se oyeron silbatos y fueron cortadas las dos salidas de la calle. Por un lado, los bomberos con todo el material; por el otro, las fuerzas armadas. Había quien decía que el lagarto era venenoso y que las escamas aguantaban los balazos. La vieja seguía gritando, aunque ahora nadie sabía dónde. La atmósfera se iba cargando de pánico. Por el cielo pasó una escuadrilla de aviones de combate en observación, y por el lado del Rossio empezó a oírse el rechinar característico del avance de los tanques. El lagarto dio unos pasos rompiendo la guirnalda de violetas. La vieja fue llevada con urgencia al hospital.

La historia está casi acabándose. Llegamos precisamente al punto en el que intervienen las hadas, aunque por manifestación indirecta. Reunidas todas las fuerzas disponibles, se dio la señal de avance. Charreteras por un lado, bayonetas por el otro, los tanques roncando en la cuesta... Desde los balcones, la gente, a salvo, lanzaba consejos y opiniones. Todos contra el lagarto.

Y el lagarto, de repente —por intercesión de las hadas, no se olvide—, se transformó en una rosa carmesí, color de sangre, posada sobre el asfalto negro, como una herida en la ciudad. Desconfiados, los atacantes vacilaron. La rosa crecía, abría sus pétalos, lavaba con su aroma las fachadas desconchadas de las casas. La vieja, en el hospital, preguntaba: «¿Qué pasa?». Entonces la rosa se movió rápidamente, se tornó blanca, los pétalos se convirtieron en plumas y alas y alzó el vuelo hacia el cielo azul.

Y como una historia así solamente se puede acabar en verso:

Callados, muchos recuerdan,
En la prosa de sus casas,
Al lagarto que fue rosa.
Aquella rosa con alas.

¿Hay quizá alguien que no lo crea? Si ya lo decía yo: esto de las hadas ya no es lo que era.

«El lagarto», *Las maletas del viajero*, 1973

Seara Nova

¿Sabe que he sido ascendido a crítico literario? Y encima de *Seara*, que es cosa fina. Se lo cuento: hace unos meses me llama Costa Dias diciendo que quería hablar conmigo. Que si era esto, que si era aquello, y de repente la invitación. Abrí la boca de puro asombro. Quedamos en vernos y yo, honrado y perplejo, modesto y desconfiado, le doy mis razones contra: falta de preparación y de título universitario, poco o ningún tiempo disponible, independencia ideológica, etcétera, etcétera. Costa Dias no cambió de opinión. Que si soy un tipo así, que si soy un sujeto asado, y todo lo demás. Terminé aceptando. Y ahí estoy. Veremos por cuánto tiempo. Es que, para mí, tuve claro que, al más mínimo gesto o nariz arrugada, me voy. Para el último número he escrito dos críticas, una de las cuales la ha desechado la censura. Empezamos bien. En el próximo número saldrán prosas sobre las *Novas Andanças do Demónio*, de Jorge de Sena (así le tomo el pulso a mi libertad dentro de *Seara*...), y sobre un libro primerizo: *Histórias Maldosas* de un mozo llamado Luís Sobral, que no es nada tonto. ¿Quién me lo iba a decir a mí, cuando cuidaba cerdos y rebuscaba maíz en Azinhaga?

Carta a José Rodrigues Miguéis, 8 de mayo de 1967

Aún estoy por conocer los motivos que llevaron a Rogério Fernandes a invitarme a realizar una tarea para la que yo, pobre de mí, no podría presentar otras credenciales que haber escrito *Os Poemas Possíveis*. (Me acuerdo bien de haber antepuesto una asustada condición: no hacer crítica de libros de poesía...). Ahora heme aquí ante los fantasmas de opiniones que expandí hace casi treinta años, algunas bastante osadas para la época, como decir que Agustina Bessa-Luís «corre el riesgo muy serio de dormirse al son de su propia música». A pesar de mi inexperiencia y tanto cuanto soy capaz de recordar, creo no haber cometido gruesos errores de apreciación ni injusticias de mayor calibre. Salvo lo que escribí sobre *El delfín* de José Cardoso Pires: muchas veces me he preguntado dónde tendría yo en ese momento la cabeza y no encuentro la respuesta...

Cuadernos de Lanzarote, 22 de junio de 1994

Oposición Democrática

SEGÚN CONSTA en un documento-invitación, fechado el 6/11/72, que se encuentra archivado en la Carpeta 004 – III Congreso Republicano, fue creada una «Comisión Ejecutiva» con vistas a la organización del III Congreso de la Oposición Democrática, a realizar en Aveiro, en fecha a definir. El sujeto citado fue invitado a ser miembro de la Comisión Nacional (Provisional). Oporto, 1.ª Sec., 22 de noviembre de 1972.

Según noticia recortada de la prensa, el 11/12/72 el aludido participó en una reunión preparatoria del III Congreso de la Oposición Democrática, realizada en Aveiro el 10/12/72, habiendo sido elegido por atribución de cargos de Comisión. s/f.

Según consta en recortes de prensa diaria, fechados el 13 del mes pasado y archivados en la carpeta 004/73 – III Congreso de la Oposición Democrática, el citado fue elegido, en reunión de la comisión nacional del referido congreso, que tuvo lugar el día 12 del mismo mes, en Aveiro, miembro de la «Comisión de Prensa». Ésta se propone ofrecer información a escala nacional de lo que suceda, haciendo un resumen de las sesiones, tesis leídas, debates desarrollados, conclusiones, etcétera. Tiene también a su cargo la publicidad y propaganda del Congreso. Oporto, 1.ª Sec., 3/4/73.

Fichas de la Dirección General de Seguridad, 1972-1973

SE ENCUENTRAN en Aveiro unos miles de portugueses a los que esa cualidad [la de Oposición] sólo puede ser negada por meros efectos especulativos, y cuyo patriotismo no tenemos derecho a poner en duda. Discuten con honestidad y examinan los problemas del país donde nacieron y al que quieren servir. Diferentes en sus opciones políticas particulares, sin embargo, se definen unitariamente como demócratas. Son indiscutiblemente democráticas las soluciones que proponen para el país y que desearían que el país examinase y discutiese, para que el país (no importa que la repetición perjudique el estilo) las acepte o rechace. Pero nada de esto tendrá lugar mientras la Oposición Democrática no tenga derecho de ciudad, mientras no llegue el tiempo en que se reúna naturalmente y en que naturalmente se presente a todos los portugueses...

«Uma contradição à luz do dia», *Diário de Lisboa*, 7 de abril de 1973

25 DE ABRIL
Ésta es la madrugada que esperaba
El día inicial entero y limpio
Donde emergimos de la noche y el silencio
Y libres habitamos la sustancia del tiempo

Sophia de Mello Breyner Andresen, *El nombre de las cosas*, 1974

Abril

EN ESE MES dormí algunas noches en casas de amigos no señalados por el régimen. Varios camaradas míos habían sido presos, mi turno podía no tardar. Pasé unos días en Madrid, pero como la policía no se «manifestó» regresé a Lisboa. Supe después que mi prisión estaba marcada para el día 29... En una reunión de la revista *Seara Nova* (se oían aún tiros por las calles) fui encargado de escribir el editorial para el primer número «libre» de la revista.

Cuadernos de Lanzarote, 5 de abril de 1994

COMO CONTINUACIÓN de todos los sacrificios y luchas de la Oposición Democrática, las Fuerzas Armadas, organizadas políticamente (o para un acto político) en su Movimiento, han reconocido que su deber es servir al pueblo y no a un gobierno, han reconocido que ellas mismas son una parte del pueblo en armas y no un instrumento de represión. Manipuladas hasta ahora por el fascismo como si fuesen una corporación policial cualquiera, las Fuerzas Armadas se reconocen libres sólo en la medida exacta en que lo sea el pueblo. El día 25 de abril declara esa comunión en la libertad.

¿Y ahora? La revuelta está hecha, la revolución está por hacer. El país ha alcanzado el nivel más bajo de vejación y miseria, y va a tener que salir de ahí, o morirá. Ahora compete al pueblo tomar el destino de Portugal en sus propias manos. De una vez para siempre. Se acabó el tiempo de los «patriarcas políticos», de los «jefes carismáticos», de las «figuras veneradas». Ahora todo un pueblo tendrá que ser responsable o aprender a serlo. Una colectividad esclavizada tendrá que transformarse en un pueblo de gente libre, capaz de construir el futuro a partir de este presente de ruinas.

«Editorial», *Seara Nova*, mayo de 1974

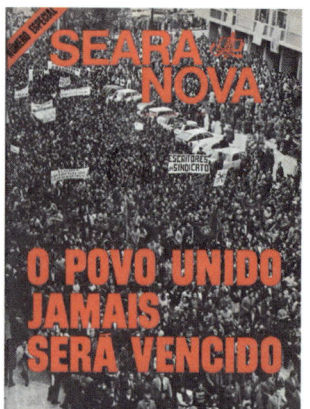

HA CAÍDO EL RÉGIMEN. Golpe militar, como se esperaba. No sé describir el día de hoy: las tropas, los carros de combate, la felicidad, los abrazos, las palabras de alegría, el nerviosismo, el puro júbilo.
Manual de pintura y caligrafía, 1977

¡YA ESTÁ! ¡Ya está! *(Se para ante la aglomeración inesperada, es como si viese no a las personas que están allí, sino lo que está diciendo que ha pasado. Cláudia va hacia él, pero se detiene a medio camino).* ¡Es todo verdad! Hay tropas en Radio Nacional, en la Televisión, en el Radio Club. Y el Cuartel General, en São Sebastião, está cercado. Y otros sitios. También fuera de Lisboa. Yo redacto la noticia, tengo aquí los apuntes, yo la escribo. Esperen, es sólo un momento, será rápido. No tardo... no tardo... *(No ve nada más, ve su alegría, ve lo que le muestran las palabras que escribe, agitado. Nadie se atreve a moverse).* Vale, ya está. ¿Quieren oírlo?
La noche, 1979

¿QUÉ SIGNIFICÓ para mí, como autor, el 25 de abril? En pocas palabras: la posibilidad de ser un autor libre. Aunque, es el momento de decirlo, condicionado por todo el aparato social, económico y cultural burgués que sigue impidiendo, con formas groseras o hábiles, el ejercicio pleno de esa misma libertad.
O Diário, 17 de febrero de 1979

SI EL 25 DE ABRIL trajo la libertad al pueblo, también es verdad que trajo la liberación del escritor dentro de su propia escritura. No faltarán escritores que afirmen que siempre se sintieron libres dentro de sí mismos y de lo que escribieron. Pero también es verdad que antes del 25 de abril la literatura de ficción en Portugal giraba alrededor de tres o cuatro temas, había asuntos de los que no se podía hablar. Nosotros mismos tal vez no fuésemos por entonces lo suficientemente libres como para abordarlos. Pasados estos años, los temas están hirviendo. Las posibilidades de creación en la novela se han ensanchado de forma sorprendente. Y me parece importante que los escritores más mayores, los de mi generación, estén dispuestos a renovarse.
O Diário, 21 de noviembre de 1982

Al final, ¿de qué se trata? De recuperar, de preservar preciosamente el espíritu incomparable que animó a los portugueses en los primeros meses de la Revolución. Sabemos bien que la dureza del esfuerzo reduce los entusiasmos, que las dificultades los enfrían, que alguna gente de fuera y de dentro fomenta las divisiones, desencadena contrariedades, intriga, conspira, y entre alianzas hechas, deshechas y rehechas no persigue otro objetivo que no sea impedir la verdadera liberación del pueblo para la construcción armoniosa de la casa nacional: llamémosla patria, palabra malbaratada por otros en prácticas e ideologías que nada tienen o han tenido de patrióticas, concepto al que debemos restituir el sentido de la raíz, esa misma raíz que es el pueblo, en el suelo donde vive, en la cultura que lo explica y alimenta. Sabemos que la vida cuesta, que la crisis nos empuja al umbral de la angustia, sabemos que la lucha por el pan, por el techo, por el empleo tantas veces precario o buscado en vano nos está, insidiosamente, aislando, egoístamente, cerrando, sería insensato negarlo.

Sin embargo, no falta quien sublime debilidades en fuerzas, quien se levante todas las mañanas con ansiedad, sí, pero no con desaliento, quien mire atrás, a estos nueve años, y se repita a sí mismo que ha valido la pena, que está valiendo la pena. Tal vez nuestras almas, una a una, no sean tan grandes y quizá no merezcamos el verso del poeta, pero si conservamos en nuestro interior la dimensión de aquella esperanza con la que salimos a la calle el 25 de abril, no es que lo difícil se vaya a hacer fácil, no es eso, pero miraremos lo fácil y lo difícil como nociones relativas cuyo significado real quedará por definir si no nos enfrentamos a ellas con la voluntad.

Es la voluntad la que nos salvará, sólo nos perderíamos si nos faltara. Y la lección del 25 de abril es, precisamente, una lección de voluntad. Ese poco. Ese mucho.

«Lição de vontade», *O Diário*, 25 de abril de 1983

No me gusta la expresión Revolución de los Claveles, porque las revoluciones no se hacen con claveles. Yo digo siempre: pero, por favor, si la idea que tienen de lo que ha ocurrido en Portugal se concentra en esa expresión, me siento ridículo. Porque la verdad es que si esta revolución, luego, hubiera sido, no la llamarían Revolución de los Claveles, la llamarían simplemente revolución portuguesa. Pero todo se quedó un poco en lo folclórico. Yo no diré que esta revolución haya sido folclórica, porque la gente que luchó por un cambio nunca lo ha visto desde un punto de vista divertido, y a mí, quizá por eso, no me gusta esa expresión.

El País, 23 de abril de 1989

No siento nostalgia de la revolución, fue lo que fue, con sus errores y disparates, pero también con sus grandes conquistas y, principalmente, con sus grandes ilusiones —enormes ilusiones— que alimentaron a una parte sustancial de los portugueses. Eso es pasado, es tan pasado que ya no conmemoro el 25 de abril. Me sentiría un irresponsable celebrando algo de lo que ya no puedo ver ninguna señal, porque todo lo que me dio el 25 de abril ha desaparecido, y no me digan que es porque tenemos democracia.

Uma Longa Viagem com José Saramago, 2009

Diário de Notícias

Viví DENTRO del *Diário de Notícias* el tiempo en que mi presencia y mi opinión eran posibles. No antes, ni tampoco después. Como se ve, la política no siempre es compatible con la lógica [...].

Desde el primer día no faltaron incomprensiones y ataques: eran fácilmente previsibles, pero no nos desviaron del camino trazado y de la obediencia a los objetivos finales. Sería necesaria una hábil y rápida maniobra de la derecha militar para detener el curso de la revolución y llevar al *Diário de Notícias* a (probablemente) regresar a antiguos y conocidos caminos, contra la voluntad, por fin reconocida y de nuevo recalcada, de la mayoría políticamente consciente de sus trabajadores. Entre los cuales, digo a propósito, he encontrado algunas de las más generosas voluntades revolucionarias que he conocido.

Os Apontamentos, 7 de diciembre de 1975

Tras la revolución de 1974, después de haber sido durante ocho meses, en el año 1975, director del periódico *Diário de Notícias*, dejé de serlo en noviembre de ese mismo año por motivos políticos, en consecuencia de lo que fue, sin riesgo de equívoco, un golpe militar de derechas, o de centro derecha —que así se nombran las cosas ahora—, y cuyo objetivo fue frenar el proceso revolucionario que, haciendo frente a mil obstáculos de dentro y de fuera, se trataba de llevar adelante. La dicha contrarrevolución, que también así se podrá designar lo que ocurrió en noviembre de 1975, me dejó sin trabajo. Tomé entonces la decisión más importante de mi vida de autor, como fue no buscar otro empleo e intentar finalmente saber qué podría hacer yo como escritor.

De la estatua a la piedra, 1997

Hay dos momentos importantísimos en mi vida. Uno es la aparición de Pilar. Se me abrió un mundo. El otro fue en 1975, cuando era director adjunto del *Diário de Notícias* y, por culpa de un movimiento que se puede llamar de contragolpe, me pusieron en la calle. El día 25 de noviembre de 1975 se produce, en una parte de los militares, una intervención que suspende el curso de la revolución tal y como se venía desarrollando y que pone freno a aquello que estaba siendo el movimiento popular. Fue la primera señal de que Portugal entraría en la «normalidad». El periódico pertenecía al Estado y, en aquel momento, sus responsables echan a la redacción y a la administración. Y es entonces cuando tomo la decisión de no buscar trabajo. Tenía muchos enemigos y no me resultaría fácil encontrar un empleo. Pero ni siquiera lo intenté.

O Estado de São Paulo, 21 de septiembre de 1996

Durante una visita a la redacción del *Diário de Notícias*, seis días después del anuncio del Premio Nobel. Invitado a escribir un mensaje en los nuevos ordenadores del periódico, anotó: «Busquen la verdad, yo también la busqué».

Salvador Allende

Nos dirigimos a ti, compañero presidente, porque estando muerto tienes la mejor de las razones para no responder, como no la tienen otros que, estando vivos, no responden. ¿Querríamos nosotros que en este lugar al menor suspiro o reparo se molestasen los destinatarios en darnos respuesta, punto por punto, reconociéndonos y concediéndonos importancia? Ni de broma. Lo que querríamos es no tener que repetir infinitamente las mismas palabras de aviso y de sentido común casero, del que al final empezamos a dudar, porque o las orejas están sordas o están locas las palabras. Pero a ti, que estás muerto, y sordo, y mudo, y ciego, podemos escribirte esta carta para desahogarnos un poco, conscientes de que, con la experiencia que tuviste, estas cosas te resultarán familiares, de tal forma que sólo no nos responderás por absoluta imposibilidad. Y así hemos perdido la esperanza de tener un interlocutor. Compañero Allende, por aquí las cosas van mal. Tan mal que si lo comparamos con el Chile de tu tiempo francamente nos sorprendemos de cuánto conseguiste, porque tenías menos apoyo (mucho menos) del que tuvieron estos hombres portugueses del poder, los militares, porque de los civiles no hablamos, que en rigor no lo tienen, o fugaz, todavía más. Y nos entregamos al gusto de pensar, de imaginar qué habría sido de ti y del pueblo chileno si hubieses tenido el camino tan allanado como lo ha estado éste. Hoy tu tierra no sería el lugar que es, elegido por la tortura y la represión: sería la patria de una mejor fraternidad, otro punto del mundo en parto de libertad y de liberación de todas las explotaciones. Seguro que te equivocaste algunas veces, te faltó decisión cuando era necesaria, pero el desastre, hoy conocido en su exacta dimensión, es mucho más trágico de lo que harían esperar los errores y las indecisiones. La felicidad es difícil, Salvador Allende, la desgracia siempre viene para quedarse. Muchas veces nos preguntamos cómo es posible que, pareciendo todo tan fácil, Portugal se haya convertido en este rompecabezas (en sentido literal y figurado...), y, puestas al margen, por obvias, las intervenciones de fuera (el imperialismo y sus instrumentos socialdemócratas), hemos llegado a la conclusión de que cuando el pueblo portugués estaba pacíficamente dispuesto a ir hacia el socialismo, no lo estaban de forma clara los militares, y cuando éstos por fin se decidieron y lo entendieron, otra gente listísima encontró y empezó a usar métodos para dividir al pueblo. Por no hablar, claro está, de todos los errores cometidos, algunos una y muchas veces, con una especie de ceguera mucho peor que la tuya. Porque habiendo ocurrido en tu tierra lo que todos sabemos, nadie aquí ha demostrado haber aprendido con ese libro de una revolución degollada, nadie ha sido capaz de interpretar la lección escrita en las líneas de tu rostro muerto.

Hemos dicho que esta carta abierta era un desahogo. No es más que eso. Siguiendo otros antiguos ejemplos, podríamos escribírsela a san Antonio, que se dirigió a los peces porque los hombres no lo escuchaban. Pero eso son leyendas que sólo encuentran crédito en los inocentes que ven en todo el dedo divino. Muy bien sabes tú, y sabemos nosotros, que tu muerte fue obra de hombres, que es obra de hombres la opresión a la que está sujeto tu pueblo. Más vale, así, que el diálogo se intente entre hombres, nosotros vivos en este Portugal angustiado, y tú muerto, Salvador Allende, enterrado en un lugar de tu tierra chilena que espera la liberación. Por aquí las cosas van mal, compañero. Son muchas nuestras dificultades y muchos nuestros enemigos. También los tuviste en abundancia y por su culpa moriste. Aquí, país que parece haber escogido definitivamente el sebastianismo, creímos que todo se haría entre claveles y canciones. No sabíamos que el socialismo es difícil y no aprendimos nada con tu muerte. Perdónanos por ello. Claro que no estamos desanimados, ni mucho menos vencidos, pero hemos creído que nos sentaría bien escribir esta carta. Y realmente ahora sentimos esa gran serenidad de quien sabe que no le falta la buena razón. Gracias, compañero Salvador Allende.

«Carta aberta a Salvador Allende», *Diário de Notícias,* 7 de agosto de 1975

En la mesa redonda final (llena la sala porque era la clausura), en la que también fui llamado a participar, conseguí encontrar la manera, un tanto traída por los pelos, de hacer referencia a la «Carta abierta a Salvador Allende» que publiqué en el *Diário de Notícias* en el «Verano caliente» de 1975... No creo que fuera ilusión mía la súbita tensión que se creó en la sala, una tensión, por lo demás, en la que creí notar tanto una ola positiva como una ola negativa. O yo me engaño mucho, o Salvador Allende rehúsa ser enterrado.

Cuadernos de Lanzarote, 6 de octubre de 1994

H.

Habiendo pensado que no debería ponerle un nombre al pintor protagonista del *Manual de pintura y caligrafía*, decidí llamarlo sólo con la letra H., que tanto podría ser la inicial de Hombre, según creyó un crítico, como, por ejemplo, la del onomástico Honorato (tomado, oh ilusiones, de Honoré de Balzac...), seudónimo con el que, muchos años antes, había suscrito y enviado al concurso literario organizado por una editorial de Lisboa una novela de juventud titulada *Claraboya*, que ha permanecido inédita hasta hoy.

Mi H. no es más que un mediocre pintor de retratos, dotado de suficiente habilidad para reproducir en la tela (todavía pinta sobre tela y al óleo, el pobre...), pero incapaz de sobrepasar la línea fronteriza que lo separa de lo que imagina que es el arte verdadero, es decir, el arte producido por los otros. Él mismo lo dice: «Esto que hago no es pintura». H. es sólo H. porque su mediocridad le ha impedido tener nombre, y es porque el arte, en su caso, quedó por hacer, por lo que su nombre quedó por acabar.

Catálogo ARCO, 1998

El nombre es importante, pero no tiene la menor importancia cuando releo, de seguido y sin pausa, todos los que he escrito: ya en la segunda línea me impaciento, y en la tercera concuerdo en que la inicial me satisface enteramente. También por eso voy a ser yo mismo un simple H., no más.

Alguien cuenta la vida de alguien que no existió o que no existió así: Defoe inventa. Alguien cuenta una vida diciéndola suya y confiando en nuestra credulidad: Rousseau se confiesa. Alguien cuenta la vida de un ser que vivió antes: Marguerite Yourcenar escribe las memorias de Adriano, es Adriano en las memorias que le inventa. Ante estos ejemplos estoy yo, H., incógnito en esta inicial, mientras escolarmente copio e intento aprender, inclinado a afirmar que toda verdad es ficción.

Manual de pintura y caligrafía, 1977

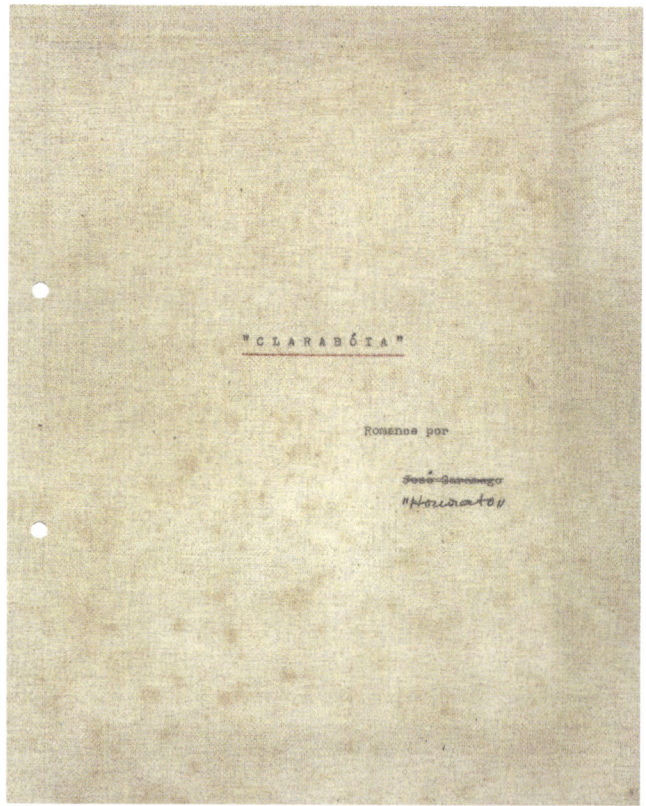

Anotación del autor en el original de *Claraboya*, donde sustituye su nombre por el seudónimo Honorato

Don Juan III

Porventura (pordesgracia) los dueños de los nombres que he citado se inspiraron o inspiran aún en empalagosas e hipócritas palabras como éstas, porventura (pordesgracia) en otras más distantes de nuestro rey Don Juan III (el piadoso) cuando en 1531 imploraba al Papa que en Portugal fuese instituida la Inquisición. Porventura (pordesgracia) en gente más moderna, en Mussolini y Hitler, muertos ya. Pero sin duda Franco (generalísimo) aprendió con Fernando VII, Salazar con sus maestros de Coimbra, discípulos e hijos legítimos o bastardos de Don Juan III y su linaje de ratas de cuatro siglos. En cuanto a Marcelo, toda la vida alumno, mira a su alrededor, y no encuentra en el mundo a quien seguir: se acerca el tiempo de su podredumbre.

Manual de pintura y caligrafía, 1977

Señor hindú, le presento al rey de portugal, don juan, el tercero, que pasará a la historia con el sobrenombre de piadoso, dio orden a los pajes de que entrasen en el vallado e informasen al inquieto cornaca de los títulos y cualidades del personaje de barbas que le estaba dirigiendo una mirada severa, anunciadora de los peores efectos, Es el rey. El hombre se detuvo, como si hubiese sido fulminado por un rayo, e hizo un movimiento como para escapar, pero los pajes lo sujetaron por los harapos y lo empujaron hasta la valla. Desde lo alto de una rústica escalera de mano, colocada en la parte de fuera, el rey observaba el espectáculo con irritación y repugnancia, arrepentido de haber cedido al impulso matutino de hacerle una visita sentimental a un bruto paquidermo, a este ridículo proboscidio de casi cuatro varas de altura que, así lo quiera dios, en breve descargará sus apestosas excrecencias en la pretenciosa viena de austria.

El viaje del elefante, 2008

Anobium

He aquí al Anobium, que éste es el nombre elegido, por algo de noble que hay en él, un vengador semejante que viene del horizonte de la pradera, montado en su caballo Malacara, y se toma todo el tiempo necesario para llegar, hasta que pasen los créditos por entero y se sepa, si es que ninguno de nosotros ha visto las carteleras en el vestíbulo de la entrada, que es quien a fin de cuentas realiza esto. He aquí al Anobium, ahora en primer plano, con su cara de coleóptero a la vez carcomida por el viento de lejos y por los grandes soles que todos nosotros sabemos asolan las galerías abiertas en la pata de la silla que acaba ahora mismo de partirse, gracias a lo cual dicha silla empieza por tercera vez a caerse. Este Anobium, ya ha sido dicho de manera más ligada a las banalidades de la genética y la reproducción, tuvo predecesores en la obra de venganza: se llamaron Fred, Tom Mix, Buck Jones, pero éstos son los nombres que quedaron para siempre jamás registrados en la historia épica del Far-West.

La ve de lejos el viejo que se aproxima y cada vez más de cerca la ve, si es que la ve, que de tantos millares de veces que ahí se ha sentado no la ve ya, y ése es su error, siempre lo fue, no reparar en las sillas en las que se sienta por suponer que todas han de poder lo que sólo él puede. San Jorge, santo, vería allí al dragón, pero este viejo es un falso devoto que se mancomunó, de gorra, con los cardenales patriarcas, y todos juntos, él y ellos, in hoc signo vinces. No ve la silla, además ahora viene sonriendo con cándido contentamiento y se acerca a ella sin reparar, mientras esforzadamente el Anobium deshace en la última galería las últimas fibras y aprieta sobre las caderas el cinturón de las pistoleras. El viejo piensa que va a descansar digamos media hora, que tal vez dormite incluso un poco con esta buena temperatura de principios de otoño, que ciertamente no tendrá paciencia para leer los papeles que lleva en la mano. No nos impresionemos. No se trata de una película de terror; con caídas de este estilo se hicieron y se harán excelentes escenas cómicas, gags hilarantes, como los hizo Chaplin, todos los tenemos en la memoria, o Pat y Patachón, gana un caramelo quien se acuerde. Y no

lo anticipemos, aunque sepamos que la silla se va a partir: pero todavía no, primero tiene que sentarse el hombre despacio, a nosotros, los viejos, nos marcan las leyes las trémulas rodillas, tiene que posar las manos o agarrar con fuerza los brazos o sujeciones de la silla, para no dejar caer bruscamente las nalgas arrugadas y los fondillos del pantalón en el asiento que le ha soportado todo, como resulta excusado especificar, que todos somos humanos y sabemos. Del lado de las tripas, aclárese, porque de este viejo hay muchas y también diversas razones, y éstas son antiguas, para dudar de su humanidad. Mientras tanto está sentado como un hombre.

Aún no se ha recostado. Su peso, gramo más, gramo menos, está igualmente distribuido en el asiento de la silla. Si no se moviese podría permanecer así, a salvo, hasta ponerse el sol, altura en la que el Anobium acostumbra recobrar fuerzas y roer con nuevo vigor. Pero se va a mover, se ha movido, se ha recostado en el respaldo, se ha inclinado incluso un casi nada hacia el lado frágil de la silla. Y ésta se parte. Se parte la pata de la silla, crujió primero, después la desgarró la acción del peso desequilibrado y, de repente, la luz del día entró deslumbrante en la galería de Buck Jones, iluminando el blanco. A causa de la conocida diferencia entre la velocidad de la luz y del sonido, entre la liebre y la tortuga, la detonación se oirá más tarde, sorda, ahogada, como un cuerpo que cae.

El cuerpo todavía está aquí, y estará todo el tiempo que queramos. Aquí, en la cabeza, en este sitio en el que el pelo aparece despeinado, es donde fue el golpe. A simple vista, no tiene importancia. Una ligerísima equimosis, como de uña impaciente, que la raíz del pelo casi esconde; no parece que por aquí pueda entrar la muerte. En verdad, ya está ahí dentro. ¿Qué es esto? ¿Nos iremos a apiadar del enemigo vencido? ¿Es la muerte una disculpa, un perdón, una esponja, una lejía para lavar crímenes? El viejo acaba de abrir los ojos y no consigue reconocernos, lo cual sólo a él asombra, pero a nosotros no, porque no nos conoce. Le tiembla la barbilla, quiere hablar, se inquieta por cómo hemos llegado hasta ahí, nos cree autores del atentado. No dirá nada. Por la comisura de la boca entreabierta le corre hacia la barbilla un hilo de saliva.

«Silla», *Casi un objeto*, 1978

El cuento «Silla» está inspirado en la caída del dictador António Oliveira Salazar en el Fuerte de Santo António da Barra, el día 3 de agosto de 1968

Torres

Aquel día, se han cumplido doce años desde entonces, Luzia Maria Martins se acordó de invitarme a escribir una obra de teatro, fingiendo ignorar, con una gran generosidad, que de esas artes mágicas, probablemente, no tendría yo más información que unos escasos rudimentos adquiridos como espectador más atento a las historias contadas en el escenario que a los modos propios de contarlas. [...] Esa obra la titulé *La noche*, que fue la del 25 de abril, claro. A unos les gustó, a otros no. La acción, como se suele decir, pasaba en la redacción de un periódico matutino, que los más suspicaces rápidamente se atrevieron, con la boca pequeña, a identificar, y el conflicto oponía a buenos y malos, como debe ser, con victoria final y gloria de los primeros, que eran estupendos, y humillación y vergüenza de los segundos, que eran horribles.

«Todos faremos jornais um dia», *Os Apontamentos*, 1990

Torres:
El dueño del dinero es siempre el dueño del poder, incluso cuando no aparece como tal en primera fila. Quien tiene el poder, tiene la información que defenderá los intereses del dinero al que sirve ese poder. La información que arrojamos encima del lector desorientado es aquella que, en cada momento, más conviene a los dueños del dinero. ¿Para qué? Para que les demos más dinero que ganar. Se sirven de nosotros y nosotros les servimos a ellos. *(Pausa).* Pero ¿qué hago yo echándole un sermón? Usted sabe todo esto tan bien como yo, no es tonto, lo reconozco. Pero finge no saberlo, cierra los ojos, firma el recibo y dice que cumple con su deber. Y yo no soy de esos que tienen el valor de darle la espalda al sistema. *(Apasionadamente).* Todo esto no debería explicárselo a usted, sino a toda esa gente que anda por la calle, que compra el periódico, lo lee y acaba creyendo más lo que dice que lo que ven sus propios ojos. ¡Abrir las ventanas *(señala a la platea: se supone que hay una pared, la pared invisible del escenario, con ventanas también invisibles)* y gritar hacia fuera esta verdad tan clara y tan bien escondida! *(Pausa).* Seguro que sería la primera vez que la verdad saliese de este edificio. La única verdad posible.

La noche, 1979

Camões

DIOGO DO COUTO:
  Amargado hablas.
LUÍS DE CAMÕES:
  No lo creas. En una ciudad que muere de peste, pesan bien poco las amarguras de los vivos. Ahora mismo me decía en San Domingos fray João da Silva que a esos hoyos se tiran todos los días cuarenta, cincuenta difuntos. ¿Oyes la campanilla del carro de los muertos? Mira dónde quedan las tristezas de Luís de Camões.
DIOGO DO COUTO:
  Deberías salir de Lisboa, llevarte a tu madre.
LUÍS DE CAMÕES:
  ¿Y adónde iríamos? Mi madre dice que la peste está acabando, que el cielo ya tiene su cupo de almas completo. Y que de esta casa no sale. Y yo, si escapé de balas y bombardas, de flechas y puñaladas, ciertamente no he vuelto a Lisboa para morir de peste. Primero ha de ser impreso mi libro.

¿Qué haré con este libro?, 1980

MI PIEZA no ha pretendido desfigurar o inmovilizar la Historia, sino articular dialécticamente al hombre con su tiempo. No he pretendido mistificar ni romantizar a Camões, sino traerlo hasta nosotros para proyectar alguna luz reveladora sobre el presente.

Diário de Lisboa, 14 de abril de 1981

EPITAFIO PARA LUÍS DE CAMÕES
¿Qué sabemos de ti, si tan sólo dejaste versos,
Qué memoria quedó en el mundo que viviste?
¿Del nacer al morir ganaste cada día
O perdieron tu vida los versos que escribiste?

He retirado estas cuatro preguntas del libro *Los poemas posibles*, publicado en 1966. Hasta hoy, cuando han pasado más de cuarenta años, sigo sin encontrar respuesta para ellas. Tal vez ni la tengan.

«Epitafio para Luís de Camões», *El último Cuaderno*, 11 de junio de 2009

LA HUMILDAD orgullosa de un autor que va llamando a todas las puertas en busca de quien esté dispuesto a publicar el libro que escribió, sufriendo por ello el desprecio de los ignorantes de sangre y de casta, la indiferencia desdeñosa de un rey y de su compañía de poderosos, el escarnio con el que desde siempre ha recibido el mundo la visita de los poetas, los visionarios y los locos. Al menos una vez en la vida, todos los autores tuvieron o tendrán que ser Luís de Camões.

Discursos de Estocolmo, 1998 (incluido en *Un país levantado en alegría*)

Familia Maltiempo

Domingo Maltiempo
Vengo para quedarme a vivir aquí, en San Cristóbal, me llamo Domingo Maltiempo, y soy zapatero. Uno de los sentados soltó su gracia, Pues mal tiempo ha traído, amigo, y el otro, que estaba bebiendo, hizo restallar la lengua al acabar el vaso y continuó, Lo que importa es que no traiga malas suelas, y los demás se echaron a reír, porque había de qué.

Sara de la Concepción
Y llegó un día en que Sara de la Concepción llamó al marido y él no respondió. Fue ésa la primera vez que Domingo Maltiempo despreció a la familia y deambuló lejos. Entonces, Sara de la Concepción, que había callado tanto tiempo aquella vida, le pidió a una vecina letrada que le escribiera una carta, y fue como si le salieran las entretelas del alma, no eligió marido para esto, Padre, por amor de Dios le pido que venga a buscarnos con sus burros y el carro, para llevarnos a su lado, a mi tierra, y me perdone los trabajos y disgustos que le he dado.

Juan Maltiempo
Ahora es Juan Maltiempo el hombre de la casa, el mayor, mayorazgo sin mayorazgo, dueño de nada, pequeña es la sombra que hace en el suelo. [...] Sara de la Concepción le dijo, Hijo mío, por compasión me dieron trabajo para ti, para que ganes algo, pues la vida está muy cara y no tenemos quien nos valga. Y Juan Maltiempo, sabedor de la vida, pregunta, Voy a cavar, madre. Sara de la Concepción, si pudiese, le diría, No vayas, hijo mío, sólo tienes diez años, no es trabajo para un niño, pero qué va a hacer ella en este latifundio donde no abundan más modos de vivir y el oficio del padre difunto está malhadado. Con noche aún cerrada se levanta Juan Maltiempo.

Faustina

Empezó el noviazgo a echar raíces, perdió Juan Maltiempo memoria de la otra novia, pero, siendo serio éste, acordaron no decir nada de momento a la familia de Faustina, porque Juan Maltiempo, a quien nadie tenía nada que censurar, heredaba el mal nombre del padre, que estas cosas se pegan, quien sale a los suyos no degenera, como suele decirse. Con todo, no fue tan grande el secreto que no llegara a oídos de los padres de Faustina, y ahí empezó el mal vivir de la pobre.

Antonio Maltiempo

Ya se han casado Juan Maltiempo y Faustina, final pacífico al romántico lance que, en una noche cargada y lluviosa de enero, sin luna y sin ruiseñores, con desbarajuste de ropas torpemente desabrochadas, satisfizo la voluntad de ambos. Están hechos tres hijos. El mayor salió chico, se llama Antonio y es clavado al padre, salvo el cuerpo que promete más, aunque no tiene los ojos azules, ésos no han vuelto a aparecer, por dónde andarán. Los otros son chicas, mansas y discretas como la madre fue y sigue siendo. Antonio Maltiempo ya trabaja, anda de porquerizo mientras no tiene edad y brazos para tarea de mayor sustancia. El mayoral no lo trata bien, es costumbre de estas tierras y estos tiempos, no nos indignemos por tan poco. Por no faltar a otra y bien sabida costumbre, a Antonio Maltiempo apenas le pesa el fardel con la comida del día, un banquete de medio jurel y un trozo de borona.

Gracinda Maltiempo

Estos Maltiempo memorizan bien las lecciones. Cuando Gracinda Maltiempo se case, ya sabrá leer. Parte del noviazgo fue eso, una cartilla de João de Deus, la letra negra y la otra de rayitas, de color gris, para que se distingan las sílabas, pero no es natural que estas finuras se graben en memorias nacidas entre otros decires, basta con que vacilante vaya leyendo y haciendo pausas entre las palabras a la espera de que en el cerebro se enciendan las luces del entendimiento, no es acega, Gracinda, es acelga, a ver si te enteras.

María Adelaida

Y también vendrá mi nieta María Adelaida, la que tiene los ojos azules como yo, no son realmente así, para qué voy a presumir, mis ojos son como dos cenizas comparados con los de ella, quizá cuando era joven, cuando andaba por los bailes y enamoré a Faustina, cuando la robé de casa de sus padres, entonces mis ojos debían de ser tan azules como estos que acaban de entrar, La bendición, abuelo, cómo se encuentra, está mejor, y yo hago un gesto con la mano, es lo que resta de las bendiciones, ya nadie cree en ellas, pero es una costumbre, y respondo que me encuentro bien, vuelvo la cabeza hacia ella, quiero verla mejor, ay, María Adelaida, mi nieta, no es que diga estas palabras pero las pienso, me gusta verla, lleva un pañuelo en la cabeza y una chaquetita de punto, la falda está mojada, de poco le ha servido el paraguas, y de repente siento unas ganas grandes de llorar, fue María Adelaida que me cogió la mano, era como si hubiéramos cambiado los ojos, qué idea tan loca, pero un hombre que se está muriendo puede tener todas las ideas, está en su derecho, no va a tener más días para fabricar otras o repetir las antiguas, a qué hora moriré.

Levantado del suelo, 1980

Anotaciones del autor con nombre y año de nacimiento de los personajes de *Levantado del suelo, c.* 1976

José Adelino dos Santos

También aquí brilló la infantería, y en especial el sargento Armamento, hombre de fe ciega y ley errada, allá va la primera ráfaga de metralleta, y otra, ambas al aire, de aviso, y cuando en el castillo se oyen los tiros, hay una alegría de palmas y vivas, aplauden todos, las suaves mozuelas del latifundio coloradas por el calor y la emoción sanguinaria, y los padres, las madres, y el ala de los enamorados estremecidos por las ganas de hacer una surtida, salir por la puerta de la Ciudad, lanza en ristre, y acabar la obra iniciada, Matadlos a todos. La tercera ráfaga es de puntería baja, ahora se ven las ventajas de haberse entrenado en tiro al blanco, deja que se levante el humo, no estuvo mal, aunque podía haber sido mejor, hay tres en el suelo, y ahora hay uno que se levanta agarrándose el brazo, tuvo suerte, el otro se arrastra y arrastra una pierna, y aquel de allá no se mueve, Es José Adelino dos Santos, es José Adelino, dice uno que es de Montemor y lo conoce. Está muerto José Adelino dos Santos, ha recibido un balazo en la cabeza y al principio ni se lo creía, sacudió la cabeza como si le hubiera picado un bicho, pero luego comprendió, Ah, malditos, me habéis matado, y cayó de espaldas, desamparado, no tenía allí a su mujer para ayudarle, le formó la sangre una almohada bajo la cabeza, una almohada roja, gracias. Vuelven a aplaudir en el castillo, adivinan que esta vez ha ido en serio, y carga la caballería, dispersa al pobre pueblo, hay que recoger el cuerpo, que nadie se acerque.

Levantado del suelo, 1980

José Adelino dos Santos, destacado militante comunista, fue asesinado en 1958 en Montemor-o-Novo, Alentejo, durante una manifestación en la que se reclamaba «trabajo y pan»

Premio Ciudad de Lisboa

Tengo mucho gusto en decir, públicamente, que no me perturba darle un premio a un libro que expresa una concepción del mundo completamente opuesta a la mía y a la de los ciudadanos que me eligieron, sobre todo cuando, como sucede ahora, se trata de un libro que, como ya he dicho, está muy bien escrito. Quien, como yo, vive fuera de los meandros de los análisis literarios, se atreve a considerar que la primera obligación de un escritor es escribir bien: tratar la palabra como una materia plástica que su pluma trabaja con rigor y calidad estética. Y, en ese aspecto, no puedo dejar de alegrarme con la decisión del jurado.

Nuno Abecassis, palabras del alcalde de Lisboa en la entrega del Premio Ciudad de Lisboa, 1982

Se habla interminablemente de cultura, pero no se vive la cultura. Se conmemora a los escritores que mueren, pero no se hace nada para asegurar la actividad de los vivos. Si un escritor, por desesperación, ha dejado de escribir, nadie le va a preguntar: «¿Qué necesitas para trabajar?». Se aplaude benévolamente a los escritores que envejecen, pero se condena al silencio a los escritores que nacen. Se afirma que la cultura es una y nacional, pero se impide, o se dificulta, o se menosprecia su divulgación en los medios de comunicación social. Se pregona el pluralismo, se fomenta la letra única. Se teoriza el consenso, se practica la excomunión.

¿Quién responde por que los escritores no tengan ni siquiera las más mínimas condiciones para ejercer su oficio con toda la responsabilidad de quien no tiene que servir a los demás patrones sino a ese, exigentísimo, que es la creación literaria? Insisto: protestemos más, y con más fuerza. Si el poder no nos oye, intentemos que nos oiga el país. Afirmemos el derecho a la profesión de escritor como expresión particular de un derecho general al trabajo. Cuidemos un poco menos la carrera personal y un poco más la reivindicación colectiva.

Levantado del suelo habla de trabajadores. También a trabajadores dirigí las palabras que contiene. Aprendamos un poco, eso y lo demás, también el orgullo propio, con aquellos que se levantaron del suelo y no volvieron a él, porque del suelo sólo debemos querer el alimento y aceptar la sepultura, nunca la resignación.

Discurso en la entrega del Premio Ciudad de Lisboa, 1982

Constante

El perro es una especie de plataforma donde se encuentran los sentimientos humanos. El perro se acerca a los hombres para preguntarles qué es eso de ser humano.
Planeta Humano, n.º 35, enero de 2001

Se levanta de repente una perdiz silvestre, y ahí va como un rayo, me echo la escopeta a la cara, ella achanta el vuelo en el momento en que iba a disparar, lo cierto es que ni la rocé con el perdigón, menos mal que no estaba por allí cerca ningún compañero, fue mejor para mi vergüenza, pero Constante, ése era el nombre del animal, corre en dirección a la perdiz, pensó quizá que habría sido herida y que andaría entre las aliagas, que allí formaban un matorral cerrado como pocas veces he visto, y había unas piedras grandes que tapaban la vista, el caso es que perdí al perro, y por más que llamaba Constante, Constante, y silbaba, no apareció [...]. Pasados dos años tuve que ir otra vez por aquellas tierras y vi un gran espacio de matorral limpio, habían andado por allí haciendo desmonte, pero luego, no sé por qué, lo dejaron, y entonces me acordé de lo sucedido, me metí entre las piedras, fue un trabajo de miedo, no sé qué idea era la que me llevaba, parecía como si alguien me estuviera diciendo, sigue, sigue, no desistas Sigismundo Canastro, y qué veo, el esqueleto de mi perro allí de pie mirando el esqueleto de la perdiz, y llevaban dos años así, aguantando firmes los dos, parece que lo estoy viendo, a mi fiel Constante, con el hocico estirado, la pata levantada, no hubo viento que le tumbase ni lluvia que le descoyuntase los huesos.
Levantado del suelo, 1980

Aquella noche el perro Constante soñó que estaba desenterrando huesos en el campo de batalla. Había reunido ya ciento veinticuatro cráneos cuando la luna se puso y la tierra se oscureció. Entonces el perro volvió a dormirse. Dos días después, unos niños que andaban por el campo jugando a las guerras dijeron al alcalde que habían encontrado un montón de calaveras en un trigal, nunca se supo cómo aparecieron allí, tan juntas.

Quiso José Anaiço echar agua a aquel hervor de risas que la sugerencia de María Guavaira provocó, y propuso que se le diera el nombre de Constante, recordaba haber leído este nombre en algún libro, Ahora no me acuerdo, pero Constante, si entiendo bien la palabra, contiene todos los nombres que fueron sugeridos, Fiel, Piloto, Centinela, Combatiente, y hasta Ángel de la Guarda.
La balsa de piedra, 1986

Suponiendo que se quedara con el perro, qué nombre le va a poner, preguntó Marta, Es demasiado pronto para pensar en eso, Si estuviera aquí mañana, debería ser ese nombre la primera palabra que oyese de su boca, No le llamaré Constante, fue el nombre de un perro que no volverá a su dueña y que no la encontraría si volviese, tal vez a éste le llame Perdido, el nombre le sienta bien, Hay otro que todavía le sentaría mejor, Cuál, Encontrado, Encontrado no es nombre de perro, Ni lo sería Perdido, Sí, me parece una buena idea, estaba perdido y ha sido encontrado, ése será el nombre.
La caverna, 2000

Perro de las lágrimas

La mujer del médico va leyendo los nombres de las calles, unos los recuerda, otros no, hasta que llega un momento en que comprende que se ha desorientado y anda perdida. No hay duda, se ha extraviado. Dio una vuelta, dio otra, ya no reconoce ni las calles ni los nombres que llevan, entonces, desesperada, se dejó caer en un suelo sucísimo, empapado en cieno negro, y, vacía de fuerzas, de todas las fuerzas, rompió a llorar. Los perros la rodearon, olfatean las bolsas, pero sin convicción, como si ya se les hubiera pasado la hora de comer, uno de ellos le lame la cara, tal vez desde pequeño esté habituado a enjugar llantos. La mujer le acaricia la cabeza, le pasa la mano por el lomo empapado, y el resto de lágrimas las llora abrazada a él.

Ensayo sobre la ceguera, 1995

Es mejor que se siente para que él comprenda que no me quiere hacer daño. El comisario se sentó con todas las precauciones, guardando la distancia, Se llama Tranquilo, No, se llama Constante, pero para nosotros y para nuestros amigos es el perro de las lágrimas, le pusimos el nombre de Constante porque era más corto, Por qué perro de las lágrimas, Porque hace cuatro años yo lloraba y este animal se acercó y me lamió la cara, En el tiempo de la ceguera blanca, Sí, en el tiempo de la ceguera blanca, este que aquí ve es el segundo prodigio de aquellos miserables días, primero la mujer que no se quedó ciega cuando parece que tenía esa obligación, después un perro compasivo que fue a beberle las lágrimas, Sucedió realmente, o estoy soñando, Lo que soñamos también sucede realmente, señor comisario.

Ensayo sobre la lucidez, 2004

Me gustaría ser recordado como el escritor que creó el personaje del perro de las lágrimas. Es uno de los momentos más bellos que he vivido hasta hoy como escritor.

Público, 15 de junio de 2008

Baltasar Sietesoles

Surge en su forma italiana, en un instante en que preparaba un proyecto momentáneamente aplazado: una pieza sobre un hombre llamado Francisco de Asís, que se encuentra en situación semejante a la del santo. En mis lecturas me aparece una mujer muy cercana que se llamaba Jacopina Septem Solis, que en portugués significa Siete Soles. Me gustó mucho ese nombre. Ahora, los caminos del inconsciente son muchos...

Espaço T Magazine, 1 de enero de 1984

Este que por la entereza de su porte, por su aire al mover la espada y por lo disparejo de las vestimentas, aunque descalzo, parece soldado, es Baltasar Mateus, el Sietesoles. Fue licenciado del ejército por no tener ya acomodo en él, tras cortarle la mano izquierda por la muñeca, destrozada por una bala frente a Jerez de los Caballeros, en la gran entrada de once mil hombres que hicimos en octubre del año pasado y que terminó con la pérdida de doscientos de los nuestros y la desbandada de los vivos, acosados por los caballos que los españoles sacaron de Badajoz. Nos refugiamos en Olivenza, con algún botín que cogimos en Barcarrota, y poco gusto para gozar de él, que no valió la pena andar diez leguas para llegar allí y correr otras tantas para acá, dejando en el campo tanta gente muerta y media mano de Baltasar Sietesoles. Por mucha suerte o por gracia particular del escapulario que trae al pecho no se le gangrenó la herida al soldado ni le reventaron las venas con la fuerza del garrote, y, siendo hábil el cirujano, bastó con desarticularle las junturas, que ni preciso fue meter el serrucho al hueso. Le almohadillaron el muñón con hierbas cicatrizantes, y tan excelente era la carnadura del Sietesoles que al cabo de dos meses estaba curado.

Memorial del convento, 1982

Blimunda Sietelunas

Baltasar Mateus, el Sietesoles, está callado, sólo mira fijamente a Blimunda, y cada vez que ella lo mira siente él una crispación en la boca del estómago, porque ojos como éstos jamás los había visto claros cenicientos, o verdes, o azules, que con la luz de fuera varían o con el pensamiento de dentro, y a veces se vuelven negros nocturnos o blancos brillantes como lascado carbón de piedra.

Se acostaron. Blimunda era virgen. Cuántos años tienes, preguntó Baltasar, y Blimunda respondió, Diecinueve años, pero entonces su edad era otra. Corrió algo de sangre por la estera. Con las puntas de los dedos índice y corazón humedecidos en ella, Blimunda se persignó e hizo una cruz en el pecho de Baltasar, sobre el corazón. Estaban los dos desnudos. En una calle cercana oyeron voces de desafío, batir de espadas, carreras. Luego el silencio. No corrió más sangre. Cuando, por la mañana, despertó Baltasar, vio a Blimunda tendida a su lado, comiendo pan, con los ojos cerrados. Sólo los abrió cenicientos a aquella hora, tras acabar de comer, y dijo, Nunca te miraré por dentro.

Memorial del convento, 1982

Muchas veces me he preguntado: ¿por qué este nombre? Recuerdo cómo lo encontré, recorriendo con un dedo minucioso, línea a línea, las columnas de un vocabulario onomástico, esperando una señal de aceptación que empezaría en la imagen descifrada por los ojos para llegar a consumarse, por ignoradas razones, en una parte adecuadamente sensible del cerebro. Nunca, en toda mi vida, en estos cuantos miles de días y horas sumados, me había encontrado con el nombre de Blimunda, ninguna mujer en Portugal, que yo sepa, se llama hoy así.

«Blimunda», 1991

Bartolomeu Lourenço

El hombre primero tropieza, después anda, luego corre, un día volará, respondió Bartolomeu Lourenço.

Abriendo un arca, sacó un papel, lo desenrolló, se veía el dibujo de un ave, la passarola sería, eso era Baltasar capaz de reconocerlo, y porque a la vista estaba que era el dibujo de un pájaro, creyó que todos aquellos materiales, juntos y ordenados en sus lugares competentes serían capaces de volar. Más para sí que para Sietesoles, que del dibujo no veía más que su semejanza con un ave, y ésta le bastaba, el cura explicó, primero en tono sereno, luego cada vez más animado, Esto que aquí ves son las velas que sirven para cortar el viento y se mueven según las necesidades, y aquí está el timón con que se dirigirá la barca, no al azar sino por medio de la ciencia del piloto, y éste es el cuerpo del navío de los aires a proa y popa en forma de concha marina, donde se disponen los tubos del fuelle para el caso de que falte el viento, como tantas veces sucede en el mar, y éstas son las alas, sin ellas, cómo se iba a equilibrar la barca voladora, y no te hablaré de estas esferas, que son secreto mío, bastará que te diga que sin lo que ellas llevarán dentro no volará la barca, pero sobre este punto aún no estoy seguro, y en este techo de alambre colgaremos unas bolas de ámbar, porque el ámbar responde muy bien al calor de los rayos del sol para el efecto que quiero, y esto es la brújula, sin ella no se va a ninguna parte, y esto son roldanas y poleas, que sirven para largar y recoger velas, como los barcos en la mar. Se calló un momento, y añadió, Y cuando todo esté armado y concordante entre sí, volaré.

Memorial del convento, 1982

Adamastor

VOLVIÓ a la parte delantera de la casa, al dormitorio, miró por la ventana sucia la calle desierta, el cielo ahora cubierto, allá estaba, lívido contra el color plomizo de las nubes, Adamastor bramando en silencio, algunas personas contemplaban los navíos, de vez en cuando alzaban la cabeza para ver si venía la lluvia, los dos viejos hablaban sentados en el mismo banco, entonces Ricardo Reis sonrió.

El año de la muerte de Ricardo Reis, 1984

UNOS DÍAS ANTES había ocurrido en Mafra un milagro, que fue el venir del mar una gran tempestad de viento que dio con la iglesia de madera en tierra, mástiles, tablas, vigas, listones, una confusión con los paños, fue como el soplo gigantesco de Adamastor, si es que Adamastor sopló cuando le doblaban el cabo de sus y nuestros trabajos, y a quien se escandalice porque demos a esto nombre de milagro, siendo destrucción, qué otro nombre se le había de dar, sabiendo que el rey, llegado a Mafra e informado del suceso, se puso, él, a distribuir monedas de oro.

Memorial del convento, 1982

Estatua de Adamastor, en Lisboa, de Júlio Vaz Júnior, fotografiada a principios del siglo XX; y por José Saramago en los años ochenta

Ricardo Reis

El primer heterónimo de Pessoa que leí fue Ricardo Reis, a los diecinueve años. Y debo decir que la poesía de Ricardo Reis es realmente fascinante. Es un mundo neoclásico de rigor poético que hechiza a cualquiera. Pero yo encontré en ella algo que, desde muy joven, me causó una impresión fuerte, muy desagradable, de rechazo. Una frase que me marcó y determinó gran parte de mi literatura: «Sabio es el que se contenta con el espectáculo del mundo».

Trespuntos, 14 de octubre de 1998

No es verdad que haya existido Ricardo Reis. Pero es verdad que si hubiese existido tendría sentido atribuirle esa vida a partir de la obra que dejó y de los datos que Fernando Pessoa nos dio de él. Pero también es verdad que Fernando Pessoa ya no estaba vivo en aquel momento. Y, sin embargo, es verosímil. No está vivo, pero entra en la historia. Nada es mentira y nada es verdad en el libro.

Jornal de Letras, 30 de octubre de 1984

Sabio es el que se contenta con el espectáculo del mundo,
> Y al beber no recuerda
> Que ya bebió en la vida,
> Para quien todo es nuevo
> E inmarcesible siempre.

Ya lo coronen pámpanos, o yedras, o rosas volátiles,
> Él sabe que la vida
> Por él pasa, y tanto
> Corta a él como a la flor
> De Atropo la tijera.

Mas él sabe hacer que el color del vino se lo esconda,
> Que su sabor orgiástico
> Apague gusto a las horas,
> Como a una voz que llora
> El pasar de bacantes.

Y él espera, gozoso casi y bebedor tranquilo;
> Tan sólo deseando
> Con incierto deseo,
> Que la ola abominable
> No lo moje tan pronto.

19-6-1914

Odas de Ricardo Reis, 1946

Elegí a Ricardo Reis por ser lo contrario de mí. No por afinidad, sino por contradicción. Reis se separó de la vida, se separó de Portugal, y yo procuro, en la medida de mis posibilidades, seguir la vida portuguesa. Por esto lo elijo, para hablar de él y para hablar de mí. Son dialécticas contrarias.

El País, 20 de febrero de 1987

La aduana es una antecámara, un limbo de paso, qué será allá fuera. Un hombre canoso, seco de carnes, firma los últimos papeles, recibe las copias, se puede ir ya, salir, continuar la vida en tierra firme.

Ricardo Reis va a los periódicos, ayer anotó las direcciones, antes de acostarse, en fin, no se ha dicho que durmió mal, extrañó la cama o extrañó la tierra, cuando se espera el sueño en el silencio de una habitación aún ajena, oyendo llover en la calle, cobran las cosas su verdadera dimensión, son todas grandes, graves, pesadas, engañadora es, sí, la luz del día hace de la vida una sombra recortada, sólo la noche es lúcida, pero el sueño la vence, tal vez para nuestro sosiego y descanso, paz al alma de los vivos. Va Ricardo Reis a los periódicos, va a donde siempre tendrá que ir quien de las cosas del mundo pasado quiera saber, aquí en el Barrio Alto por donde el mundo pasó, aquí donde dejó rastro de su pie, huellas, ramas partidas, hojas pisadas, letras, noticias, es lo que del mundo queda, el otro resto es la parte de invención necesaria para que de dicho mundo pueda también quedar un rostro, una mirada, una sonrisa, una agonía, Causó dolorosa impresión en los círculos intelectuales la muerte inesperada de Fernando Pessoa, el poeta de Orfeu, espíritu admirable que cultivaba no sólo la poesía en moldes originales, sino también la crítica inteligente, murió anteayer en silencio, como siempre vivió, pero, como las letras en Portugal no alimentan a nadie, Fernando Pessoa tuvo que buscar empleo en una oficina comercial, y, unas líneas más allá, Junto a su tumba dejaron los amigos flores de añoranza. No dice más este periódico, otro dice lo mismo de distinta manera, Fernando Pessoa, el poeta extraordinario de Mensagem, poema de exaltación nacionalista, uno de los más bellos que se hayan escrito jamás, fue enterrado ayer, le sorprendió la muerte en un lecho cristiano del Hospital de San Luis, el sábado por la noche, en la poesía no era sólo él, Fernando Pessoa, era también Álvaro de Campos, y Alberto Caeiro, y Ricardo Reis, vaya, saltó ya el error, la falta de atención, el escribir de oídas, porque nosotros sabemos que Ricardo Reis es este hombre que está leyendo el periódico con sus propios ojos abiertos y vivos, médico, de cuarenta y ocho años de edad, uno más que la edad de Fernando Pessoa cuando se cerraron sus ojos, ésos sí, muertos, no deberían ser necesarias otras pruebas o certificados de que no se trata de la misma persona, y si aún queda alguna duda, que vaya quien dude al Hotel Bragança y hable con Salvador, que es el gerente, que pregunte si no se aloja allí un señor llamado Ricardo Reis, médico, llegado de Brasil, y él dirá que sí, El señor doctor no vino a comer, pero dijo que cenará aquí, si quiere dejar algún recado, yo personalmente me encargaré de dárselo, quién se atreverá ahora a dudar de la palabra de un gerente de hotel, excelente fisonomista y definidor de identidades.

El año de la muerte de Ricardo Reis, 1984

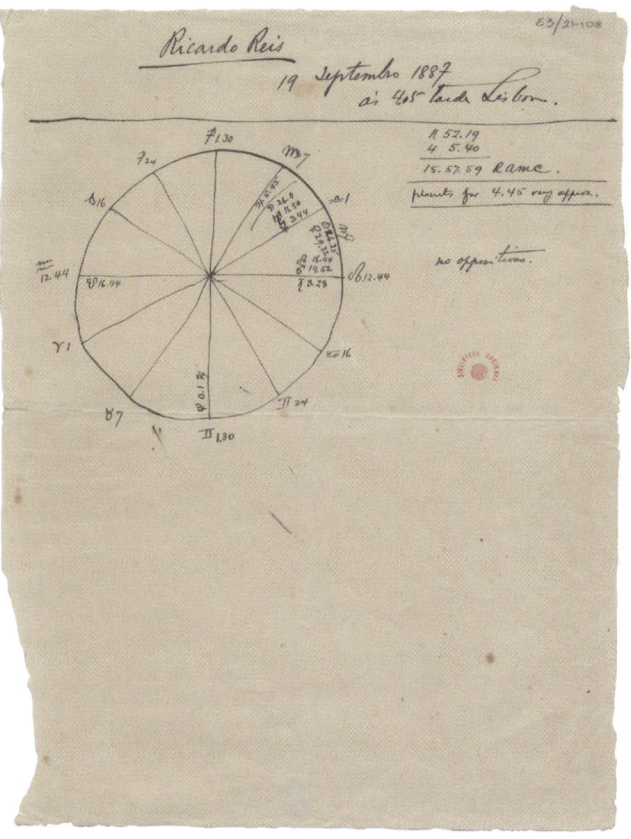

Marcenda

La chica de *El año de la muerte de Ricardo Reis* que tiene el brazo izquierdo paralizado nació en un restaurante, pero no nació como personaje. De hecho, yo no sé nada de la vida de esa chica, sólo sé que estaba sentado en un restaurante y había un grupo de jóvenes, chicos y chicas, cuatro o seis, y había una chica que estaba comiendo y me extrañó que lo hiciera sólo con un tenedor en la mano derecha. Hasta que, en un momento dado, la vi agarrarse el brazo y ponerlo sobre la mesa, y eso me impresionó mucho. La mutilación, el defecto físico, todo eso son cosas que me impresionan mucho, como injusticias. Y cuando tuve que inventar a Marcenda, que tiene un nombre que no existe, me volvió aquello. Pero cuando miré a aquella muchacha no me dije: «Esto daría para un personaje».

Diálogos con José Saramago, 1998

La joven delgada acabó la sopa, deja la cuchara, su mano derecha acaricia, como si fuera un animalito doméstico, a la mano izquierda que descansa en el regazo. Entonces Ricardo Reis, sorprendido por su propio descubrimiento, repara en que desde el principio aquella mano estuvo inmóvil, recuerda que sólo la derecha desdobló la servilleta, y ahora coge la izquierda y la posa sobre la mesa, con mucho cuidado, cristal fragilísimo, y allí la deja estar, junto al plato, asistiendo a la comida, con los largos dedos extendidos, pálidos, ausentes.

Volvió a su memoria el gesto pungente de la muchacha agarrándose la mano inerte y colocándola sobre la mesa, era su manita amada, la otra, ágil, saludable, auxiliaba a la hermana, pero tenía su vida, independiente, no siempre podía ayudar, por ejemplo, ésta era la que estrechaba la mano de las personas en caso de presentación formal, Marcenda Sampaio, Ricardo Reis, la mano del médico rozaría la de la muchacha de Coimbra, derecha contra derecha, la izquierda de él, si quisiera, podría acercarse, participar en el encuentro, pero la de ella, caída a lo largo del cuerpo, sería como si no estuviese.

El año de la muerte de Ricardo Reis, 1984

Lidia

LIDIA, dijo Ricardo Reis, ella dejó la bandeja, levantó los ojos asustados, quiso decir Señor doctor, pero la voz quedó prendida en su garganta, y él no tuvo valor, repitió, Lidia, luego, casi con un murmullo, atrozmente trivial, seductor ridículo, Es usted muy guapa, y se quedó mirándola sólo un segundo, no aguantó más que un segundo, se volvió de espaldas, hay momentos en que sería mejor morirse, Yo, que he hecho reír a las camareras de hotel, también tú, Álvaro de Campos, todos nosotros. Se cerró la puerta lentamente, hubo una pausa, y sólo luego se oyeron los pasos de Lidia alejándose.

Lidia vendrá mañana, porque siempre viene en sus días de descanso, pero Lidia es el aya de Ana Karenina, sirve para arreglar la casa y para ciertas faltas, aunque, ironía suprema, llene con ese poco toda la parte llenable de vacío, para el resto ni el universo entero bastaría, de creer lo que Ricardo Reis piensa de sí mismo.

Ya conocemos a la camarera que trae el desayuno, a Lidia, ella es también quien hace la cama y limpia y ordena el cuarto, se dirige a Ricardo Reis llamándole siempre señor doctor, él dice Lidia, sin señoría, pero, como es hombre de educación, no la trata de tú y pide, Hágame esto, Tráigame aquello, y a ella le gusta, porque no está habituada, pues en general desde el primer día y hora todos la tutean, quien paga cree que el dinero confiere todos los derechos, aunque, hagamos esa justicia, hay otro huésped que se dirige a ella con igual consideración, es la joven Marcenda, hija del doctor Sampaio.

El año de la muerte de Ricardo Reis, 1984

—¿DE DÓNDE nace Lidia?
—Ricardo Reis dialoga permanentemente con tres musas: Lidia, Cleo y Nera. Son diálogos sin sexualidad carnal. Lidia es un personaje incorpóreo, abstracto, a quien yo vuelvo de carne y hueso y transformo en una criada de hotel, que es el ideal del poeta.
—Se lo confieso: me enamoré de Lidia...
—Yo también.

La Vanguardia, 25 de febrero de 1986

Joana Carda

Bastó que en estos días, a cientos de kilómetros de Cerbère, en un lugar de Portugal cuyo nombre más tarde recordaremos, bastó que la mujer llamada Joana Carda hiciera una raya en el suelo con la vara de negrillo, para que todos los perros del más allá saliesen vociferantes a la calle, ellos que, repito, jamás habían ladrado. Si alguien le preguntara a Joana Carda a qué venía aquella idea suya de hacer una raya en el suelo con un palo, gesto más bien de adolescente lunática que de mujer cabal, si no había pensado en las consecuencias de un acto que parecía sin sentido, y ésos, recordadlo, son los que mayor peligro comportan, tal vez respondiera, No sé qué me ocurrió, estaba la vara en el suelo, la cogí e hice la raya.

Se llama Joana Carda, Está presentada, vamos ahora al asunto, Imagina que te encuentras un palo en el camino y que, por distracción o sin ningún motivo especial, haces con él una raya en el suelo, Eso lo hice muchas veces de niño, Y qué pasó, Nada, nunca pasa nada, y, realmente, es una pena, Imagínate ahora que esa raya produjera, por un efecto mágico o causa equivalente, una falla en los Pirineos, y que los susodichos Pirineos se rompen de arriba abajo y la Península Ibérica empieza a navegar mar adentro.

De acuerdo con las últimas mediciones, la velocidad de dislocación de la península se ha estabilizado en unos setecientos cincuenta metros por hora.

Mostraron también imágenes de Portugal, de la costa atlántica, con las olas batiendo contra los cantiles o removiendo los arenales, y había mucha gente oteando el horizonte, con aquel trágico ademán de quien se preparó desde siglos para lo ignoto y teme que al fin no venga, o sea igual a lo común y banal que todas las horas traen. Ahí están, como Unamuno dijo que estaban, la cara morena entre ambas palmas, clavas tus ojos donde el sol se acuesta solo en la mar inmensa, todos los pueblos que tienen la mar a poniente hacen lo mismo, éste es moreno, no hay otra diferencia, y navegó. Lírico, arrebatado, el locutor español declama, Vean a los portugueses, a lo largo de sus doradas playas, proa de Europa que fueron y dejaron de ser, porque del muelle europeo nos desprendimos, pero de nuevo hendiendo las olas del Atlántico, qué almirante nos guía, qué puerto nos espera, la última imagen mostró un chiquillo de pocos años tirando un guijarro al mar.

La balsa de piedra, 1986

229

Raimundo Silva

Hay ciertas características que puedo reconocer en mí, coincidiendo con algunas características de personajes: hay mucho mío en Raimundo Silva.
Diálogos con José Saramago, 1998

Ese no de la novela es el de alguien que dice basta. Alguien que entiende que los demás le están contando una historia, pero una historia oficial.
La Maga, 30 de marzo de 1994

Raimundo Silva sonríe en este momento, con una expresión que no esperaríamos de él, de pura malignidad, han desaparecido de su rostro todos los rasgos del Dr. Jekyll, es evidente que acaba de tomar una decisión, y que fue mala, con mano firme sujeta el bolígrafo y añade una palabra a la página, una palabra que el historiador no escribió, que en nombre de la verdad histórica no podría haber escrito nunca, la palabra No, ahora lo que el libro dice es que los cruzados No auxiliarán a los portugueses a conquistar Lisboa, así está escrito y por tanto pasó a ser verdad, aunque diferente, lo que llamamos falso ha prevalecido sobre lo que llamamos verdadero, ocupó su lugar, alguien tendría que venir a contar la historia nueva, y cómo.

Y para examinar in loco el teatro de operaciones, vuelve Raimundo Silva a subir al castillo, desde cuyas levantadas torres pueden los ojos abarcar la extensión, como un tablero de ajedrez donde pelearán, objetivamente hablando, los peones y los caballeros, bajo la mirada del rey y de los obispos.
Historia del cerco de Lisboa, 1989

María Sara

Un día, tal vez por efecto de una luz que hará recordar ésta, límpida y fría tarde que va cayendo, se dirá, Recuerdas, primero el silencio en el coche, las palabras difíciles, la mirada tensa y expectante, las protestas y las insistencias, Déjeme en la Baixa, por favor, tomaré un tranvía, De ninguna manera, lo llevo a casa, no me cuesta nada, Pero se sale de su camino, Yo no, el coche, No es cómodo subir al lugar donde vivo, Al pie del castillo, Sabe dónde vivo, En la Rua do Milagre de Santo António, lo he visto en su ficha, después un cierto y todavía vacilante desahogo, cuerpo y espíritu medio distendidos, pero las palabras cautelosas, hasta el momento en que María Sara dijo, Pensar que estamos en lo que fue ciudad mora.

Antes ha de saber que hace tres años que estoy divorciada, que hace tres años que he puesto fin a una relación y que no he empezado otra, que no tengo hijos, que quiero tenerlos, que vivo en casa de un hermano, que la persona que atendió el teléfono es mi cuñada, y que no necesita usted decirme quién fue la que cogió mi recado, porque sé que es la asistenta, y ahora, sí, tiene la palabra, señor corrector, no me haga caso, estoy casi estallando de alegría.

Cuando todas las compuertas del diluvio se abrieron sobre la tierra y las aguas de la tierra, y después la calma, el amplio estuario del Tajo, dos cuerpos lado a lado bogando, de manos dadas, uno dice, Oh, mi amor, y otro, Que nada en el futuro sea menos que esto, y de repente ambos tuvieron miedo de lo que habían dicho y se abrazaron, el cuarto estaba oscuro, Enciende la luz, dijo ella, quiero saber si esto es verdad.

Historia del cerco de Lisboa, 1989

Dios

Delante de todos estos hombres reunidos, de todas estas mujeres, de todos estos niños (sed fecundos, multiplicaos y llenad la tierra, así les fue mandado), cuyo sudor no nacía del trabajo que no tenían, sino de la agonía insoportable de no tenerlo, Dios se arrepintió de los males que había causado y permitido, hasta tal punto que, en un arrebato de contrición, quiso cambiarse el nombre por otro más humano. Hablando a la multitud, anunció:

«A partir de hoy me llamaréis Justicia».

Y la multitud respondió:

«Justicia ya tenemos, y no nos hace caso».

Dios dijo:

«Entonces, tomaré el nombre de Derecho».

Y la multitud volvió a responderle:

«Derecho ya tenemos, y no nos conoce».

Y Dios:

«En ese caso, me quedaré con el nombre de Caridad, que es un nombre bonito».

Y dijo la multitud:

«No necesitamos caridad, lo que queremos es una Justicia que se cumpla y un Derecho que nos respete».

Entonces Dios comprendió que nunca había tenido, verdaderamente, en el mundo que creía ser suyo, el lugar de majestad que había imaginado, que todo había sido, al final, una ilusión, que también él había sido víctima de engaños, como aquellos de los que se estaban quejando las mujeres, los hombres y los niños, y, humillado, se retiró a la eternidad. La penúltima imagen que vio fue la de escopetas apuntando a la multitud, el penúltimo sonido que escuchó fue el de los disparos, pero en la última imagen ya había cuerpos caídos sangrando, y el último sonido estaba lleno de gritos y lágrimas.

El Cristo do Corcovado desapareció, se lo llevó Dios cuando se retiró a la eternidad, porque no había servido de nada ponerlo allí. Ahora, en su lugar, se habla de poner cuatro enormes paneles orientados a las cuatro direcciones del Brasil y del mundo, y todos, con grandes letras, diciendo lo mismo: un derecho que respete, una justicia que cumpla.

De «Terra, direito e justiça», prefacio de Terra, de Sebastião Salgado, 1997 (incluido en *Cuadernos de Lanzarote II*, 28 de julio de 1996)

Adán y Eva

Como de costumbre, adán y eva dormían desnudos, uno al lado del otro, sin tocarse, imagen edificante aunque equívoca de la más perfecta de las inocencias. No despertaron ellos y el señor no los despertó. Lo que lo había llevado hasta allí era el propósito de enmendar un defecto de fábrica que, se dio cuenta tarde, afeaba seriamente a sus criaturas, y que consistía, imagínense, en la falta de un ombligo. La superficie blanquecina de la piel de sus bebés, que el suave sol del paraíso no conseguía tostar, se mostraba demasiado desnuda, demasiado ofrecida, en cierto modo obscena, si la palabra ya existiera entonces. Sin tardanza, no fuesen ellos a despertarse, dios extendió el brazo y oprimió levemente con la punta del dedo índice el vientre de adán, luego hizo un rápido movimiento de rotación y el ombligo apareció. La misma operación, practicada a continuación en eva, dio resultados similares, aunque con la importante diferencia de que el ombligo de ella salió bastante mejorado en lo que respecta a diseño, contornos y delicadeza de pliegues. Fue ésta la última vez que el señor miró una obra suya y halló que estaba bien.

Al día siguiente, adán acompañó a la mujer hasta el jardín del edén. Por iniciativa de eva se lavaron lo mejor que pudieron en el riachuelo y lo mejor que pudieron fue poquísimo, por no decir nada, porque agua sin jabón que le dé una ayuda no pasa de una pobre ilusión de limpieza. Se sentaron en el suelo y enseguida se vio que el querubín azael no era persona de perder el tiempo, No sois los únicos seres humanos que existen en la tierra, comenzó, Que no somos los únicos, exclamó adán, estupefacto, No me hagas repetir lo que ya está dicho, Quién creó a esos seres, dónde están, En todas partes, El señor los creó como nos creó a nosotros, preguntó eva, No puedo responder, y si insistís con las preguntas nuestra conversación acaba ahora mismo, cada uno va a lo suyo, yo a guardar el jardín del edén, vosotros a vuestra gruta y a vuestra hambre, En ese caso, en poco tiempo moriremos, dijo adán, a mí nadie me ha enseñado a trabajar, no puedo cavar ni labrar la tierra porque me faltan la azada y el arado, y si los tuviese sería necesario aprender a manejarlos y no hay quien me enseñe en este desierto, mejor sería que fuésemos el polvo que éramos antes, sin voluntad ni deseo, Has hablado como un libro abierto, dijo el querubín, y adán se puso contento por haber hablado como un libro abierto, él, que nunca había tenido estudios. Después eva preguntó, Si ya existían otros seres humanos, entonces para qué nos creó el señor, Ya deberías saber que los designios del señor son inescrutables, pero, si he entendido alguna que otra media palabra, me parece que se trata de un experimento, Un experimento, nosotros, exclamó adán, un experimento, para qué.

Caín, 2009

Caín

ANDARÁS errante y perdido por el mundo, Siendo así, cualquier persona me podrá matar, No, porque pondré una señal en tu frente, nadie te hará daño, pero, como pago por mi benevolencia, procura tú no hacer daño a nadie, dijo el señor tocando con el dedo índice la frente de caín, donde apareció una pequeña mancha negra, ésta es la señal de tu condenación, añadió el señor, pero es también la señal de que estarás toda la vida bajo mi protección y bajo mi censura, te vigilaré dondequiera que vayas, Lo acepto, dijo caín, No te queda otro remedio, Cuándo comienza mi castigo, Ahora mismo, Puedo despedirme de mis padres, preguntó caín, Eso es cosa tuya, en asuntos de familia no me meto, pero seguramente querrán saber dónde está abel, y supongo que no les vas a decir que lo has matado, No, No, qué, No me despediré de mis padres, Entonces, vete. No había nada más que decir. El señor desapareció antes de que caín hubiera dado el primer paso.

Caín, 2009

Judas

DEL PAN, el cuerpo; la sangre, de este vino;
De las miserias del hombre, divinidad:
Nada ponen de sí los dioses vanos.
En mesa de la tierra se reponen,
Todo les es sustento, comen todo,
Que todo prolonga su duración.

Un cuerpo de ahorcado es alimento,
Una soga es escalera hacia el cielo,
Es trono una higuera, es luz monedas:
Sin Judas, ni Jesús sería dios.

Los poemas posibles, 1966

SI ERES el hijo de Dios, como hijo de Dios tienes que morir, clamaba uno, Comí del pan que repartiste, cómo podría ahora denunciarte, gemía otro, No quiera ser rey de los Judíos quien va a ser rey del mundo, decía éste, Muera quien de aquí se mueva para acusarte, amenazaba aquél. Fue entonces cuando se oyó, clara, distinta, sobre el alboroto, la voz de Judas de Iscariote, Yo voy, si así lo quieres. Le echaron los otros las manos encima, había ya cuchillos saliendo de los pliegues de las túnicas, cuando Jesús ordenó, Dejadlo, que nadie le haga mal. Después se levantó, lo abrazó y lo besó en las dos mejillas, Vete, mi hora es tu hora. Sin una palabra, Judas de Iscariote se echó la punta del manto sobre el hombro y, como si lo hubiera engullido la noche, desapareció en la oscuridad.

El Evangelio según Jesucristo, 1991

María Magdalena

En *El Evangelio según Jesucristo*, claro que tenía que aparecer una María Magdalena, pero esta María Magdalena no tiene nada que ver, o muy poco que ver, con lo que tú puedes deducir de los Evangelios. Es la figura de una mujer enamorada hasta los tuétanos y con una fuerza que incluso no es la mía, o que lo es de una forma traspuesta. Por tanto, las historias de amor de mis novelas, en el fondo, son historias de mujeres, el hombre está allí como un ser necesario, a veces importante; es una figura simpática, pero la fuerza es de la mujer.

José Saramago: *El amor posible*, 1998 (incluido en *José Saramago en sus palabras*)

Vi a Jesús resucitado y en el primer momento pensé que aquel hombre era el cuidador del jardín donde se encontraba el túmulo, pero hoy sé que no lo veré nunca desde los altares donde me pusieron, por más altos que sean, por más cerca del cielo que los coloquen, por más adornados de flores y perfumados que estén. La muerte no fue lo que nos separó, nos separó para siempre jamás la eternidad. En aquel tiempo, abrazados el uno al otro, unidas nuestras bocas por el espíritu y por la carne, ni Jesús era lo que de él se proclamaba, ni yo era lo que de mí se zahería. Jesús, conmigo, no fue el Hijo de Dios, y yo, con él, no fui la prostituta María de Magdala, fuimos únicamente este hombre y esta mujer, ambos estremecidos de amor y a quienes el mundo rodeaba como un buitre barruntando sangre. Algunos dijeron que Jesús había expulsado siete demonios de mis entrañas, pero tampoco eso es verdad. Lo que Jesús hizo, sí, fue despertar los siete ángeles que dormían dentro de mi alma a la espera de que él viniera a pedirme socorro: «Ayúdame». Fueron los ángeles quienes le curaron el pie, los que me guiaron las manos temblorosas y limpiaron el pus de la herida, fueron ellos quienes me pusieron en los labios la pregunta sin la que Jesús no podría ayudarme a mí: «¿Sabes quién soy, lo que hago, de lo que vivo?», y él respondió: «Lo sé», «No has tenido nada más que mirar y ya lo sabes todo», dije yo, y él respondió: «No sé nada», y yo insistí: «Que soy prostituta», «Eso lo sé», «Que me acuesto con hombres por dinero», «Sí», «Entonces lo sabes todo de mí», y él, con voz tranquila, como la lisa superficie de un lago murmurando, dijo: «Sé eso sólo». Entonces yo todavía ignoraba que él era el hijo de Dios, ni siquiera imaginaba que Dios tuviera un hijo, pero, en ese instante, con la luz deslumbrante del entendimiento, percibí en mi espíritu que solamente un verdadero Hijo del Hombre podría haber pronunciado esas tres simples palabras: «Sé eso sólo». Nos quedamos mirándonos el uno al otro, ni nos dimos cuenta de que los ángeles se habían retirado ya, y a partir de esa hora, en la palabra y en el silencio, en la noche y en el día, con el sol y con la luna, en la presencia y en la ausencia, comencé a decirle a Jesús quién era yo, y todavía me faltaba mucho para llegar al fondo de mí misma cuando lo mataron. Soy María de Magdala y amé. No hay nada más que decir.

«Un capítulo para el Evangelio», *El último Cuaderno*, 24 de julio de 2009

Jesús

¿Quién es Jesús?
Sabemos que tenía un cuerpo sano y robusto. Todas y cada una de las páginas del evangelio testimonian que Jesús fue un hombre de gran capacidad emprendedora, resistente a la fatiga y realmente robusto. Era fuerte su alma y su cuerpo; el propio Pilatos se sorprende de que haya muerto tan rápido.

Esta fortaleza se confirmaría aún más si damos crédito al santo sudario, que nos ofrece el retrato casi de un gigante por su estatura y fuerza. Es verdad que debemos señalar también el hecho de que los evangelios nunca hacen referencia a ese tamaño, que, de ser el del hombre envuelto en el santo sudario (1,83 metros de altura), habría llamado poderosamente la atención en una población cuya estatura media se acercaba más a 1,60 que a 1,70.

Notas preparatorias para *El Evangelio según Jesucristo*, 1990

Lo que quiero que me digas es cómo vivirán los hombres que vengan después de mí, Te refieres a los que te sigan, Sí, si serán más felices, Más felices, lo que se dice felices, no diría yo tanto, pero tendrán la esperanza de una felicidad allá en el cielo donde yo vivo eternamente, o sea, tendrán la esperanza de vivir eternamente conmigo, Nada más, Te parece poco, vivir con Dios, Poco, mucho o todo, sólo se sabrá después del juicio final, cuando juzgues a los hombres por el bien y por el mal que hayan hecho, pero entretanto vivirás solo en el cielo, Tengo a mis ángeles y a mis arcángeles, Te faltan los hombres, Sí, me faltan, y para que ellos vengan a mí, tú serás crucificado.

El Evangelio según Jesucristo, 1991

Para mí, el núcleo duro de la novela [*El Evangelio según Jesucristo*] es cuando Jesús, a los catorce años, va al templo de Jerusalén para hablar de la culpa y la responsabilidad. No encuentra a nadie importante, sino a un escriba. Jesús, en el libro, hereda la culpa de su padre, que no supo salvar a los niños [en el episodio de la matanza de los inocentes]. Cuando le pregunta al escriba cómo es eso de la culpa, el escriba le responde: «La culpa es un lobo que devora a su padre como devora a su hijo». Es decir, la creencia implica que los hijos heredaron la culpa de sus padres. A partir de un cierto punto, ya no se sabía cuál era la culpa concreta. El sentimiento de culpa, de no saber por qué ni cómo nació, cómo se incrustó en nosotros, es muchísimo peor que la culpa concreta. Entonces, Jesús le pregunta: «¿Tú también has sido devorado?». Y el escriba responde: «No sólo devorado, sino también vomitado». La relación con Dios se produce en términos de culpa, como sucede en el fondo en todo el cristianismo y el judaísmo.

Declaración en el Museo Nacional de Bellas Artes, Buenos Aires, 21 de agosto de 1999

Matias Peres

Dejo aquí las palabras bellísimas y estremecedoras con las que Eliseo Diego habló del portugués Matias Peres:

«Matías Pérez, portugués, toldero de profesión, qué había en los inmensos aires que te fuiste por ellos, portugués, con tanta elegancia y prisa.

»En versos magníficos dijiste adiós a las muchachas de La Habana, y luego, una tarde en que era mucha la furia del tiempo, haciéndole burla a la prudencia, y mientras en el Campo de Marte atronaba la banda militar, te fuiste por el aire arriba, portugués ávido, argonauta, dejando atrás las sombrillas y los pañuelos, más arriba aún, a la región de la soledad transparente.

»¡Qué lejos quedaron las minúsculas azoteas de La Habana, y seis cuerpos tuyos más alto que sus torres y sus palmas, cómo volaban con la furia del viento, portugués, aquella última tarde!

»Y cuando, a la boca del río, habiéndote echado muy abajo aquella misma cólera del aire, te llamaron los pescadores prudentes, gritándote que bajaras, que ellos te buscarían en sus botes, ¿no contestaste, portugués frenético, echando por la frágil borda tus últimos estorbos?

»¡Allá te ibas, Matías Pérez, argonauta, hacia las tristes y plomizas nubes, rozando primero las enormes olas de lo otro eterno, y luego más y más alto, mientras lo tirabas todo por la borda, en tus labios una espuma demasiado amarga!

»¡Audaz, impetuoso portugués, adónde te fuiste con aquella desasida impaciencia mar adentro, dejándonos sólo esta expresión de irónico desencanto y criolla tristeza: se fue como Matías Pérez!

»Huyendo raudo hacia una gloria transparente en demasía, hacia una gloria de puros aires de nada, por la que fue perdiéndose tu globo como una nubecilla de nieve, como una gaviota ya inmóvil, como un punto ya él mismo transparente: ¡se fue como Matías Pérez!».

¿Otro Bartolomeu de Gusmão? ¿Un Baltasar Sietesoles sin esperanza de Blimunda en la tierra o que, habiéndola perdido, fue a buscarla donde sabía que ella no podría estar, pero igualmente yendo por ella? Matias Peres, Matias Peres, ¿quién eres tú?

Cuadernos de Lanzarote, 23 de abril de 1994

Pedí hace tiempo a Roberto Fernández Retamar que me informase sobre aquel famoso Matias Peres que, un día, según contó Eliseo Diego, desapareció en los aires de La Habana para siempre, volando en un globo que él mismo había construido. Quería saber el cómo y el cuándo de tan apetecible historia, pero ahora viene Retamar diciéndome que no sabe nada concreto, que probablemente no pasará de una leyenda sin fundamento real. Me niego a creerlo. La manera como Eliseo relata el episodio no sugiere que se trate de mero capricho poético, de desenfadado aprovechamiento de una historieta nacida sin padre ni madre y, sobre todo, sin protagonista, la idealización, por ventura, de un Matias Peres cualquiera, portugués o no, desaparecido menos heroicamente. El explícito pormenor de la nacionalidad, cuando en La Habana no abundarían ciertamente portugueses, es lo que me hace pensar que este hombre existió. Roberto prometió que averiguaría. Vamos a ver. ¿Quién sabe si no iré a Cuba a descubrir el misterio de Matias Peres? ¿O si no tendré que inventarlo de los pies a la cabeza?

Cuadernos de Lanzarote, 24 de mayo de 1994

La mujer del médico

Es HERMANA GEMELA de Blimunda. La otra ve lo que no se ve, ve a través de la piel, y ésta ve el mundo que verían los demás si no fuesen ciegos. Y es una mujer dotada de una cierta sabiduría, no tan misteriosa como Blimunda, pero es la sabiduría de la mujer madura que es la única que ve y que sabe que también puede quedarse ciega en cualquier momento. Y puede desear quedarse ciega por no aguantar los horrores que tiene que ver.

Expresso, 28 de octubre de 1995

LA VOZ INESPERADA sobresaltó a los recién llegados, pero los dos hombres continuaron callados, quien respondió fue la joven, Creo que somos cuatro, estamos este niño y yo, Quién más, por qué no hablan los otros, preguntó la mujer del médico, Estoy yo, murmuró, como si le costase pronunciar las palabras, una voz de hombre, Y yo, rezongó a su vez, contrariada, otra voz masculina. La mujer del médico dijo para sí, Se comportan como si temieran darse a conocer el uno al otro. Los veía crispados, tensos, el cuello en alto como si olfateasen algo, pero, curiosamente, las expresiones eran semejantes, una mezcla de amenaza y de miedo, pero el miedo de uno no era el mismo que el miedo del otro, como tampoco lo eran las amenazas. Qué habrá entre ellos, pensó.

De pie, la mujer del médico miraba a los dos ciegos que discutían, notó que no hacían gestos, que casi no movían el cuerpo, muy rápido han aprendido que sólo la voz y el oído tienen ahora alguna utilidad, cierto es que no les faltaban brazos, que podían pegarse, luchar, llegar a las manos, como suele decirse, pero un cambio de cama no era para tanto, que todos los errores de la vida fuesen como éste, bastaba con que se pusieran de acuerdo, La dos es la mía, la suya es la tres, que quede claro, Si no fuéramos ciegos, no habría ocurrido esto, Tiene razón, lo malo es que somos ciegos. La mujer del médico le dijo al marido, El mundo está todo aquí dentro.

Ensayo sobre la ceguera, 1995

EL COMISARIO prefería pensar cosas tan tranquilizadoras como éstas, Pero yo no tengo ningún motivo para sentir miedo, hago mi trabajo, cumplo las órdenes que recibo, sin embargo, en el fondo de su conciencia, sabía que no era así, que no estaba cumpliendo esas órdenes porque no creía que la mujer del médico, por el hecho de no haber perdido la visión hace cuatro años, fuera ahora culpable de que hubiera votado en blanco el ochenta y tres por ciento del censo electoral de la capital, como si la primera singularidad la convirtiera automáticamente en responsable de la segunda.

Ensayo sobre la lucidez, 2004

Don José

IMAGINÉ un funcionario del Registro Civil (un Raimundo Silva más insignificante) que tiene la manía de copiar los datos de nacimiento de las personas famosas, organizando para sí mismo un fichero particular, un archivo personal que guarda en su casa. Cierto día, un impulso (uno más) le induce a copiar el registro de alguien de quien no sabe nada (una mujer desconocida), sólo porque está a continuación de una persona célebre. Partiendo de los simples datos de la partida, decide investigar la vida de esa persona.

Cuadernos de Lanzarote, 6 de enero de 1997

ADEMÁS del nombre propio de José, don José también tiene apellidos, de los más corrientes, sin extravagancias onomásticas, uno por parte de padre, otro por parte de madre, según la norma, legítimamente transmitidos, como podríamos comprobar en el registro de nacimiento existente en la Conservaduría si la sustancia del caso justificase el interés y si el resultado de la averiguación compensara el trabajo de confirmar lo que ya se sabe.

Personas así, como este don José, se encuentran en todas partes, ocupan el tiempo que creen que les sobra de la vida juntando sellos, monedas, medallas, jarrones, postales, cajas de cerillas, libros, relojes, camisetas deportivas, autógrafos, piedras, muñecos de barro, latas vacías de refrescos, angelitos, cactos, programas de ópera, encendedores, plumas, búhos, cajas de música, botellas, bonsáis, pinturas, jarras, pipas, obeliscos de cristal, patos de porcelana, muñecos antiguos, máscaras de carnaval, lo hacen probablemente por algo que podríamos llamar angustia metafísica, tal vez porque no consiguen soportar la idea del caos como regidor único del universo, por eso, con sus débiles fuerzas y sin ayuda divina, van intentando poner algún orden en el mundo, durante un tiempo lo consiguen, pero sólo mientras pueden defender su colección, porque cuando llega el día en que se dispersa, y siempre llega ese día, o por muerte o por fatiga del coleccionista, todo vuelve al principio, todo vuelve a confundirse.

Todos los nombres, 1997

Premio Nobel

FELICITACIONES de Jorge Amado y Zélia por los premios [The Independent Foreign Fiction Award y Prémio Vida Literária de la Asociación Portuguesa de Escritores]. Que otros vendrán, aún mayores, añaden, aludiendo a lo que consta haber sido dicho por Torrente Ballester: que uno de estos días me llegará una llamada telefónica de Estocolmo. [...] Si esta gente cree realmente en lo que dice, ¿por qué tengo yo tanta dificultad en creérmelo? ¿Alguna vez se vio un Nobel después de otro Nobel? ¿Vivir con Pilar y llamarme Estocolmo? ¿Será lo imposible posible?
Cuadernos de Lanzarote, 7 de agosto de 1993

¿QUIERES SABER, querido Jorge, lo que pienso? Que deberían darnos el Nobel en conjunto, a ti y a mí, claro, la mitad para cada uno. No habría mejor solución.
Carta a Jorge y Zélia, 14 de octubre de 1994

ESTE AÑO, si te hubiesen dado el Nobel, no te escribiría esta carta. Por pura vergüenza. Hace más o menos diez años recibí una carta tuya proponiéndome que te representase. Esa carta se quedó en mi mesa del segundo piso cuando nos estábamos mudando. Un tiempo después se empezó a hablar de ti en todas partes y yo me decía a mí misma: «Tienes una carta del autor por responder». Este verano, en que tuve el placer de pasar momentos encantadores contigo y con tu mujer, me sentí fatal y quería que lo supieses. En octubre pasado me decía: «No has escrito a Saramago y ahora le van a dar el Nobel». Echo esta carta al correo y ya podré llenarte de flores cuando te den el Nobel. Espero tener la oportunidad de disfrutar de vuestra amistad y compañía en el futuro.
Carta de la agente literaria Carmen Balcells, 25 de enero de 1994

Premio Nobel de Literatura 1998

«que, con parábolas portadoras de imaginación, compasión e ironía hace constantemente comprensible una realidad huidiza».

El portugués José Saramago cumple setenta y seis años de edad en noviembre. Es un prosista proveniente de la clase trabajadora que sólo ha alcanzado la celebridad cumplidos los sesenta años. Desde entonces, ha alcanzado la notoriedad y ha visto su obra frecuentemente traducida. Actualmente vive en las islas Canarias.

El polifacético arte novelesco obstinadamente creado por José Saramago le confiere un alto estatuto. Con toda independencia, Saramago invoca la tradición que, de algún modo, en el contexto actual, puede ser clasificada como radical. Su obra literaria se presenta como una serie de proyectos donde uno, más o menos, desaprueba al otro, pero donde todos representan nuevos intentos de acercarse a la huidiza realidad.

Academia Sueca, comunicado de prensa, 8 de octubre de 1998

Sentí que a través de mí se distinguía la lengua portuguesa hablada en toda la lusofonía.

A Capital, 9 de octubre de 1998

Quien me anunció que había ganado el Nobel fue una azafata de Lufthansa. [...] Y yo no recuerdo ningún otro momento de mi vida en que haya sentido eso: la soledad agresiva. Estaba ahí solo, un señor con su abrigo y su maletita, con la que había ido a Frankfurt por dos días para una conferencia, y volvía un señor cuya vida había cambiado totalmente en ese instante. Iba andando y murmurando palabras, hablaba un poco conmigo mismo, y me decía: «Tengo el Premio Nobel, ¿y qué?».

El Universal, 2 de diciembre de 2006

Aquí la gente me para por la calle para darme las gracias, para felicitarme, Lisboa está llena de carteles que dicen «Enhorabuena, José Saramago», el país va camino de transformarme en símbolo... Como dije en la conferencia de prensa en Frankfurt, «no nací para esto»...

Carta a Ray-Güde Mertin, 24 de octubre de 1998

En este momento desearía tener un año más para que el Premio Nobel fuese otro y yo pudiese descansar lejos del mundo, con el teléfono descolgado y una ametralladora en la puerta para fusilar al cartero... Estoy agotado, nervioso, con trabajo suficiente para diez personas, y no tengo más que las veinticuatro horas al día de todo el mundo...

Carta a Ray-Güde Mertin, 20 de noviembre de 1998

Un día después del anuncio del Premio Nobel de Literatura, José Saramago espera en el aeropuerto de Frankfurt el avión que lo llevará a Madrid; el autor, horas más tarde, en la sede de Alfaguara

Detalle de la primera página del discurso en la Academia Sueca el día 7 de diciembre de 1998

Alguien no está cumpliendo su deber. No lo están cumpliendo los Gobiernos, ya sea porque no saben, ya sea porque no pueden, ya sea porque no quieren. O porque no se lo permiten aquellos que efectivamente gobiernan, las empresas multinacionales y pluricontinentales cuyo poder, absolutamente no democrático, ha reducido a una cáscara sin contenido lo que todavía quedaba del ideal de la democracia. Pero tampoco estamos cumpliendo con nuestro deber los ciudadanos que somos. Pensamos que ningún derecho humano podrá subsistir sin la simetría de los deberes que le corresponden y que no es de esperar que los Gobiernos realicen en los próximos cincuenta años lo que no han hecho en estos que conmemoramos. Tomemos entonces, nosotros, ciudadanos comunes, la palabra. Con la misma vehemencia y la misma fuerza con que reivindicamos nuestros derechos, reivindiquemos también el deber de nuestros deberes. Tal vez así el mundo comience a ser un poco mejor.

Discurso pronunciado durante el banquete del Premio Nobel, 10 de diciembre de 1998

Esto de ser premio Nobel es un poco como ser Miss Universo, mientras no venga la miss siguiente, la elegida tendrá un año complicadísimo. Las peticiones son muchísimas, las invitaciones no cesan, no se puede decir que sí a todas y no se debe decir que no a todas.

Entrevista a la RTP, Rádio Televisão de Portugal, 3 de diciembre de 1998

Congreso sobre cómo vivir bien, congreso sobre cómo morir bien: me invitan a esto. Congreso de psicoanalistas en Jerusalén, congreso de economistas preocupados por el futuro: me invitan a esto con la idea de que el Premio Nobel tiene la respuesta para todo. El pobre. Lo que ocurre es que hay una especie de superstición, como si el Premio Nobel, de repente, significase una beatificación. Hay ocasiones en que no puedo oírme a mí mismo.

Bravo!, junio de 1999

Estocolmo nevado, fotografiado por el autor, diciembre de 1998; banquete del Premio Nobel en el Concert Hall para 1.800 invitados

Cipriano Algor

En Brasil, entre los compromisos de la presentación de *Todos los nombres*, hicimos (Pilar, mi editor brasileño, Luiz Schwarcz, y yo) un descanso para visitar un museo de arte popular, instalado en un sitio llamado Pontal, a tres cuartos de hora de Río de Janeiro. Son miles de «muñecos» de todo Brasil, una colección verdaderamente asombrosa reunida por un francés, creo que un francés, en más de treinta años de búsquedas; no sé qué daría por ser el dueño de una pequeña parte de aquello... Pues bien, al oír a Luiz Schwarcz, que estaba apartado de mí, decir de dos muñecos que yo no podía ver desde donde estaba: «Esto podría ser el inicio de una novela de Saramago...», los muñecos que yo mismo observaba en otra vitrina hicieron nacer en mi cabeza otra idea: una Alfarería como contrapunto de El Centro. Y también pensé llamarla *La corporación*. Pero después volvía a *La caverna*.

Jornal de Letras, 15 de noviembre de 2000

La ominosa visión de las chimeneas vomitando chorros de humo le indujo a preguntarse en qué estúpida fábrica de ésas se estarían produciendo las estúpidas mentiras de plástico, las alevosas imitaciones del barro, Es imposible, murmuró, ni en sonido ni en peso se pueden igualar, y además está la relación entre la vista y el tacto que leí no sé dónde, la vista que es capaz de ver por los dedos que están tocando el barro, los dedos que, sin tocar, consiguen sentir lo que los ojos están viendo. Y, como si esto no fuese tormento suficiente, también se interrogó Cipriano Algor, pensando en el viejo horno de la alfarería, cuántos platos, fuentes, tazas y jarras por minuto escupirían las malditas máquinas, cuántas cosas para sustituir botijos y damajuanas. El resultado de estas y de otras preguntas que no quedaron registradas ensombreció otra vez el semblante del alfarero, y a partir de ahí, el resto del camino fue, todo él, un continuo cavilar sobre el futuro difícil que esperaba a la familia Algor si el Centro persistía en la nueva valoración de productos, cuya primera víctima fuera tal vez la alfarería.

La caverna, 2000

Tertuliano Máximo Afonso

Tertuliano Máximo Afonso, el dedo de la mano que sostenía el mando a distancia apretó veloz el botón de pausa, sin embargo la imagen ya se había ido, es lógico que no se gaste película inútilmente en un actor, figurante o poco más, que sólo entra en la historia al cabo de veinte minutos. Rebobinó la cinta, pasó otra vez por la cara del recepcionista, la mujer joven y guapa volvió a entrar en el hotel, volvió a decir que se llamaba Inés de Castro y que tenía una reserva, ahora sí, aquí está, la imagen fija del recepcionista mirando de frente a quien le miraba a él. Tertuliano Máximo Afonso se levantó del sillón, se arrodilló delante del televisor, la cara tan pegada a la pantalla como le permitía la visión, Soy yo, dijo, y otra vez sintió que se le erizaba el pelo del cuerpo, lo que allí se veía no era verdad, no podía ser verdad, cualquier persona equilibrada que estuviera presente por casualidad lo tranquilizaría, Qué idea, querido Tertuliano, tenga la bondad de observar que él usa bigote y usted tiene la cara rasurada. Las personas equilibradas son así, acostumbran a simplificarlo todo, y después, pero siempre demasiado tarde, las vemos asombrándose de la copiosa diversidad de la vida, entonces se acuerdan de que los bigotes y las barbas no tienen voluntad propia, crecen y prosperan cuando se les permite, a veces también por pura indolencia del portador, pero, de un instante a otro, porque cambia la moda o porque la pilosa monotonía se vuelve molesta ante el espejo, desaparecen sin dejar rastro.

El hombre duplicado, 2002

Muerte

Señor director general de la televisión nacional, estimado señor, para los efectos que las personas interesadas estimen convenientes le informo de que a partir de la medianoche de hoy se volverá a morir tal como sucedía, sin protestas notorias, desde el principio de los tiempos y hasta el día treinta y uno de diciembre del año pasado, debo explicarle que la intención que me indujo a interrumpir mi actividad, la de parar de matar, a envainar la emblemática guadaña que imaginativos pintores y grabadores de otros tiempos me pusieron en la mano, fue ofrecer a esos seres humanos que tanto me detestan una pequeña muestra de lo que para ellos sería vivir siempre, es decir, eternamente, aunque, aquí entre nosotros dos, señor director general de la televisión nacional, tenga que confesarle mi total ignorancia acerca de si las dos palabras, siempre y eternamente, son tan sinónimas cuanto en general se cree, ahora bien, pasado este periodo de algunos meses que podríamos llamar de prueba de resistencia o de tiempo gratuito y teniendo en cuenta los lamentables resultados de la experiencia, ya sea desde un punto de vista moral, es decir, filosófico, ya sea desde un punto de vista pragmático, es decir, social, he considerado que lo mejor para las familias y para la sociedad en su conjunto, tanto en sentido vertical, como en sentido horizontal, es hacer público el reconocimiento de la equivocación de que soy responsable y anunciar el inmediato regreso a la normalidad, lo que significa que a todas aquellas personas que ya deberían estar muertas, pero que, con salud o sin ella, han permanecido en este mundo, se les apagará la candela de la vida cuando se extinga en el aire la última campanada de la medianoche, nótese que la referencia a la campanada de la medianoche es meramente simbólica, no vaya a ser que a alguien se le pase por la cabeza la idea estúpida de parar los relojes de los campanarios o de quitarles el badajo a las campanas pensando que de esa manera detendría el tiempo y podría contradecir lo que es mi decisión irrevocable, esta de devolver el supremo miedo al corazón de los hombres, la mayor parte de las personas que antes se encontraban en el estudio ya había desaparecido, y las que todavía quedaban cuchicheaban unas con otras, sus murmullos siseaban sin que al realizador, él mismo con la boca abierta de puro pasmo, se le ocurriera mandar callar con ese gesto furioso que era su costumbre usar en circunstancias obviamente mucho menos dramáticas, luego resígnense y mueran sin discutir porque de nada les valdría, sin embargo, hay un punto en que siento que tengo la obligación de reconocer mi error, y tiene que ver con el injusto y cruel procedimiento que venía siguiendo, que era quitarles la vida a las personas a traición, sin aviso previo, sin decir agua va, comprendo que se trataba de una indecente brutalidad, cuántas veces no di tiempo ni siquiera para que hicieran testamento, es cierto que en

la mayoría de los casos les mandaba una enfermedad que abriera camino, pero las enfermedades tienen algo curioso, los seres humanos siempre esperan librarse de ellas, de modo que ya cuando es demasiado tarde acaban sabiendo que ésa iba a ser la última, en fin, a partir de ahora todo el mundo estará prevenido de la misma manera y tendrá un plazo de una semana para poner en orden lo que todavía le queda de vida, hacer testamento y decir adiós a la familia, pidiendo perdón por el mal hecho o haciendo las paces con el primo con el que estaba de relaciones cortadas desde hace veinte años, dicho esto, señor director general de la televisión nacional, sólo me queda pedirle que haga llegar hoy mismo a todos los hogares del país este mi mensaje autógrafo, que firmo con el nombre con que generalmente se me conoce, muerte.

Señor director, escribía, yo no soy la Muerte, soy simplemente la muerte, la Muerte es algo que ni por sombra les puede pasar por la cabeza qué es, ustedes, los seres humanos, sólo conocen, tome nota el gramático de que yo también lo sabría por ustedes, los seres humanos, sólo conocen esta pequeña muerte cotidiana que soy, esta que hasta en los peores desastres es incapaz de impedir que la vida continúe, un día llegarán a saber qué es la Muerte con letra mayúscula, en ese momento, si ella, improbablemente, les diese tiempo para eso, comprenderían la diferencia real que existe entre lo relativo y lo absoluto, entre lo lleno y lo vacío, entre el ser todavía y el no ser ya, y cuando hablo de diferencia real me refiero a algo que las palabras jamás podrán expresar, relativo, absoluto, lleno, vacío, ser todavía, no ser ya, qué es esto, señor director, porque las palabras, si no lo sabe, se mueven mucho, cambian de un día a otro, son inestables como sombras, sombras ellas mismas, que tanto están como dejan de estar, pompas de jabón, caracolas que apenas dejan oír la respiración, troncos cortados, ahí le dejo la información, es gratuita, no cobro nada por ella, entretanto preocúpese en explicarles bien a sus lectores los cómos y los porqués de la vida y de la muerte, y ya puestos, regresando al objetivo de esta carta, escrita, tal como la que fue leída en la televisión, de mi puño y letra, lo invito instantemente a cumplir las honradas disposiciones de la ley de prensa que manda rectificar en el mismo lugar y con la misma valorización gráfica el error, la omisión o el lapso cometidos, arriesgándose en este caso usted, si esta carta no es publicada en su integridad, a que yo le despache, mañana mismo, con efectos inmediatos, el aviso previo que no tengo reservado para usted hasta dentro de algunos años, no le diré cuántos para no amargarle el resto de la vida, sin otro asunto, se suscribe con la atención debida, muerte.

Las intermitencias de la muerte, 2005

Artur Paz Semedo

Interpelado por periodistas portugueses sobre la venta de armas a Indonesia, Felipe González respondió que no veía en esas provisiones ninguna contradicción con la importancia que los derechos humanos tienen para España... Como si estuviese diciendo al pueblo de Timor: «Vosotros tenéis el derecho de vivir y yo tengo el derecho de vender las armas con que os matan». Probablemente el lenguaje de los políticos es el único real, y nosotros, los que continuamos soñando con una vida de dignidad, no pasamos de unos pobres idiotas...

Cuadernos de Lanzarote, 19 de noviembre de 1994

¿Por qué no hay huelgas en la industria de armamento? Admito que pueda haber una huelga por reivindicaciones salariales, condiciones de trabajo, pero no una huelga en que la gente, los obreros, dijeran no, no construimos armas. Estamos haciendo armas que van a matar personas y no estamos de acuerdo, se acabó. El tema es ése, las armas, quien las hace, quien las trafica y quien pierde la vida por el uso de las armas que están por todas partes.

Presentación de *Caín*, Madrid, 3 de noviembre de 2009

El hombre se llama artur paz semedo y trabaja desde hace casi veinte años en el servicio de facturación de armamento ligero y municiones de una histórica fábrica de armas conocida por la razón social de producciones belona s. a., que era el nombre, conviene aclararlo ya, pues son poquísimas las personas que se interesan por estos saberes inútiles, de la diosa romana de la guerra.

Perdonen, ya debería haberme presentado, me llamo artur paz semedo y soy el responsable de facturación de armas ligeras y municiones.

Alabardas, alabardas, espingardas, espingardas, 2014 (2010)

Como un manual de traducción de sonidos, percepciones e indignaciones. La historia de Artur Paz Semedo supone una revelación para el lector más distraído, para la lectora más atenta, para el erudito más riguroso, para el filólogo más cínico. Es una orquesta de revelaciones. En Artur las revelaciones que he visto son las de todos los hombres y mujeres que se han defendido de la idiotez al darse cuenta de haber comprendido los dos caminos que existen: quedarse aquí, soportando la vida, charlando con ironía, tratando de acumular algo de dinero y algo de familia y poco más, o bien otra cosa. ¿Otra cosa? Sí, otra cosa precisamente. Otro camino. Estar dentro de las cosas. Dentro de Artur Paz Semedo está el meollo dorado ya expresado en *Ensayo sobre la ceguera*: «Siempre llega un momento en que no hay más remedio que arriesgarse».

Roberto Saviano, posfacio para *Alabardas, alabardas, espingardas, espingardas*, 2014 (2010)

Salomón y Subhro

Fue notorio el placer del elefante. El agua y los refriegues del cepillo debían de haberle despertado algún agradable recuerdo, un río en la india, un tronco de árbol rugoso, y la prueba está en que durante todo el tiempo que duró el lavado, una media hora bien contada, no se movió de donde estaba, firme en sus potentes patas, como si hubiera sido hipnotizado. Conocidas como son las excelsas virtudes de la higiene corporal, no sorprendió que en el lugar donde estuvo un elefante apareciera otro. La suciedad que lo cubría antes y que apenas dejaba verle la piel se había esfumado bajo el ímpetu combinado del agua y del cepillo, y salomón se exhibía ahora ante las miradas en todo su esplendor. Bastante relativo, si lo miramos bien. La piel del elefante asiático, y éste es uno de ellos, es gruesa, de color medio ceniza medio café, salpicada de manchas y pelos, una permanente decepción para él mismo, a pesar de los consejos de la resignación, que siempre le indicaba que debía contentarse con lo que era, y diese gracias a vishnú.

No es imposible que, al menos una vez, aparezca un elefante, y que ese elefante traiga sobre la nuca un cornaca llamado subhro, nombre que significa blanco, palabra esta totalmente desajustada con la figura que, a la vista del rey de portugal y de su secretario de estado, se presentó en el cercado de belén.

Y tú, cornaca, qué demonios vas a hacer tú con el elefante en viena, Probablemente lo mismo que en lisboa, nada importante, respondió subhro, le darán muchas palmas, saldrá mucha gente a la calle, y después se olvidarán de él, así es la ley de la vida, triunfo y olvido, No siempre, A los elefantes y a los hombres siempre, aunque de los hombres yo no deba hablar, no dejo de ser un hindú en tierra que no es suya, pero, por lo que sé, sólo un elefante ha escapado de esta ley, Qué elefante es ése, preguntó uno de los hombres de carga, Un elefante que estaba moribundo y al que le cortaron la cabeza después de muerto, Entonces acabó todo ahí, No, colocaron la cabeza en el cuello de un dios que se llamaba ganesh y que estaba muerto. Háblanos de ese tal ganesh, dijo el comandante, Comandante, la religión hinduista es muy complicada, sólo un hindú está capacitado para entenderla y ni siquiera todos lo consiguen, Creo recordar que me dijiste que eres cristiano, Y yo recuerdo haberle respondido, más o menos, mi comandante, más o menos, Qué quiere decir eso en realidad, eres o no eres cristiano, Me bautizaron en la india cuando era pequeño, Y luego, Luego, nada, respondió el cornaca encogiéndose de hombros.

Subhro se detiene ante el archiduque, y aguarda las preguntas. Cómo te llamas, fue, como era más que previsible, la primera, Mi nombre es subhro, mi señor, Sub, qué, Subhro, mi señor, ése es mi nombre, Y significa algo ese tu nombre, Significa blanco, mi señor, En qué lengua, En bengalí, mi señor, una de las lenguas de la india. El archiduque se quedó en silencio durante algunos segundos, después preguntó, Eres natural de la india, Sí, mi señor, fui a portugal con el elefante, hace dos años, Te gusta tu nombre, No lo elegí, fue el nombre que me dieron, mi señor, Escogerías otro, si pudieras, No lo sé, mi señor, nunca he pensado en eso, Qué dirías tú si yo te hiciese cambiar de nombre, Vuestra alteza habría de tener una razón, La tengo. Subhro no respondió, demasiado bien sabía que no está permitido dirigirles preguntas a los reyes, ése puede ser el motivo por el que siempre ha sido difícil, y a veces incluso imposible, obtener una respuesta para las dudas y las perplejidades de sus súbditos. Entonces el archiduque maximiliano dijo, Tu nombre es trabajoso de pronunciar, Ya me lo habían dicho, mi señor, Estoy seguro de que en viena nadie lo entendería, El mal será mío, mi señor, Pero ese mal tiene remedio, pasarás a llamarte fritz, Fritz, repitió con voz dolorida subhro, Sí, es un nombre fácil de retener, además hay ya una cantidad enorme de fritz en austria, tú serás uno más, pero el único con un elefante, Si vuestra alteza me lo permite, yo preferiría seguir con mi nombre de siempre, Ya lo he decidido, y quedas avisado de que me enfadaré contigo si vuelves a pedírmelo, métete en la cabeza que tu nombre es fritz y ningún otro, Sí, mi señor.

El viaje del elefante, 2008

lazos/
personas

Josefa y Jerónimo

Mis abuelos —y cuando hablo de mis abuelos me refiero siempre a los padres de mi madre, porque a los de mi padre casi no los conocí— tampoco es que estuvieran todo el tiempo abrazados a mí. Mi abuela no me besaba con locura y mi abuelo era un hombre muy callado, tan callado que, cada vez que hablaba, toda la gente se quedaba expectante porque el abuelo iba a hablar. Pero son ellos, si hablo de los faros de mi infancia, son ellos, mucho más que mi padre y que mi madre, quienes influyeron en mí. Los recuerdos de mi niñez son mucho más los recuerdos del pueblo. Las sensaciones que tienes marcadas profundamente son, en mi caso, las del pueblo más que las de Lisboa con mis padres.

José Saramago: *El amor posible*, 1998 (incluido en *José Saramago en sus palabras*)

Aquellos dos pastores, ambos analfabetos, inteligentes, buenas personas, que sabían poco, pero sabían todo lo que necesitaban, conocían unos pocos cientos de palabras, pero que eran las que necesitaban.

Jornal de Letras, 16 de enero de 2003

Hoy creo que, para mí, mis abuelos representaban la propia tierra, el humus, los olores primordiales (acerco la nariz a la manga de la camisa de mi abuelo y siento ese olor), la lluvia y la aridez, el calor y el frío. De cualquier modo, ellos fueron los intermediarios entre el mundo y yo.

La Repubblica, 23 de junio de 2007

Tienes noventa años. Estás vieja, dolorida. Me dices que fuiste la muchacha más hermosa de tu tiempo, y yo lo creo. No sabes leer. Tienes las manos gruesas y deformadas, los pies como acortezados. Cargaste en la cabeza toneladas de leña y de haces, albuferas de agua. Viste nacer el sol todos los días. Con el pan que has amasado podría hacerse un banquete universal. Criaste personas y ganado, metiste a los lechones en tu cama cuando el frío amenazaba con helarlos. Me contaste historias de apariciones y hombres-lobo, viejas cuestiones de familia, un crimen de muerte. Viga maestra de tu casa, fuego de tu hogar: siete veces quedaste grávida, siete veces pariste.

«Carta a Josefa, mi abuela», *De este mundo y del otro*, 1971

Recuerdo ahora aquella noche tibia de verano cuando dormimos, los dos, bajo la higuera; lo oigo hablar aún de lo que había sido su vida, del Camino de Santiago que sobre nuestras cabezas resplandecía (cuántas cosas sabía él del cielo y de las estrellas), del ganado que lo conocía, de las historias y leyendas que eran su caudal de la infancia remota. Nos dormimos tarde, enrollados en la manta lobera, porque al amanecer refrescaría sin duda y el rocío no caía sólo sobre las plantas.

Pero la imagen que no me abandona es la del viejo que avanza bajo la lluvia, obstinado y silencioso, como quien cumple un destino en el que nada se puede modificar. A no ser la muerte. Pero, entonces, este viejo, que es mi abuelo, no sabe aún cómo va a morir. Aún no sabe que pocos días antes de su último día va a tener la premonición (perdona la palabra, Jerónimo) de que ha llegado el fin. E irá, de árbol en árbol de su huerto, abrazando los troncos, despidiéndose de ellos, de los frutos que no volverá a comer, de las sombras amigas. Porque habrá llegado la gran sombra, mientras la memoria no lo haga resurgir en el camino encharcado o bajo la concavidad del cielo y la interrogación de las estrellas. Sólo esto... y también el gesto que de repente me pone en pie y la urgencia de la orden que llena el cuarto tibio donde escribo.

«Mi abuelo, también», *De este mundo y del otro*, 1971

Maria da Piedade y José de Sousa

Aniversario

Padre, que no conocí (pues conocer no es
Este engaño de días paralelos,
Este tocar de cuerpos distraídos,
Estas palabras vagas que disfrazan
El muro infranqueable):
Ya nada me dirás, y no pregunto.
Miro en silencio la sombra invocada
Y acepto el futuro.

Los poemas posibles, 1966

Veo ahora a mis padres en esta fotografía de hace más de cincuenta años, hecha cuando mi padre había vuelto ya de la guerra —la que quedó para siempre como la Gran Guerra— y mi madre estaba encinta de mi hermano, muerto niño, del garrotillo. Están de pie los dos, bellos y jóvenes, cara al fotógrafo, con un aire de solemne gravedad que es, quizá, temor ante la máquina que fija la imagen imposible de retener sobre los rostros así preservados. Mi madre asienta el codo derecho en una columna, y sostiene una flor con la mano izquierda, caída a lo largo del cuerpo. Mi padre pasa el brazo tras la espalda de mi madre, y su mano callosa aparece sobre el hombro de ella como si fuese un ala.

«Retrato de antepasados», *Las maletas del viajero*, 1973

Francisco de Sousa

Tengo un vago recuerdo de que, en un sótano, había una ventana encima de una cómoda, y veía a mi hermano subiendo hasta ella usando los cajones: un cajón abierto, otro menos abierto para subir. Es una imagen así, muy difusa, pero no tengo la más mínima idea de cómo era.
Jornal de Letras, 26 de marzo de 1997

Cuando aparecí en Azinhaga, ya habitaba la casa donde comencé la vida un niño llamado Francisco, nacido dos años antes. El pobre murió poco tiempo después, por eso no llegué a sentir su falta, sobre todo cuando la familia, después, casi dejó de hablar de él: mi padre nunca, mi madre sólo para decirme, en ocasiones que yo creía mal escogidas, que Chico tenía las mejillas coloradísimas, al contrario de las mías, que siempre tiraban a la palidez. No esperaba que este remoto y olvidado hermano se me apareciera de repente en las primeras líneas del *Libro de las tentaciones* (y debería haberlo pensado porque, verdaderamente, era, como se dice ahora, incontrovertible...), impidiéndome seguir adelante mientras no dejara en el relato noticia de su corta vida. Entonces me di cuenta de que no sabía nada de él, ni siquiera las simples fechas de su comienzo y de su acabar.

Pedí por lo tanto a la Conservaduría del Registro Civil de Golegã una copia del certificado de nacimiento, que ahora acabo de encontrar en casa, en medio de la correspondencia de un mes... Me temblaron las manos y creo que se me nublaron un poco los ojos, cuando comencé a leer el papel.

En la columna de las anotaciones, a la izquierda, tendría que estar lo que me faltaba por saber: la fecha de su muerte. Tendría que estar, pero no estaba. Bajo el nombre de Francisco de Sousa, todas las líneas se encontraban en blanco, Francisco de Sousa no tuvo vida ni muerte. Y sin embargo, sé que murió, que murió de difteria, popularmente llamada garrotillo, en el Instituto Câmara Pestana, como mi madre siempre recordaba, después de insistir, una vez más, en que Chico tenía las mejillas tan coloradas, que eran como manzanas. Supongo que

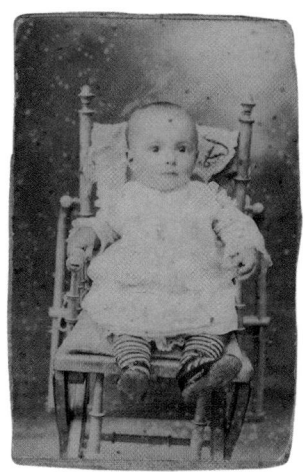

todavía será posible encontrar el registro de este nombre y de esta muerte en los viejos archivos del Instituto, pero me pregunto si no sería preferible dejar las cosas como están, aquellas líneas para siempre blancas, como si el destino me hubiese dado un hermano inmortal...
Cuadernos de Lanzarote, 18 de junio de 1996

La cuestión que ahora debería resolver es si informo a la Conservaduría de Azinhaga de la muerte de mi hermano, para que actualicen sus registros, o si, por el contrario, dejo las cosas como están, esperando que dentro de doscientos o trescientos años un funcionario del Registro Civil se pregunte y pregunte a los colegas de trabajo: «¿Qué le pasa a este hombre que ya tiene trescientos cincuenta y cuatro años y que no se muere nunca?».
De la estatua a la piedra, 1997

Francisco murió el día 22 de diciembre [de 1924], a las cuatro de la tarde, y fue enterrado en el cementerio de Benfica el día 24, casi a la misma hora (triste Navidad fue aquélla para mis padres). La historia de Francisco, sin embargo, no se acaba aquí. Sinceramente, pienso que la novela *Todos los nombres* quizá no hubiera llegado a existir tal como la podemos leer si, en 1966, no hubiese andado tan enfrascado en lo que pasa dentro de los registros civiles...
Las pequeñas memorias, 2006

Deolinda

Desde aquella terraza, tiempo después, mantuve un noviazgo con una muchachita de nombre Deolinda, dos o tres años mayor que yo, que vivía en un edificio de una calle paralela, la Travessa do Calado, cuyas traseras daban a las de mi casa. Hay que aclarar que noviazgo, lo que entonces se llamaba noviazgo, de los de petición formal y promesas para durar más o menos («¿Quieres ser mi novia?», «Vale, si vas en serio»), eso no llegó a pasar. Nos mirábamos mucho, nos hacíamos señales, conversábamos de terraza a terraza sobre los patios respectivos y las cuerdas de la ropa, pero nada más avanzado en materia de compromisos. Tímido, retraído, como era mi carácter, fui algunas veces a su casa (vivía, creo recordar, con unos abuelos), decidido al mismo tiempo a todo o a lo que fuera posible. El todo acabaría en nada. Ella era muy linda, de carita redonda.

Las pequeñas memorias, 2006

Señor Raul

Se trataba de un documental sobre la ciudad, sobre sus transformaciones, o metamorfosis, como insistió en precisar Jürgen Wilcke, el realizador. Se pretendía que el escritor hablase de su relación con Lisboa, de los sitios donde vivió, de la presencia de la ciudad en su obra. [...] La suerte nos esperaba en las personas de doña Irene y el señor Manuel, en la tienda de ultramarinos de barrio que es su pan de cada día, pero sobre todo en la figura del señor Raul, mi antiguo vecino, un simpático y sonriente viejo de noventa y ocho años que dejó a los alemanes locos de alegría cuando les mostró una fotografía de la época en que fue taxista, no de automóvil sino de motocicleta con sidecar, una de las motocicletas que sobraron de la guerra de 1914-1918 y que, durante no sé por cuánto tiempo, circularon por Lisboa en misiones de paz. Fue aquello en 1920, el señor Raul tenía la edad del siglo, y allí, en la Rua dos Ferreiros, en este año de 1997, los alemanes encontraban finalmente la metamorfosis que andaban buscando.

Cuadernos de Lanzarote, 21 de julio de 1997

Profesor Vairinho

EL DIRECTOR de la escuela del Largo do Leão, adonde me llevaron después de hacer el primer grado en la calle Martens Ferrão, y cuyo nombre propio no consigo recordar, tenía el raro apellido de Vairinho (hoy no se encuentra ningún Vairinho en la guía de teléfonos de Lisboa) y era un hombre alto y delgado, de rostro severo, que disimulaba la calvicie llevándose el pelo de uno de los lados hasta el otro y manteniéndolo con fijador, tal como hacía mi padre, aunque yo deba confesar que el peinado del maestro me parecía mucho más presentable que el de mi progenitor.

Cuando pasé del segundo grado al tercero, el profesor Vairinho mandó llamar a mi padre. Que yo era aplicado, buen estudiante, dijo, y por tanto muy capaz de hacer el tercer y cuarto grados en un solo año. Para el tercer grado frecuentaría las clases normales, mientras que las complejas materias del cuarto grado me serían impartidas en lecciones particulares por el mismo Vairinho, que, por cierto, tenía la casa en la propia escuela, en el último piso. Mi padre estuvo de acuerdo, tanto más que el arreglo le salía gratis, el profesor trabajaba por la buena causa.

De las clases particulares del profesor Vairinho, lo que mejor recuerdo es el momento en que, concluida la lección, con los cuatro alineados frente a la mesa, sobre la tarima, él escribía con su bella letra, abreviando en M, S, B y Opt., en nuestros cuadernillos de cubierta negra, las notas del día: mal, suficiente, bien, óptimo. Todavía conservo el mío y en él se puede ver qué buen estudiante fui en ese tiempo: los «mal» fueron poquísimos, los «suficientes» no muchos, los «bien» abundaban y no faltaban los «óptimos». Mi padre firmaba en la parte de abajo de la página diaria, firmaba Sousa sin más, que a él, como ya dejé explicado, nunca le agradó el Saramago que el hijo le había obligado a adoptar.

Las pequeñas memorias, 2006

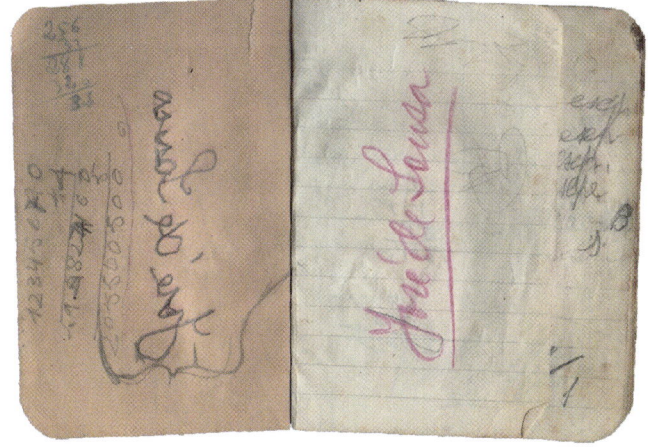

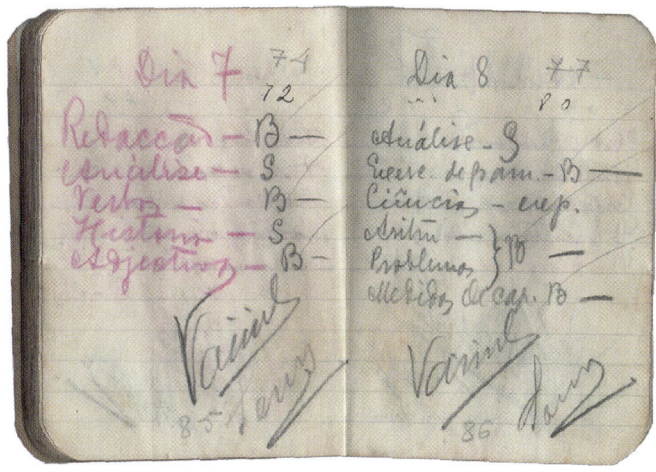

Gabriel

Salí de Azinhaga, de casa de mis abuelos (tendría entonces unos quince años), para ir a un pueblo distante, al otro lado del Tajo, donde me encontraría con una muchachita de quien creía estar enamorado. Me cruzó el río un viejo barquero llamado Gabriel (la gente de la aldea lo llamaba Graviel), colorado del sol y del aguardiente, una especie de gigante de pelo blanco, corpulento como un san Cristóbal. Estaba yo sentado en las tablas del embarcadero, al que llamábamos puerto, en la orilla de este lado, esperándolo, mientras escuchaba, sobre la superficie acuática tocada por la última claridad del día, el ruido acompasado de los remos. Él se aproximaba lentamente, y yo percibí (¿sería mi estado del alma?) que estaba viviendo un momento que nunca habría de olvidar. Un poco más arriba del puerto de la otra orilla había un plátano enorme bajo el cual la manada de bueyes de la finca iba a dormir la siesta. Puse pies al camino, cortando a través de campos labrados, matas, zanjas, charcos, maizales, como un cazador furtivo en busca de una pieza rara. La noche había caído, en el silencio del campo sólo se oían mis pasos. Si el encuentro fue o no afortunado, más adelante lo contaré. Hubo baile, fuegos artificiales, creo que salí del pueblo cuando ya era casi medianoche. Una luna llena, menos resplandeciente que la otra, lo iluminaba todo alrededor. Antes del lugar en que tenía que abandonar la carretera para cortar campo a través, el camino estrecho por donde iba pareció terminar de repente, esconderse detrás de una cerca alta, y me mostró, como impidiéndome el paso, un árbol aislado, alto, oscurísimo en el primer momento contra la transparencia nocturna del cielo. De súbito, sopló una brisa rápida. Zarandeó los tallos tiernos de las hierbas, hizo estremecer las navajas verdes de los cañaverales y ondular las aguas pardas de un charco. Como una onda, soalzó las ramas extendidas del árbol, le subió por los troncos murmurando, y entonces, de golpe, las hojas volvieron hacia la luna la cara escondida y el haya entera (era un haya) se cubrió de blanco hasta la rama más alta. Fue un instante, nada más que un instante, pero su recuerdo durará lo que mi vida tenga que durar. No había tiranosaurios, marcianos o dragones mecánicos, es cierto que un aerolito cruzó el cielo (no cuesta creer que sí), pero la humanidad, como luego pudo comprobarse, no estuvo en peligro. Después de mucho caminar, todavía el amanecer venía lejos, me encontré en medio del campo con una choza hecha de paja y ramajes, y dentro un trozo de pan de maíz rancio con el que pude engañar el hambre. Allí dormí. Cuando me desperté, con la primera claridad de la mañana, y salí, restregándome los ojos, a la neblina luminosa que apenas dejaba ver los campos de alrededor, sentí dentro de mí, si bien lo recuerdo, si no lo estoy inventando ahora, que había, finalmente, acabado de nacer. Ya era hora.

Las pequeñas memorias, 2006

—Algunas de las personas que conoció cuando era joven se han convertido en personajes de sus libros. ¿Cuál es el personaje que aún no ha encontrado su lugar en su literatura?

—No veo a nadie a quien pudiese utilizar en ese sentido, salvo, quizá, para no salir de las *Pequeñas memorias*, al barquero Gabriel, pero tendría que inventármelo todo, inventarle una vida que no coincidiría en nada o casi nada con lo que habrá sido la vida de ese hombre.

O Estado de S. Paulo, 7 de noviembre de 2006

Chaves

En el lado derecho del mismo rellano (todavía vivíamos en la calle Padre Sena Freitas) vivía una familia integrada por marido y mujer, más el hijo de ambos. Él era pintor en una fábrica de cerámica, la Viúva Lamego, que estaba en el barrio del Intendente. La mujer era española, no sé de qué parte de España, se llamaba Carmen [...]. Éramos buenos amigos, ese pintor y yo, lo que parecerá sorprendente, dado que se trataba de un adulto, con una profesión fuera de lo común en mi minúsculo mundo de relaciones, porque yo no pasaba de ser un adolescente desmadejado, lleno de dudas y certezas, pero tan poco consciente de unas como de las otras. El apellido de él era Chaves, del nombre propio no me acuerdo, o nunca llegué a saberlo, para mí fue siempre, y sólo, el señor Chaves. Para adelantar trabajo o tal vez para cobrar horas extraordinarias, él hacía cerámica en casa y era en esos momentos cuando iba a visitarlo. Llamaba a la puerta, abría la mujer, siempre ríspida y que apenas me prestaba atención, y pasaba al pequeño comedor, donde, en una esquina, iluminado por un flexo, se encontraba el torno de alfarero con el que trabajaba. El banco alto en el que yo debía sentarme ya estaba allí, esperándome. Me gustaba verlo pintar los barros, cubiertos de vidriado por fundir, con una pintura casi gris que, después de la cocedura, se transformaría en el conocido tono azul de este tipo de cerámica. Mientras las flores, las volutas, los arabescos, los entrelazados iban apareciendo bajo los pinceles, conversábamos. Aunque yo fuera joven y mi experiencia de la vida la que se puede imaginar, intuía que aquel hombre sensible y delicado se sentía solo. Hoy tengo certidumbre de eso.

Las pequeñas memorias, 2006

Ilda Reis

Seguí frecuentando la casa [de Chaves] incluso después de que mi familia se mudara a la calle Carlos Ribeiro, y un día le llevé una cuarteta al estilo popular que él pintó en un plato pequeño, con forma de corazón, y cuya destinataria sería Ilda Reis, a quien comenzaba a pretender. Si la memoria no me falla, habrá sido ésta mi primera «composición poética», un tanto tardía, dígase en aras de la verdad, si tenemos en cuenta que iba camino de los dieciocho años, si no los había cumplido ya. Fui felicitadísimo por el amigo Chaves, que era de la opinión de que debería presentarme a unos juegos florales, esos deliciosos certámenes poéticos, entonces muy en boga, que sólo la ingenuidad salvaba del ridículo. El producto de mi inspiración rezaba así:

> Cautela, que nadie oiga
> el secreto que te digo:
> te doy un corazón de loza
> porque el mío va contigo.

Reconózcase que habría merecido, por lo menos, por lo menos, la violeta de plata...
Las pequeñas memorias, 2006

En sus tiempos mozos empezó su vida laboral como mecanógrafa de los servicios administrativos de los Caminhos de Ferro, y después, obligando a un cuerpo demasiadas veces sufridor, esforzando la tenacidad de un espíritu que las adversidades nunca conseguirían doblegar, se entregó a la vocación que haría de ella uno de los más importantes grabadores portugueses. Gozó de esa felicidad sustituta que el éxito suele vender cara, pero se le había escapado la simple alegría de vivir. Sus grabados y sus pinturas fueron en general dramáticos, escindidos, autorreflexivos, de expresión tendencialmente esquizofrénica (lo digo sin ninguna seguridad), como si todavía insistiese en buscar una complementariedad perdida para siempre. Estuvimos casados veintiséis años. Tuvimos una hija.
El cuaderno del año del Nobel, 5 de enero de 1998

Violante

Hoy, procedente de Funchal, desembarcó, una vez más, la línea descendente de la primera familia que formé: mi hija Violante, los nietos, Ana, que aún tiene fresca la tinta de su diploma en ingeniería informática, y Tiago, once años vivísimos que prometen, además del yerno Danilo. Vinieron a juntarse a los de la casa y a los amigos llegados de Portugal para celebrar estos días. En el significado más exacto y directo de la palabra, vamos a hacer la fiesta. Ningún día es festivo por haber ya nacido así: sería igual a los otros si no fuésemos nosotros quienes lo hiciésemos diferente.

Cuadernos de Lanzarote, 23 de diciembre de 1995

VIOLANTE y los suyos me dieron, como regalo de Navidad, un caballo de madera, de cuerpo esbelto y piernas articuladas. Parece un potro juguetón cogido en los prados, aún tendrá que crecer mucho, pero, del suelo a las puntas de las orejas, ya va pasando de dos palmos de altura. Va a hacer buena compañía a sus semejantes que, poco a poco, han venido invadiéndome la casa. De barro, de madera, de cuero, de hierro, de bronce, de plata, de latón, aquí hay de todo. Han venido de la India, de Uzbequistán, de Canadá, de Brasil, de Cabo Verde, de Marruecos, del Alentejo, de un lugar cualquiera de África...

Cuadernos de Lanzarote, 26 de diciembre de 1995

Nataniel Costa

Debía no ser necesario decir hoy quién fue Nataniel Costa, y yo mismo me siento absurdo al dejar aquí unos cuantos datos de su vida: que nació en el Algarve, que escribió un libro, *Aldeia entre mar e serra*, que siguió la carrera diplomática, jubilándose como embajador, que estaba casado con Celeste Andrade, la autora de la excelente novela que es *Grades Vivas*. De Nataniel se puede pensar que el gran lector que fue acalló en él al escritor que podría haber sido. Nunca encontré otra persona para quien la lectura representase tanto, hasta el extremo de constituirse, por sí sola, en acción creativa. Lo conocí en el antiguo café Chiado, hacia la segunda mitad de los años cincuenta, cuando Humberto d'Ávila me introdujo en un círculo de gente intelectual y más o menos conspiradora que allí se reunía. Nataniel Costa formaba parte del grupo. Era, por aquellos tiempos, director literario de la editorial Estúdios Cor, nos hablaba mucho de los autores que escogía para la colección Latitude y me daba, ya entonces, la impresión de que había leído todo cuanto generalmente valía la pena en la historia de las literaturas antiguas y modernas. Un día anunció que iba a opositar al Ministerio de Asuntos Extranjeros, donde fue admitido, como todos contábamos. Y vino la primera colocación en el exterior. Entonces, un caer de tarde, cuando el grupo, poco a poco, se iba dispersando y recogiéndose a sus penates, o a tomar fuerzas para la bohemia nocturna, Nataniel me pidió que saliésemos juntos porque quería hablar conmigo. El destino procede siempre así, de repente nos pone la mano en el hombro y espera que volvamos la cabeza y lo miremos de frente. Dimos unos cuantos pasos en dirección de la librería Sá da Costa y Nataniel me dijo: «Como usted sabe voy a ser destinado a Francia. Continuaré dirigiendo desde allí las colecciones de la editora, pero necesito de alguien que oriente las cosas aquí. ¿Quiere quedarse en mi puesto?». Se me cayó el alma a los pies, y pesaba tanto que tuve que detenerme allí mismo. Me acuerdo que dije apenas: «Creo que sí, podemos probar». Había aún una pregunta que yo quería hacer, pero no sabía cómo. Nataniel adivinó cuál era y, serenamente, anticipó la respuesta: «Claro que no faltan personas que desearían que se lo propusiese, pero es una cuestión de confianza y ésa la tengo en usted. Otros tratarían de aprovechar la situación para darme un navajazo por las espaldas y echarme de la editora». Así empecé a trabajar en Estúdios Cor. Al principio, después del empleo que entonces tenía en la Compañía Previdente, luego a jornada completa, durante doce años de dedicación total, con algunos gustos y no pequeños disgustos. En cuanto a navajas, en toda la vida sólo las había usado en la aldea, cuando era un niño, para tallar flautas de caña y dar forma a barcos de corcho. Trabajos de mucha responsabilidad en los que también fui digno de confianza. Gracias, Nataniel. Si hubiera una editora en el otro mundo y usted viene de embajador a éste, quédese tranquilo, yo me hago cargo de todo.

Cuadernos de Lanzarote, 18 de abril de 1995

Primera edición de *Aldeia entre mar e serra*, 1942, y Celeste Andrade con Nataniel Costa, en 1955

José Rodrigues Miguéis

Sus poemas [«Dulcinea», «Don Quijote» y «Sancho»] me han impresionado mucho por la fuerza de expresión sobria, económica y, sin embargo, muy fluida; y también por la definición de los símbolos-figuras, aparentemente objetiva, pero dictada por un subjetivismo reservado. Si me recuerda a Afonso Duarte es por lo mejor de éste (y modernizado), y tal vez sólo porque las cosas puras se parecen siempre un poco entre ellas. A mí, mal lector de poesía, y lector de algunos ingleses y americanos (Auden, Lowell —que traduje—, Frost, etcétera), me gusta la densidad, una cierta complejidad de sentido, con apariencia cristalina y una forma trabajosa pero depurada. Su poesía tiene mucho de esto, sin palabras redundantes, sin adjetivos de sobra, y una serenidad meditativa. Le mando un abrazo y le deseo —le profetizo— un merecido éxito.

Carta de José Rodrigues Miguéis, 31 de julio de 1964

Conocí a José Rodrigues Miguéis algún tiempo después de que, en el año 1959, hubiera comenzado a trabajar en la editorial Estúdios Cor, de la que eran propietarios, a partes iguales, Manuel Correia y Fernando Canhão, y director literario Nataniel Costa. Miguéis había publicado, un año antes, el libro de cuentos *Léah*, excelentemente recibido por el público y por la crítica de entonces. Fue ésta la primera obra suya que leí, y no necesito decir que me entusiasmó. No sé exactamente cuándo conocí en persona a Miguéis, que por aquellos días estaría en Estados Unidos. Lo que sí sé es que desde la narración *Um Homen Sorri àl Morte con Meia Cara*, publicada en 1959 [...] y *É Proibido Apontar*, 1964, mis contactos con José Rodrigues Miguéis fueron constantes, prácticamente diarios cuando se encontraba en Portugal, frecuentes, por carta, cuando regresaba a Estados Unidos. Esa correspondencia, que tuvo el honor de ser elegida para la tesis doctoral de José Albino Pereira (y en el mismo plano pongo la correspondencia intercambiada con Jorge de Sena), me da derecho a decir que no he hecho mala figura en este mundo. Mi relación epistolar con Miguéis sólo se interrumpió cuando salí de la editorial, a finales de 1971. Lo vi algunas veces, pocas, después, no hubo más cartas, que recuerde, pero me quedó siempre la memoria de una personalidad extraordinaria, con unas dotes oratorias fuera de lo común y una retentiva capaz de recrear en pocas palabras las situaciones más complejas. Una simple conversación con él era un regalo real, dialogar con su brillante inteligencia hacía más inteligente al interlocutor. Personalmente, y sin querer presumir de ello, aproveché esos momentos lo mejor que pude.

«Miguéis», *El último Cuaderno*, 15 de junio de 2009

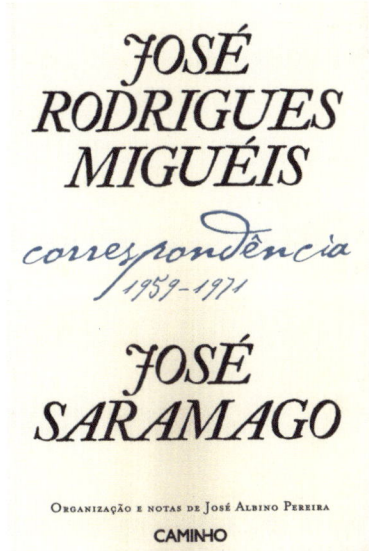  

Miguel Torga

LEO ALGO que dice Miguel Torga al agradecer el Premio de la Crítica: «Lógicamente yo tenía que haber permanecido cavando mi tierra; ése era mi destino». A primera vista parece que Torga quiso reunir en una misma irremovible fatalidad la lógica y el destino. Sin embargo, lo que él quiso decir, imagino, es que, teniendo en cuenta el fin-del-mundo donde nació (las serranías de Trás-os-Montes) y la dura vida de sus primeros años (una familia pobre), cabría esperarse que de allí saliese, lógicamente, un cavador, nunca un poeta o, cuando mucho, en caso de que la vocación apretase, alguien que, intelectualmente, se quedaría por las cuartetas de pie quebrado para refuerzo de galanteos y animación de recitales y romerías. Sabemos, a pesar de todo, que no siempre las cosas pasan así: la vida va encontrando manera de partirle los dientes a la lógica [...]. El sentido de las palabras de Torga, o mucho me equivoco, guardan más de lo que parece. Equivalen al discurso de cualquier vejez lúcida —«Llegué hasta aquí, hice lo que podía, lástima no haber sabido ir más lejos, ahora ya es tarde»—, pero representan principalmente la conciencia dolorida de que nada dura, quizá algo más la obra que la vida, pero tan poco, y que, en el fondo, lo mismo da a la felicidad, propia y ajena, haber sido capaz de escribir *A Criação do Mundo*, como, con los ojos en el suelo, haber permanecido cavando las tierras del mismo mundo, sin otro deseo y otra necesidad que ver crecer el trigo, moler el grano y comer el pan.

Cuadernos de Lanzarote, 25 de mayo de 1994

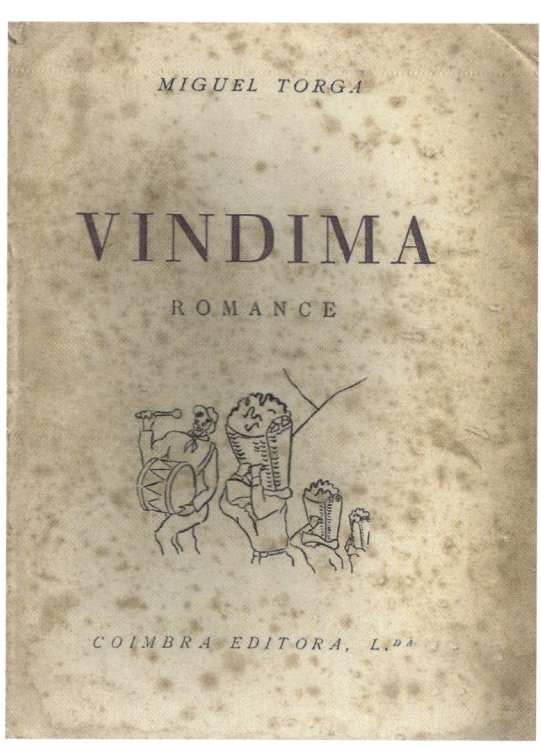

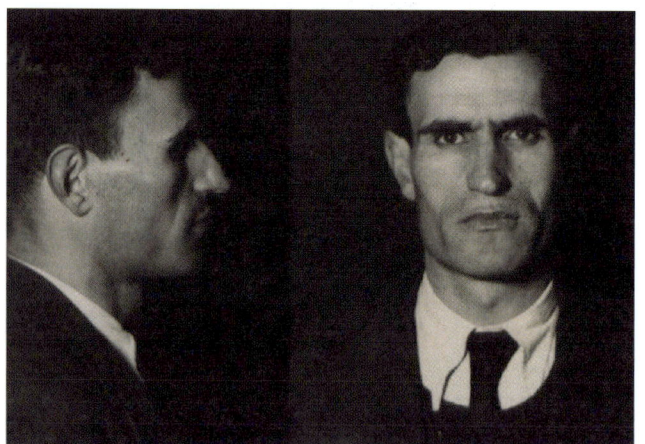

No CONOCÍ a Miguel Torga. Nunca le busqué, nunca le escribí. Me limité a leerlo, a admirarlo muchas veces, otras no tanto. Fue sólo de lector mi relación con él. Algunas veces, en estos últimos tiempos, nuestros nombres aparecieron juntos, y siempre que eso sucedía no podía evitar el pensamiento de que mi lugar no estaba allí. ¿Por una especie de superstición inducida por la persona que fue y por la obra que creó? No creo. El motivo es ciertamente mucho más sutil de lo que se podría deducir de un mero balance de cualidades suyas y defectos míos. Me parecía que había en Torga algo que a mí me gustaría tener, y no tenía: el derecho ganado por una obra con una dimensión en todos los sentidos fuera de lo común, la música profunda de una sabiduría que había nacido de la vida y que a la vida volvía, para tornarse, ambas, más ricas y generosas.

Cuadernos de Lanzarote, 17 de enero de 1995

Jorge de Sena

Mi queridísimo Saramago:
[...] ¿Volveré alguna vez? Sin duda que, entre nosotros, Brasil, con todas sus ventajas, es peor que Portugal, con todos sus defectos. Cuando las cosas cambien, si es que lo hacen, lo que echo de menos mi casa y a mis amigos (y también el patriotismo de lágrima en el rabillo del ojo) funcionará de forma activa. Pero, querido, dentro de las premisas que has expuesto lúcidamente, de que las cátedras y las plazas sean para los demás (que tendrán sobre mí la ventaja de mi ausencia), ¿con qué daré de comer a mis hijos? Muy probablemente, ellos volverán, y a mí me gustaría que volviesen... Pero ¿tú me ves a mí, después de estas aventuras catedralicias, volviendo a ingeniero de tercera de la Junta Autónoma de Carreteras? ¿Con, además, un viaje vertiginoso a casi ministro?... Y, en el Portugal que se avecina, incluso aunque yo fuera una mezcla gloriosa de Victor Hugo y Balzac, nadie va a poder vivir de las letras... que, encima, no vivieron de ellas. Quizá acabe en China.

Un recuerdo muy especial para Canhão y Correia. Manda noticias de Nataniel [Costa]. Y recibe un fuerte, cariñoso y agradecido abrazo de tu amigo.

Carta de Jorge de Sena, 18 de mayo de 1961

Se dice que Jorge de Sena era vanidoso, egocéntrico, parece que incluso megalómano. Quizá fuese todo eso y mucho más, quizá reuniese en sí mismo todos los defectos que colecciona la especie humana: sería otra singular forma de grandeza. [...] Si alguno de los portugueses de ahora ha encarnado dramáticamente la dignidad de ser escritor, ése ha sido Jorge de Sena. Eso de que Jorge de Sena sea mejor que nadie, por no hablar de lo que representa su obra, es probablemente la gran lección que les convendría aprender a los escritores portugueses. O no mereceremos ni siquiera el pan que comemos.

«Sena», *Folhas Políticas*, 1999

Esta gran admiración personal tiene que ver con el hecho de que él es el tipo de persona que más me gusta: frontal. A veces incluso violento en la expresión, basta recordar el célebre discurso de Guarda, en el que echa un jarro de agua fría en el fervor patriótico [de la Revolución de Abril] que se esperaba y que sucedió realmente. En esa celebración, dijo: «Ustedes están celebrando un país que no existe y yo vengo aquí a decirles qué país tenemos, al menos en mi opinión».

Uma Longa Viagem com José Saramago, 2009

José-Augusto França

De José-Augusto França me llega esta carta: «Leí su *Segundo Cuaderno* en una isla más o menos vecina, Terceira, adonde fui, por António Dacosta, conmemorado en fiestas del Espíritu Santo que recorre la isla, de Imperio en Imperio, de orilla a orilla, y de música a música, con panes adecuados. Leí y amistosamente colaboro, para el *Tercer Cuaderno*: "Recibí hoy carta de Fulano de Tal, mi exactísimo coetáneo, como ambos sabemos *(et néanmoins amis)* diciéndome que, habiendo leído por los aires, camino de la isla Terceira (de donde tampoco es) el segundo de mis *Cuadernos* de otro archipiélago, por la página once (leyó hasta la doscientas sesenta y ocho, qué larga es la ruta) se apresura a confirmarme, garantizarme, asegurar, por lo que sabe de esas cosas y tiempos, que el *Memorial* es entera y vivamente una obra de historia, con información necesaria y segura, cuanto aciertan las ciencias humanas. La prueba es que les ha recomendado la lectura a sus estudiantes de Historia del Arte para entender, por dentro del tiempo, cómo Mafra había sido construido; y que, hace pocos años aún, profesor invitado en la Sorbona, hizo un curso de maestría sobre dicha novela, sobre su imaginario también y, por así decir, informativo. Y añade amistosamente el estimable corresponsal que en tal opinión persiste y la firma o enseña"». Consoladora misiva, digo yo, venida de quien de tales cosas tanto sabe. Obsérvese, mientras tanto, cómo ella, la carta, se parece a una caja china o a una muñeca rusa, materiales y objetivas antepasadas de la *mise en abîme*, porque, o van entrando unas en las otras como madres que sucesivamente regresasen a la barriga de las madres, o unas de las otras van saliendo hasta volver a repoblarse el mundo, obra de madres (de padres también) y de manos. Fue éste, en verdad, el caso, que quedaron mis manos sopesando, después de la lectura, una antigua y leal amistad, y siendo nosotros tan absolutamente contemporáneos (nacidos en aquel mismo día 16 de noviembre de 1922, él en Tomar, yo en Azinhaga), y además de eso predestinados a trabajar (con abisal diferencia de escalón y responsabilidad), muchos años después, en un renombrado *Diccionario de la pintura universal* (en el cual con perplejidad y disgusto busqué y no encontré a Antonio da Crestalcore, «el mejor pintor del mundo»), no es de extrañar que, a partir de las palabras «Recibí hoy...», José-Augusto França escriba en estos cuadernos terceros como si directamente de mí se tratara. Con mi venia y agradecimiento, tomó la palabra y el espacio. Que lo haga muchas veces y por muchos años y buenos.

Cuadernos de Lanzarote, 27 de junio de 1995

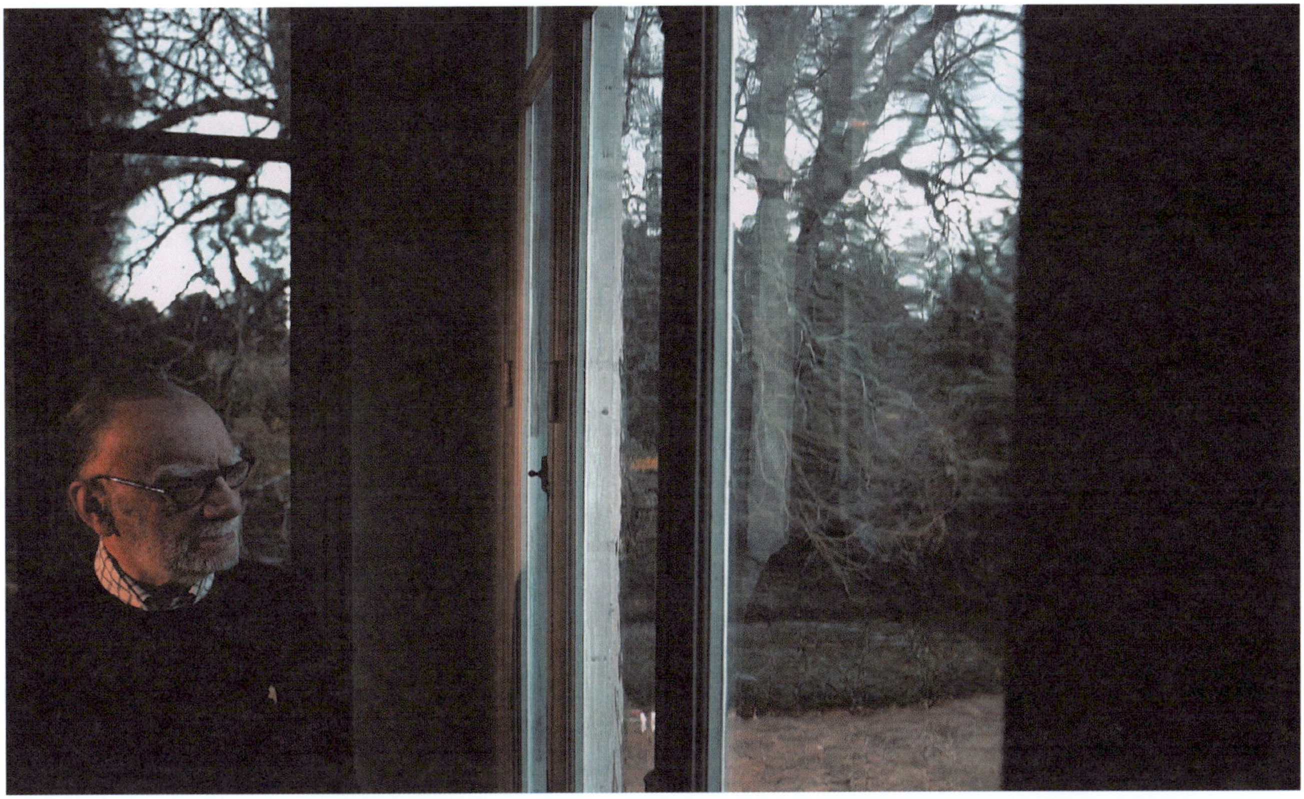

Le Monde
LES PROGRAMMES
DES 7 CANDIDATS

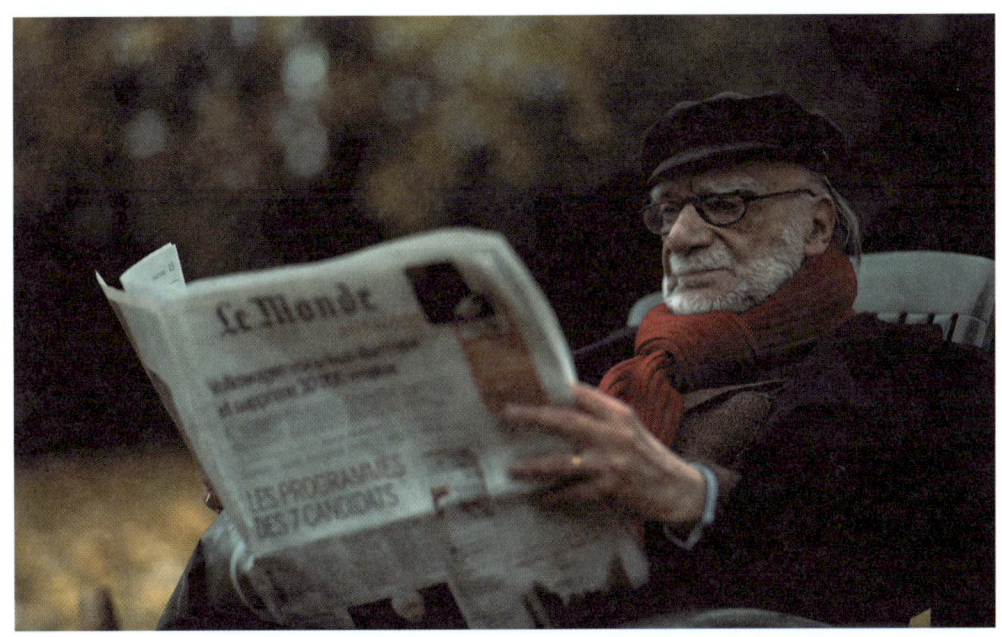

Che Guevara

No importa qué retrato. Uno cualquiera: serio, sonriendo, arma en mano, con Fidel o sin Fidel, diciendo un discurso en las Naciones Unidas, o muerto, con el torso desnudo y los ojos entreabiertos, como si desde el otro lado de la vida todavía quisiera acompañar el rastro del mundo que tuvo que dejar, como si no se resignase a ignorar para siempre los caminos de las infinitas criaturas que estaban por nacer. Sobre cada una de estas imágenes se podría reflexionar profusamente, de un modo lírico o de un modo dramático, con la objetividad prosaica del historiador o simplemente como quien se dispone a hablar del amigo que descubre haber perdido porque no llegó a conocerlo...

Al Portugal infeliz y amordazado de Salazar y de Caetano llegó un día el retrato clandestino de Ernesto Che Guevara, el más célebre de todos, aquel hecho con manchas fuertes de negro y rojo, que se convirtió en la imagen universal de los sueños revolucionarios del mundo, promesa de victorias hasta tal punto fértiles que nunca degenerarían en rutinas y escepticismos, antes bien darían lugar a otros muchos triunfos, el del bien sobre el mal, el de lo justo sobre lo inicuo, el de la libertad sobre la necesidad. Enmarcado o fijo en la pared con medios precarios, ese retrato estuvo presente en debates políticos apasionados en la tierra portuguesa, exaltó argumentos, atenuó desalientos, acuñó esperanzas. Fue mirado como un Cristo que hubiese descendido de la cruz para descrucificar a la humanidad, como un ser dotado de poderes absolutos capaz de extraer de una piedra el agua con que se mataría toda la sed y de transformar esa misma agua en el vino con que se brindaría por el esplendor de la vida. Y todo eso era cierto porque el retrato de Che Guevara fue, ante los ojos de millones de personas, el retrato de la dignidad suprema del ser humano.

Pero fue también usado como adorno incongruente en muchas casas de la pequeña y de la media burguesía intelectual portuguesa, para cuyos habitantes las ideologías políticas de afirmación socialista no pasaban de un mero capricho coyuntural, forma supuestamente arriesgada de ocupar ocios mentales, frivolidad mundana que no pudo resistir el primer choque de la realidad, cuando los hechos vinieron a exigir el cumplimiento de las palabras. Entonces, el retrato de Che Guevara, testimonio, primero, de tantos inflamados anuncios de compromisos y de acción futura, juez, ahora, del miedo encubierto, de la renuncia cobarde o de la traición abierta, fue retirado de las paredes, escondido, en el mejor de los casos, en el fondo de un armario, o radicalmente destruido, como se quiere hacer con algo que es motivo de vergüenza.

Una de las lecciones políticas más instructivas, en los tiempos de hoy, sería saber lo que piensan de sí mismos esos miles y miles de hombres y mujeres que en todo el mundo tuvieron algún día el retrato de Che Guevara en la cabecera de la cama, o enfrente de la mesa de trabajo, o en la sala donde recibían a los amigos, y que ahora sonríen por haber creído o fingido que creían. Algunos dirían que la vida cambió, que Che Guevara al perder su guerra, hizo que perdiéramos la nuestra, luego era inútil quedarse llorando, como un niño, por la leche derramada. Otros confesarían que se dejaron enredar por una moda temporal, la misma que hizo crecer las barbas y alargar las melenas, como si la revolución fuese una cuestión de peluquería. Los más honestos reconocerían que el corazón les duele, que sienten el movimiento perpetuo de un remordimiento, como si su verdadera vida hubiese suspendido el curso y ahora les preguntase, obsesivamente, adónde piensan ir sin ideales ni esperanzas, sin una idea de futuro que dé algún sentido al presente.

Che Guevara, si tal se puede decir, ya existía antes de haber nacido, Che Guevara, si tal se puede afirmar, sigue existiendo después de haber muerto. Porque Che Guevara es sólo el otro nombre de lo que hay de más justo y digno en el espíritu humano. Lo que tantas veces vive adormecido en nuestro interior. Lo que debemos despertar para conocer y conocernos, para añadir el paso humilde de cada uno al camino de todos.

Cuadernos de Lanzarote, 12 de diciembre de 1996

Martin Luther King

El hombre, clasificado entretanto por un rótulo personal que lo distinguirá de sus compañeros, salidos como él de la misma cadena de montaje, es puesto a vivir en un edificio al que se da, a su vez, el nombre de Sociedad. Ocupará una de las plantas de este edificio, pero raramente se le permitirá subir la escalera. Bajar sí se le permite y a veces hasta se le facilita el descenso. En las plantas del edificio hay muchas viviendas, ordenadas a veces por capas sociales, otras veces por profesiones. La circulación se hace por canales llamados hábito, costumbre y prejuicio. Es peligroso andar a contracorriente de estos canales, aunque hay hombres que lo hacen durante toda la vida. Estos hombres, en cuya masa carnal están fundidas las cualidades que distinguen aquellos productos que rozan la perfección, o que optaron por esas cualidades deliberadamente, no se distinguen por el color de la piel. Los hay blancos y negros, amarillos y aceitunados. Son pocos los cobrizos, pero sólo por tratarse de una serie casi extinguida.

El destino final del hombre es, como se sabe desde el inicio del mundo, la muerte. La muerte, en su preciso momento, es igual para todos, pero no es igual lo que inmediatamente la precede. Se puede morir con sencillez, como quien se queda dormido; se puede morir en las garras de una de esas enfermedades de las que, eufemísticamente, se dice que «no perdonan»; se puede morir bajo tortura, en un campo de concentración; se puede morir volatilizado en el interior de un sol atómico; se puede morir al volante de un Jaguar o atropellado por él; se puede morir de hambre o de indigestión; se puede morir también de un tiro de fusil, al caer la tarde, cuando hay aún luz de día y no cree uno que la muerte esté próxima. Pero el color de la piel no tiene ninguna importancia.

Martin Luther King era un hombre como cualquiera de nosotros. Tenía las virtudes que sabemos, y, sin duda, algunos defectos que no disminuían sus virtudes. Tenía un trabajo por hacer, y lo hacía. Luchaba contra las corrientes de la costumbre, del hábito y del prejuicio, hundido en ellas hasta el pescuezo. Hasta que vino el disparo de rifle a recordar, a los distraídos que nosotros somos, que el color de la piel tiene mucha importancia.

«Receta para matar a un hombre», *De este mundo y del otro*, 1971

Rosa Parks

Rosa Parks, aquella costurera de cuarenta y dos años que, viajando en un autobús en Montgomery, en el estado de Alabama, el día 1 de diciembre de 1955, se negó a cederle su lugar a una persona de raza blanca, como el conductor le había ordenado. Este delito la condujo a prisión bajo la acusación de haber perturbado el orden público. Hay que aclarar que Rosa Parks iba sentada en la parte destinada a los negros, pero, como la sección de los blancos estaba completamente ocupada, la persona de raza blanca quiso el asiento que ella ocupaba. En respuesta al encarcelamiento de Rosa Parks, un pastor baptista relativamente desconocido en ese tiempo, Martin Luther King, organizó protestas contra los autobuses de Montgomery, lo que obligó a las autoridades del transporte público a acabar con la práctica de la segregación racial en esos vehículos. Fue la señal para desencadenar otras manifestaciones contra la segregación. En 1956 el caso de Parks llegó finalmente al Tribunal Supremo de Estados Unidos, que declaró que la segregación en los transportes era anticonstitucional. Rosa Parks, que desde 1950 estaba incorporada a la Asociación Nacional para el Avance del Pueblo de Color (National Association for the Advancement of Colored People), se vio convertida en icono del movimiento de derechos civiles, para el que trabajó durante toda su vida. Murió en 2005. Sin ella, tal vez Barack Obama no sería hoy el presidente de Estados Unidos.

«Rosa Parks», *El Cuaderno*, 9 de noviembre de 2008

Ann Nixon Cooper

Ann Nixon Cooper sufrió esclavitudes varias, por negra, por mujer, por pobre. Vivió sometida, las leyes podrían haber mudado en el exterior, pero no en sus diversos miedos, porque mira a su alrededor y ve mujeres maltratadas, usadas, humilladas, asesinadas, siempre por hombres. Ve que cobran menos que ellos por los mismos trabajos, que tienen que asumir responsabilidades domésticas que se quedarán en la sombra, a pesar de ser necesarias, ve cómo les obstaculizan los pasos decididos, y sin embargo siguen caminando, o no se levantan en el autobús, contémoslo una vez más, como aquella mujer negra, Rosa Parks, que hizo historia, también. Ciento seis años viendo pasar el mundo. Quién sabe si lo verá bonito, como mi abuela, poco antes de morir, vieja y hermosa, pobre.

«106 años», *El Cuaderno*, 6 de noviembre de 2008

Agustina Bessa-Luís

Hay que reconocer que el aval con el que llegué a *Seara Nova* no valía gran cosa: había publicado *Terra do Pecado*, en 1947, y *Los poemas posibles*, en 1966. Nada más. No existía ni un solo escritor en Portugal que no hubiera hecho mucho más y mucho mejor que José Saramago. Comprendo que algunos hayan visto como una petulancia sin disculpa que yo (un casi anónimo) decidiera aceptar la invitación de mis imprudentes amigos. Y eso fue, probablemente, lo que Agustina Bessa-Luís debió de pensar cuando, hojeando *Seara Nova* (¿leería Agustina Bessa-Luís *Seara Nova*?), se dio de bruces con una crítica de un libro suyo firmada por mí. No la censuraré si lo pensó, aunque su ego puede haber encontrado una rápida compensación en las líneas que venían a continuación. Cito de memoria: «Si hay en Portugal un escritor que participe de la naturaleza del genio, es Agustina Bessa-Luís». Lo dije y lo repito hoy. Es cierto que más adelante escribía: «Ojalá no se duerma con el sonido de su propia música». ¿Había un puntito de malicia en esta observación? Es posible, pero bastante perdonable, tratándose de un crítico neófito que buscaba un lugar propio en la plaza literaria... ¿Se durmió? ¿No se durmió? Pienso que no. Que algunos de sus lectores hubieran deseado que Agustina, con su inagotable libertad de espíritu (que la tenía), se lanzara por otras rutas y otras aventuras literarias, es comprensible, pero lo que a Agustina más parece haberle interesado, la comedia humana de Entre-Duero-y-Miño, eso fue ejemplarmente cumplido. No es disminuirla decir que la vastísima y poderosa obra de Agustina Bessa-Luís tiene, entre todas las otras posibles lecturas, una lectura sociológica. Cada uno en su terreno, cada uno en su tiempo, cada uno según sus especificidades personales y artísticas, Balzac y Agustina Bessa-Luís hicieron lo mismo: observar y relatar. El siglo XIX francés se entiende mejor leyendo a Balzac. La luz que irradia la obra de Agustina nos ayuda a ver con más nitidez lo que fue la mentalidad de cierta clase social en el siglo XX. Y también, ya puestos, la del final de nuestro siglo XIX. En verdad, en verdad, no es trabajo para alguien que hubiera estado dormido...

«Agustina», *El último Cuaderno*, 1 de julio de 2009

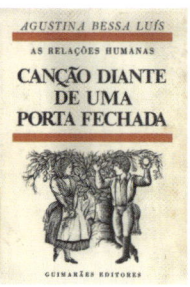  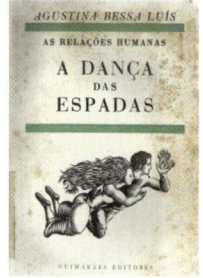

La novelista Agustina Bessa-Luís, en los años setenta; ejemplares de su obra en la biblioteca de José Saramago, y con el poeta Eugénio de Andrade, en 1990

Isabel da Nóbrega

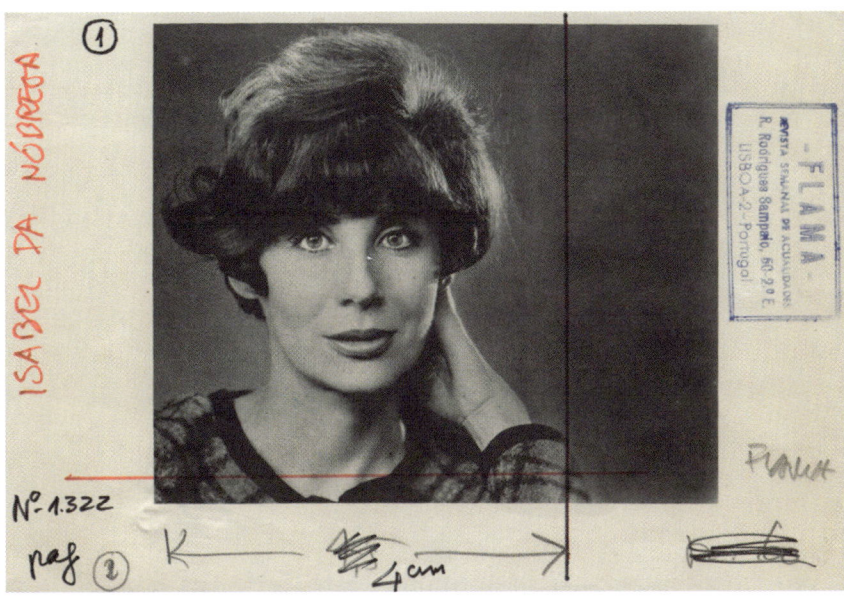

A veces, no hace falta mucho. Un gesto desnudo, una pausa en la mirada, una vibración inesperada en la palabra lanzada al azar, y ahí se proclama la pura humanidad, iluminada y lúcida como debería ser la primera y la última hora del hombre. Es entonces cuando vivimos con los demás, es entonces cuando nos encontramos con ellos, en ese límite riguroso que abandonó lo accesorio y lo circunstancial para hacerse línea de horizonte, punto de comunión.

Singular deseo es éste de unir el tú y el yo. Porque, aparentemente, todo en esta falsísima vida común separa y divide: la llamada «lucha por la existencia», en la que cada victoria corresponde a una derrota; el amor que encara el desamor; la esperanza que se convierte en desengaño. Se diría que más vale no confiar, que será mejor pisar a los demás antes de que nos pisen a nosotros, pero contra estos consejos prácticos se alza persistentemente la voz obsesiva que es una orden, puesta en el corazón de los hombres por no sabemos qué abeja reina de este mundo colmena. Quizá una reminiscencia gregaria, quizá la premonición del puro individuo, que sólo puede llegar a sí mismo, al final, tras haber sabido ser otro.

Del prefacio de *Já não há Salomão*, de Isabel da Nóbrega, 1966

Palma con palma,
Corazón y corazón, y sabor de alma
En lo más hondo del cuerpo revelado.
Ya la piel no separa, las palabras
Son los espejos rigurosos de la verdad
Y todas se articulan de este lado.
Líneas maestras de la mano abren camino
Donde pueden caber los pasos firmes
De la reina y del rey de esta ciudad.

Probablemente alegría, 1970

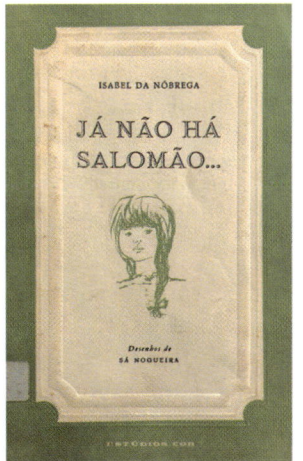

Mário Soares

QUERIDO José Saramago:
He leído durante las vacaciones su libro sobre Fernando Pessoa/Ricardo Reis: me he quedado verdaderamente impresionado, aunque no sorprendido. Sorprendido me quedé cuando leí *Memorial del convento* [...]. El libro sobre Ricardo Reis es una obra admirable, de un gran escritor [...]. Le felicito de verdad.
Carta de Mário Soares, 1985

QUERIDO Mário Soares:
Quiero agradecer sus amables palabras, de cuya sinceridad nunca me permitiría dudar. Es desgraciadamente verdad que existen entre nosotros irremediables diferencias ideológicas y políticas, pero si no le han impedido expresar una opinión sobre mi trabajo, estaría mal por mi parte que no reconociese y agradeciese la espontaneidad y elegancia de su actitud.
Carta de José Saramago, 1985

EL PRESIDENTE Mário Soares estuvo hoy en Lanzarote. [...] Pasadas estas horas aún me cuesta creer que Mário Soares haya estado aquí en casa. Qué vueltas ha tenido que dar el mundo, qué vueltas hemos tenido que dar nosotros, él y yo, para que esto haya sido posible.
Cuadernos de Lanzarote, 1 de marzo de 1994

COMO ESCRITOR, tenía una enorme admiración por él desde que leí *Memorial del convento* y *El año de la muerte de Ricardo Reis*. Tuvimos un periodo de distanciamiento total durante el Proceso Revolucionario en Curso y cuando ejerció las funciones de director de *Diário de Notícias*. Sin embargo, los dos libros citados, que leí cuando se publicaron, fueron los que me llevaron, cuando era presidente, a escribirle y felicitarle.
Mário Soares, *Diário de Notícias*, 22 de junio de 2010

Álvaro Cunhal

No fue el santo que algunos veneraban ni el demonio que otros aborrecían; era, aunque no simplemente, un hombre. Se llamaba Álvaro Cunhal y su nombre, durante años, para muchos portugueses, fue sinónimo de una cierta esperanza. Encarnó convicciones a las que guardó inamovible fidelidad, fue testigo y agente en los tiempos en que éstas prosperaron, asistió al declive de los conceptos, a la disolución de los juicios, a la perversión de las prácticas. Las memorias personales que se negó a escribir tal vez nos ayudarían a entender mejor los fundamentos del raquítico árbol a cuya sombra se acogen hoy los portugueses para digerir el palabrerío con que creen alimentar el espíritu. No leeremos las memorias de Álvaro Cunhal y con esa falta tendremos que conformarnos. Y tampoco leeremos lo que, mirando desde este tiempo en que estamos el tiempo que pasó, sería probablemente el más instructivo de todos los documentos que podrían salir de su inteligencia y de sus finas manos de artista: una reflexión sobre la grandeza y decadencia de los imperios, incluyendo los que construimos dentro de nosotros mismos, esas armazones de ideas que nos mantienen el cuerpo levantado y que todos los días nos piden cuentas, incluso cuando nos negamos a prestarlas. Como si hubiese cerrado una puerta y abierto otra, el ideólogo se convirtió en autor de novelas, el dirigente político retirado decidió guardar silencio sobre los destinos posibles y probables del partido del que había sido, durante muchos años, continua y casi única referencia. Tanto en el plano nacional como en el plano internacional, no me cabe la menor duda de que habrán sido de amargura las últimas horas que Álvaro Cunhal vivió. No era el único, y él lo sabía. Algunas veces el militante que yo soy no estuvo de acuerdo con el secretario general que él era, y se lo dije. A esta distancia, sin embargo, ya todo parece esfumarse, hasta las razones con las que, sin resultados visibles, nos pretendíamos convencer el uno al otro. El mundo siguió su camino y nos dejó atrás. Envejecer es no ser necesario. Todavía necesitábamos a Cunhal cuando él se retiró. Ahora es demasiado tarde. Aunque no conseguimos disimular esta especie de sentimiento de orfandad que nos invade cuando pensamos en él. Cuando pienso en él. Y comprendo, les aseguro que lo comprendo, lo que un día Graham Greene le dijo a Eduardo Lourenço: «Mi sueño, en lo que tiene que ver con Portugal, sería conocer a Álvaro Cunhal». El gran escritor británico dio voz a lo que tantos sentían. Se entiende que sintamos su falta.

«Álvaro Cunhal», *El último Cuaderno*, 31 de julio de 2009

Vasco Gonçalves

No ES nada fácil el trabajo de Vasco Gonçalves en Bruselas. Probablemente se encontrará con algunos amigos. Se va a encontrar, sin duda, con indiferentes y enemigos. Como únicas armas, tiene la verdad y la voluntad. Nada más. No lleva en el bolsillo bombas atómicas ni poderosas fuerzas armadas, no puede amenazar ni dar puñetazos en la mesa. Representa a un país que es, para otros países, un escándalo mundial, un factor de perturbación en el orden capitalista, una piedra en el pie del capitalismo. Para oponer a todo esto, repetimos, sólo la verdad y la voluntad.
Diário de Notícias, 30 de mayo de 1975

VASCO GONÇALVES ha sido el único capaz de entender lo que ha ocurrido en Portugal desde el 25 de abril: la aceleración súbita de la lucha de clases y su agudización extrema, y también la evidencia de la inviabilidad de soluciones socialdemócratas o de capitalismo reciclado. Portugal será oprimido fatalmente si no es socialista. Quien lo ha entendido, quien saca consecuencias prácticas de esto, sirve a su país, sirve a las masas trabajadoras.
Diário de Notícias, 23 de agosto de 1975

Cleonice Berardinelli

QUERIDA Cleonice:
Todavía no he salido de la sorpresa que me ha causado la revelación de que Cleonice Berardinelli tiene ochenta y seis años. La imaginaba yo firmemente anclada en el tiempo, más o menos entre los setenta y los setenta y cinco, y, al final, como quien no quiere la cosa, me saca seis años. Pues no lo parece, no señora, que es lo que me dicen a mí por los ochenta que acabo de cumplir (la gente cumple años y ellos, desagradecidos incorregibles, nos van deshaciendo...). Muchas gracias, querida amiga. Me han llovido felicitaciones por todos lados, pero ninguna como la suya. Como palabras de una hermana mayor y más sabia, me han traído aquel gusto de fraternidad que la muerte de mi hermano no me permitió conocer. No se puede tener todo, se dice. Pero yo creo que sí, que se puede. En mi caso, el otro nombre de Todo es Pilar. Acepte dos grandes abrazos, el suyo y el mío, y los más fervorosos deseos de salud y armonía.

Carta de José Saramago, diciembre de 2002

QUERIDÍSIMA Cleonice:
Sé que Pilar ya le ha escrito para decirle lo contentos que nos hemos puesto con su elección para la ABL [Academia Brasileira de Letras]. Ha sido una decisión justa que sólo ha pecado por la tardanza con que ha sido tomada. Hace al menos veinte años que Cleonice debería estar en la Academia. En fin, más vale tarde que nunca, aunque el demasiado tarde sea siempre una exasperación. Entre tanto, he tenido una idea sobre la cual me gustaría saber su opinión. Como seguramente sabrá, he sido elegido miembro correspondiente de la Academia, pero aún no he tomado posesión del cargo. ¿Qué le parecería estar juntos en la ceremonia de marzo? Para mí sería un enorme honor y un enorme placer. Le beso las manos con respeto, pero también con amor.

Carta de José Saramago, diciembre de 2009

EN TODOS sus libros, que él me regaló, releo lo que traduzco como pruebas de cariño y generosa amistad. En *El hombre duplicado*, leo: «Para Cleonice Berardinelli, con toda mi admiración y la amistad imperecedera de José Saramago»; en *El viaje del elefante*, esta demostración de afecto explícito: «Para Cleonice Berardinelli, con un afecto como ya no se usa. Abrazos. José Saramago».

Versus, agosto de 2010

Celebrando su 67.º cumpleaños con la profesora Cleonice Berardinelli, en la Universidade Federal do Rio de Janeiro, en 1989

Lygia Fagundes Telles

RECIENTEMENTE, estaba yo hojeando algunos de los libros de Lygia Fagundes Telles, que desde hace mucho (pero no desde siempre) me acompaña en mi vida, acariciando con los ojos páginas tantas veces soberbias, cuando me detuve en esa auténtica obra maestra que es el cuento «Pomba Enamorada». Lo releí una vez más, palabra a palabra, sílaba a sílaba, saboreando levemente la aguda amargura de aquella miel, tocando casi con los dedos la lágrima sutil de su ironía, y en un instante luminoso pensé que tal vez la «vecina portuguesa», la mujer sin nombre ni figura que le prepara en el cuento un reconstituyente («¡La niña está en los huesos!») a la sufridora pero fiel enamorada, tal vez esa mujer, simplemente por ser portuguesa y generosa, hubiese sido, sin que me diera cuenta la primera vez que leí la historia, la primera causa de esa otra especie de «vecindad» que desde entonces, es decir, desde siempre, me hizo vivir al lado de Lygia. El tiempo tiene razones que los relojes desconocen, para el tiempo no existen el antes y el después, para el tiempo sólo existe el ahora.

He dicho que conozco a Lygia desde siempre, pero la medida de este siempre no es la de un tiempo determinado por las agujas y los relojes de arena, sino otro tiempo, interior, personal, incomunicable. Fue en mi último y reciente viaje a Brasil, en São Paulo, cuando, conversando con Lygia sobre la memoria, lo pude entender mejor que nunca. Para explicarle mi punto de vista sobre lo que llamé entonces la inestabilidad relativa de la memoria, es decir, la múltiple diversidad de los agrupamientos posibles de sus registros, evoqué el caleidoscopio, este todo maravilloso que los niños de hoy desconocen, con sus cristalitos de colores y su juego de espejos, que produce a cada movimiento combinaciones de colores y de formas variables hasta el infinito: «Nuestra memoria también procede así», dije, «manipula los recuerdos, los organiza, los compone, los recompone, y es, de esa forma, en dos instantes seguidos, la misma memoria y la memoria que ha pasado a ser». No estoy muy seguro de la pertinencia de la poética para, de forma definitiva, intentar explicar por qué insisto en decir que conozco a Lygia desde siempre. Sólo porque creo que ella es ese cristalito azul que reaparece constantemente...

Cadernos de Literatura Brasileira, enero de 2009

Mario Benedetti

Tuve la suerte de conocerlo [a Saramago] en 1987. Habíamos asistido a un Encuentro de Escritores en Berlín y estuvimos cinco horas en el aeropuerto de Roma, esperando la conexión con un vuelo que nos trajera a Madrid. Él estaba con su mujer, Pilar del Río, una simpática andaluza, que con los años se convertiría además en su mejor traductora. Cinco horas son suficientes para traer a colación todos los temas del Universo y sus alrededores. No nos habíamos leído mutuamente, así que, a instancias de Pilar, nos empezamos a «contar» nuestros libros. Lo mejor fue que de ese encuentro casual nació una buena y firme amistad, que tuvo una linda culminación cuando, al día siguiente del anuncio del Nobel, me llamó desde el avión que lo conducía de Frankfurt a Madrid (yo estaba todavía convaleciente de una operación) y pude así transmitirle mi fuerte abrazo aéreo.

Mario Benedetti, «La persona Saramago», *El País*, 15 de octubre de 1998

Congreso de la Unión Internacional de Escritores, en Berlín Oriental, 8 de mayo de 1987

LA MANZANA es un manzano
y el manzano es un vitral
el vitral es un ensueño
y el ensueño un ojalá
ojalá siembra futuro
y el futuro es un imán
el imán es una patria
patria es humanidad

Mario Benedetti escribió estos versos cuando andaba por ahí transportando sobre los hombros su exilio y el de todos los exiliados del mundo. Era el momento adecuado para conocer el significado de la palabra patria, por eso descubrió la gloriosa humanidad de hombres y mujeres que cada día, juntando afán con afán, como hoy aquí, pretenden construir otra norma y otra forma de mirar y de mirarse. Así que siguió escribiendo mi amigo Mario Benedetti,

yo con mis manos de hueso
vos con tu vientre de pan
yo con mi germen de gloria
vos con tu tierra feraz
vos con tus pechos boreales
yo con mi caricia austral
inventamos una patria
patria es humanidad

Algunos hombres han encarnado este sueño de José Martí. Sin duda, los mejores, y Mario Benedetti está entre ellos. Por eso todos sentimos que algo dentro de nosotros se nos ensancha cada vez que leemos una página suya, un poema, un cuento, la lección moral que nos alumbra. Ahora, en esta fiesta de intercambio y mestizaje, conviene recordar el porqué de tanta amistad, de tanta gratitud: la patria que Benedetti nos ha ido ofreciendo se ha convertido en nuestra propia patria y todos juntos nos festejamos al descubrirnos a nosotros mismos en la escritura y en el ejemplo de nuestro definitivo amigo.

Agradecerle al escritor Mario Benedetti que nos haya descubierto los andamiajes de una nueva patria y que ésta sea un lugar de encuentro y de responsabilidad es un deber que tenemos hoy más que nunca, porque están cerca los que se empeñan en prostituir palabras y conceptos, los que desprecian o condenan al otro porque le atribuyen patrias distintas a la única posible, la de la necesaria humanidad que Benedetti nos ha enseñado.
Gracias, Mario
Un abrazo de hermano

Carta pública a Mario Benedetti por la atribución del Premio Son Latino, 25 de agosto de 2000

Gabriel García Márquez

Comida con Gabriel García Márquez que nos hizo llegar un recado, a pesar de estar medio de incógnito en Madrid. Casi tres horas a la mesa, una conversación que parecía no querer acabar. Se habló de todo: de las elecciones españolas, de la situación social y política portuguesa, del estado del mundo, de libros, de editores, de Paz y Vargas Llosa, etcétera. Mercedes y Pilar estuvieron de acuerdo en pertenecer al Departamento de los Rencores, dejando a sus respectivos maridos el papel simpático y superior de quien está por «encima de eso». García Márquez contó un episodio divertido relacionado con la película de su cuento «La santa». Como se sabe, al final de la historia el padre de la niña muerta le dice que se levante y ande, y ella ni anda ni se levanta. Pero a García Márquez, que andaba a vueltas con el guion, no le satisfacía ese final hasta que vino a encontrar la solución: en la película la niña resucitaría de verdad. Telefoneó entonces al realizador (salvo error, Ruy Guerra) para informarle de lo que había decidido y se encontró con un silencio reticente, seguido por una oposición firme. Que no, que no podía ser, una cosa era hacer volar a una mujer envuelta en aleteantes sábanas, otra resucitar un cuerpo hace tiempo muerto, incluso habiendo ya indicios milagreros como no oler mal y no tener peso. Respuesta de García Márquez: «Está claro que vosotros, los estalinistas, no creéis en la realidad». Otro silencio, sin embargo diferente, del otro lado de la línea. Por fin la voz se oye: «De acuerdo». Y la niña resucitó.

Cuadernos de Lanzarote, 25 de mayo de 1993

1998

José Saramago es uno de los escritores grandes de este siglo y su premio Nobel es uno de los más justos. El júbilo que esto ha causado en los países de lengua castellana, como si fuera un triunfo nuéstro, confirma lo que algunos escritores venimos diciendo desde hace tiempo: la literatura iberoamericana es una sola. Por eso hemos propuesto tantas veces que se tome en cuenta a portugueses y brasileños para el premio Cervantes.

La nota pintoresca de esta vez es que a Saramago lo haya condenado el mismo Papa que reivindicó a Galileo después de cuatro siglos. Quizás dentro de otros cuatro un Papa nacido en la Luna o en Saturno reivindicará también a Saramago. ¡Si Dios quiere!

Gabriel García Márquez

Los escritores se dividen (imaginando que aceptaran ser divididos...) en dos grupos: el más reducido, el de aquellos que fueron capaces de abrirle a la literatura nuevos caminos; el más numeroso, el de los que van detrás y se sirven de esos caminos para su propio viaje. Es así desde el principio del mundo y la (¿legítima?) vanidad de los autores nada puede contra las claridades de la evidencia. Gabriel García Márquez usó su ingenio para abrir y consolidar la vía del después mal llamado «realismo mágico», por donde avanzaron más tarde multitudes de seguidores y, como siempre sucede, los detractores de turno. El primer libro suyo que me llegó a las manos fue *Cien años de soledad* y el choque que me causó fue tal que tuve que parar de leer al cabo de cincuenta páginas. Necesitaba poner algún orden en mi cabeza, alguna disciplina en el corazón, y, sobre todo, aprender a manejar la brújula con la que tenía la esperanza de orientarme en las veredas del mundo nuevo que se presentaba ante mis ojos. En mi vida de lector han sido poquísimas las ocasiones en que se ha producido una experiencia como ésta. Si la palabra traumatismo pudiese tener un significado positivo, de buen grado la aplicaría al caso. Pero, ya que ha sido escrita, aquí la dejo. Espero que se entienda.

JOSÉ SARAMAGO Y GABRIEL GARCÍA MÁRQUEZ

«Gabo», *El último Cuaderno,* 3 de agosto de 2009

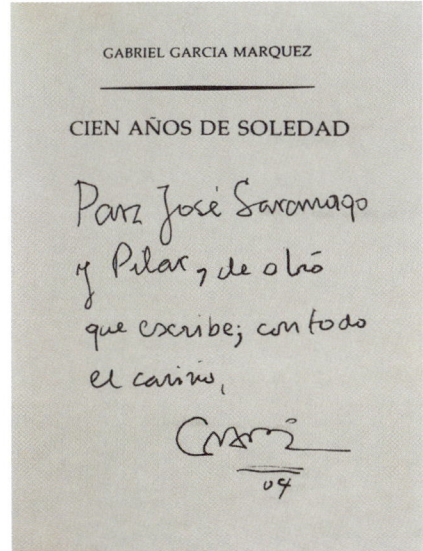

Luciana Stegagno Picchio

QUERIDA Luciana:
Desde aquí lejos, pero cerca de tu corazón, te mandamos, Pilar y yo, un saludo enorme. Si fuésemos a Almada, al homenaje, te pondríamos en el sitio del Cristo Rey. No para que te quedases allí (te necesitamos tanto que nunca te convertiríamos en estatua), sería sólo durante una hora para que todos te viesen, no sólo los del Teatro, no sólo los de la Literatura, sino también todas aquellas personas que no se imaginan cuánto te debemos los portugueses en estudio, en amistad, en devoción. Si en medio de los aplausos y los abrazos ves a una mujer con cara de sevillana y a un hombre calvo, con gafas y aparente cara de pocos amigos, debes saber que somos nosotros. El san Antonio del que hablaste en la entrevista no es el único que tiene el don de la ubicuidad. El amor, lo sabes bien, también puede mucho. Y es ese amor el que nos lleva a ti, Luciana querida.

Carta a Luciana Stegagno Picchio, 15 de julio de 1999

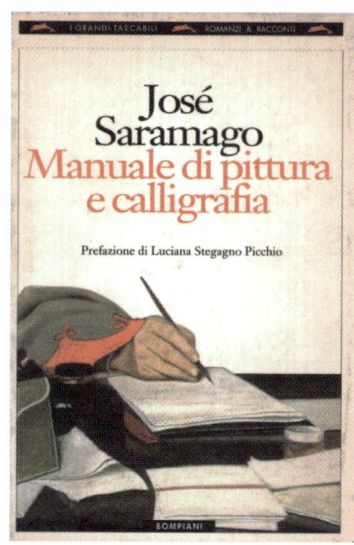

326. ALMADA — Monumento a Cristo-Rei

Maria Alzira Seixo

LLEGÓ HOY, viene a pasar unos días con nosotros. Cada vez que voy al aeropuerto a esperar a un amigo portugués tengo la curiosa impresión de estar recibiéndolo en el propio umbral de la casa, como si toda la isla de Lanzarote fuese mi propiedad, y no apenas estos dos mil y pocos metros cuadrados colgados en lo alto de la cuesta que desciende de Tías hasta Puerto del Carmen... Más curioso aún es el sentimiento de responsabilidad que me obliga a desear que el visitante sólo se lleve de aquí buenos recuerdos, esto es, que, día y noche, el tiempo, el cielo, el mar y el paisaje hayan estado perfectos, que el viento no haya soplado demasiado, que ningún turista distraído o mal educado haya tirado en el camino una lata de coca-cola o un paquete de cigarrillos vacío, que ningún residente —canario, peninsular o extranjero— haya infringido el código no escrito que le manda comportarse como ejemplo de civismo cotidiano, que por eso, me parece a mí, es por lo que tenemos el privilegio sin precio de vivir en este lugar. A Maria Alzira le gustó la casa («Vivida como si ya fuese de generaciones», dijo), se sorprendió ante la vista del mar y la isla de Fuerteventura, y yo apenas conseguía disimular la emoción de verla aquí. Acepto que otras casas lo sean tanto, pero ninguna lo será más que ésta: una puerta abierta de par en par para los amigos, como acostumbra a decirse, pero también, en casos como éste, igualmente tentada a cerrarse para retenerlos...

Cuadernos de Lanzarote, 14 de septiembre de 1995

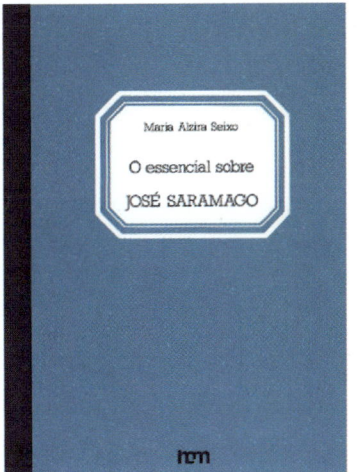

Familia Basuga

Él [Saramago] quiso que yo lo acompañase, fui con mi hijo de ocho años (dormíamos los dos en un colchón en el suelo, porque el mejor cuarto de los trabajadores, tan entusiasmados como yo, fue para José), y el niño se divertía con las trilladoras, y allí recibimos la visita del general Vasco Gonçalves, que jugó mucho con el crío.
Maria Alzira Seixo, *Jornal das Letras*, 26 de septiembre de 2018

No sé si João Basuga es un autor de ficción nato. Sí sé que es un narrador prodigioso, con características poco comunes: la ciencia de la pausa, el juego sutil de los ojos, la entonación, la impasibilidad ante la propia falta de verosimilitud [...]. El placer del texto que adopto para mí está en la narración de João Basuga, de Lavre, o en las décimas de Bernardino Barco Recharto, de Arraiolos. Está en el placer con el que hablan, está en el placer con el que oigo. ¿Qué caminos tendremos que recorrer, unos y otros, para nuestro placer de que nos oigan y para su placer de oírnos?
Diário de Lisboa, junio de 1978

Amigos somos, João Basuga, amigos con una amistad que cierta gente en Portugal hizo cuanto estaba en su mano para que no existiese nunca: la amistad que, con una sencillez que a esa misma gente le quita el sueño, une al intelectual y al trabajador, al escritor que vive en Lisboa y al obrero agrícola nacido, criado y triste en el Alentejo, el yo que somos aquí, el tú multiplicado en rostros de hombres y mujeres, firmeza vuestra y nuestro aprendizaje. Durante casi dos meses me senté a tu mesa, comí lo mismo que tú, el pan y las aceitunas, el pescado de río, el cerdo, la sopa y las migas. Hablamos mucho, pero no todo, porque dos meses es casi nada e increíblemente larga la historia de vuestros trabajos. Contigo, con Mariana Amália, tu mujer, con tus hijos, aprendí o confirmé dos o tres cosas fundamentales: el parentesco esencial de quien no tiene lazos comunes de sangre, y también que en el reparto de la inteligencia no siempre les toca la mejor parte a los que tienen el oficio de usarla y sacan provecho de ese uso: bajo tu techo viven algunos de los espíritus más agudos que he conocido.
«Recado para João Basuga, alentejano», *Folhas Políticas*, 1999 (1977)

Al cabo de algunas semanas, creo que a primeros de marzo, ya estaba instalado en Lavre, en una habitación espaciosa de la casa del latifundista huido de la tierra (las otras habitaciones estaban ocupadas por familias necesitadas), con una ventana a un gran patio interior, una cama bastante cómoda, una mesa pequeña donde Hermes Média esperaba la diligencia de mis dedos, el libro cuya traducción me había propuesto adelantar en las pausas de mis indagaciones, un diccionario de francés-portugués. En cuanto al sustento, me habían acuartelado en casa de los Basuga, comida, merienda y cena, como un señor. No he conocido nunca mejor gente. El jefe de familia, una torre, decía: «Mientras haya reforma agraria, siempre habrá un plato en esta mesa para quien venga».
Prefacio de *Uma família do Alentejo*, de João Domingos Serra, 2010

Zeferino Coelho

ZEFERINO COELHO volvió hoy a Lisboa. Mientras estuvo aquí leyó todo cuanto he escrito en los últimos tiempos: los *Cuadernos*, el capítulo del *Ensayo*, las notas para las *Tentaciones*. Me propuso llevarse los *Cuadernos*, para publicar en abril un primer volumen. El trabajo que tuve para que desistiera de su idea no necesitó ser muy grande, pero me obligó a pensar sobre lo que quiero hacer, o mejor, sobre el orden en que habrán de salir estos libros, mientras aún son todavía promesa de tales. Concluí que debo lanzarme de cabeza al *Ensayo* y no ir buscando disculpas cómodas con el tiempo que las *Tentaciones* y los *Cuadernos* continuarán tomándome.

Cuadernos de Lanzarote, 3 de enero de 1994

ALLÁ FUERON, una copia para Zeferino Coelho, otra para Maria Alzira Seixo, él porque es el editor, ella por haber escogido el *Ensayo* para tema del estudio que prometió escribir para un volumen que Giulia Lanciani está preparando sobre el autor de estos *Cuadernos*. De aquí a pocos días ya sabré lo que piensan estos primeros lectores.

Cuadernos de Lanzarote, 18 de agosto de 1995

ZEFERINO COELHO telefoneó para decirme que le gustó el libro. El autor apreció saberlo y se dijo a sí mismo que, ahora sí, el *Ensayo* está terminado.

Cuadernos de Lanzarote, 20 de agosto de 1994

NOTICIAS DE OBRA hecha y por hacer: he escrito la introducción para el libro de Sebastião Salgado, he chapuceado los discursos de El Escorial (ya «pronunciado») y de Gandía, empujo el diario como puedo, sigo luchando con el pulpo de la correspondencia, espero un milagro que me quite de la vista las engorrosas obligaciones para volver a las *Tentaciones* [...].

Me parece mal decirlo, pero estos asuntos de dinero se me están volviendo indiferentes, como si fuesen de otro mundo. Porque te sobra, me dirán, como si fuese rico. No soy pobre (tengo una casa con piscina...), pero cada vez veo más iguales el dinero y la mierda.

Carta a Zeferino Coelho, 16 de agosto de 1996

Ray-Güde Mertin

ESTIMADO señor Saramago:
Debería haber escrito esta carta hace más de un año. Vengo acompañando su trabajo desde hace mucho tiempo y soy —sin exageración— una admiradora entusiasta de su obra. Cuando Graça Macedo, del Instituto Portugués del Libro, me habló por primera vez de *Memorial del convento*, me prometí a mí misma esforzarme para que la novela se publicara en Alemania. De hecho, cuando Graça Macedo envió el libro de la editorial Rowohlt, escribí un informe detallado y entusiasta sobre el *Memorial*. Como las negociaciones entre la editorial alemana y su editorial ya estaban en marcha, no quería interferir escribiéndole a usted. Hoy me arrepiento y querría haberle escrito esta carta mucho antes. Me gustaría ser su representante en los países de lengua alemana, porque estoy convencida de que su obra es de las más importantes que nos han llegado de Portugal en los últimos años. [...] Disculpe mi franqueza, pero soy una persona sin ceremonias, me gusta mi trabajo y quiero que sepa que aquí, cerca de Frankfurt, vive una gran admiradora suya a la que en el futuro le gustaría representarlo ante las editoriales en lengua alemana.

Carta de Ray-Güde Mertin, 18 de octubre de 1985

LLEGARON a la isla dos periodistas del *Frankfurter Allgemeine Zeitung* para hacer un reportaje sobre el autor de estos *Cuadernos*. Los acompaña Ray-Güde Mertin. Durante dos días voy a tener que andar por ahí diciendo cosas y siendo fotografiado. Ella también, ya que la idea del periódico es presentar al autor del *Ensayo sobre la ceguera* y a su traductor a los lectores alemanes interesados en localismos literarios extraeuropeos. Todo esto será publicado en octubre, durante la Feria del Libro de Frankfurt. Tengo la impresión de que algunas personas propenden a creer que la gran noticia de esos días —el Premio Nobel, el tal— me tirará de las orejas para colgarme ante los focos esplendorosos de la publicidad mundial... Lo más seguro es que esté rematadamente equivocado quien piense así. Por mi parte, estoy más que escarmentado.

Cuadernos de Lanzarote, 31 de agosto de 1997

Basilio Losada

PARA RELATO antiguo, fábula moderna. El relato lo había hecho Alfonso X en una de sus Canciones de Santa María, al medir y rimar los lances ritualizados de un milagro de la Virgen, que en Vila-Sirga realizó el prodigio de liberar los miembros tullidos de una hidalga que había acudido a su iglesia desde tierras de Francia después de haber implorado en vano salud por otros santuarios. La fábula la ha escrito Basilio Losada, con el gusto y el placer del creador competente, pero también, supongo, para mostrarnos lo que no se deja ver en la canción, esto es, la vida y su realidad. Sin casi diferencias de vocabulario y de toponimia, la materia del poema podría haber sido tratada en cualquier otra época y en cualquier otro lugar donde subsistiese una fe suficiente como para creer en sustantivaciones de lo imposible. La canción, como representación sacra, fue compuesta para estimular las creencias, por eso ha tenido que recorrer un camino conocido de antemano para llegar a una conclusión que de antemano se conoce: primero la demanda, luego la súplica, por fin el milagro. Sin embargo, las palabras que lo narraron fueron solamente las propias de un relato de esta naturaleza, una retórica de sentimientos devotos tal vez en trabajo consigo misma para romper la piel de las expresiones aceptadas, pero inevitablemente forzada a dejar de lado el ruido y la furia de la vida exterior, la brutalidad de las costumbres, la devastación de las guerras, la calamidad del hambre, la guadaña de las pestes, el olor insoportable de los cuerpos, el pavor último de las almas. La canción de Alfonso el Sabio fue escrita en cierto año del siglo XIII, pero no puede decirnos nada sobre las realidades sociales de ese tiempo, sólo un esbozo sin novedad de la mentalidad religiosa de la época en una de sus manifestaciones menos espirituales: la creencia en el milagro.

Fabulando magníficamente sobre la canción alfonsina, sobre el relato edificante que es, sobre una iconografía y una devoción mariana que se había intensificado a partir del siglo XII, Basilio Losada ha abierto paso a la Historia, a hombres y mujeres reales, de carne, hueso y sentidos, que sufren y hacen sufrir, que a veces dudan sobre sus creencias y se dejan tentar por la herejía de creer en lo que dudan, gentes que, por encima de los siete siglos que nos separan, reconocemos como nuestros semejantes. Y todo esto lo ha hecho Basilio Losada por la puerta grande de la escritura. Un alto poder de invocación, una maestría superior de lenguaje, un arte riguroso de construcción, y ahí está *La peregrina*. Bienvenido, Basilio.

Prólogo a *La peregrina*, de Basilio Losada, 1999

Con Basilio Losada, traductor al español de numerosas obras de Saramago, en Braga, 1999; fotografiado por Distrito Xermar, en 2013

Giovanni Pontiero

EL DIÁLOGO entre el autor y el traductor, en la relación entre el texto que es y el texto a ser, no es sólo un diálogo entre dos entidades individuales que han de completarse, es sobre todo un encuentro entre dos culturas colectivas que deben reconocerse.

En mi vida de escritor pocas veces ese diálogo ha sido tan fraterno y ese encuentro tan fértil como los que hicieron nacer y durar la profunda relación de trabajo y de amistad que, a lo largo de diez años, tuve el privilegio de mantener con Giovanni Pontiero. Recuerdo como si fuese ayer el día en que nos conocimos, en Lisboa, en un restaurante a orillas del Tajo, con gaviotas volando por encima de nuestras cabezas, cuando me propuso ser mi traductor a la lengua inglesa. No le movía otro interés que no fuese el de la literatura, y con esto quiero acentuar que no le movía un interés material, como sin duda no le movería (alabado sea...) cualquier consideración por mis propios intereses materiales: entre nosotros había, sencillamente, un libro que yo había escrito y que él amaba.

Fue así como empezó, para mí, con la traducción de *Memorial del convento*, una aventura humana y literaria fuera de lo común, más y más rica de lecciones y aprendizajes mutuos a cada libro que se iba publicando. Las largas listas de preguntas y dudas que me llegaban, siempre manuscritas, con la caligrafía minúscula de Pontiero, en que cada palabra aparecía dibujada letra a letra, eran como puertas que se me abrían para una comprensión más exacta de mi propio idioma. Aclarando al traductor, el autor se aclaraba a sí mismo en el acto de reexaminar un texto que hasta entonces le había parecido claro, pero que se había vuelto opaco por la lectura realizada desde un punto de vista diferente, desde el horizonte de una cultura diferente. Así fue nuestra relación hasta el *Ensayo sobre la ceguera*, traducido (heroicamente, sí, heroicamente, la palabra no es excesiva) cuando la última oscuridad se acercaba a Giovanni Pontiero.

«To write is to translate», en *The Translator's Dialogue: Giovanni Pontiero*, 1997

Eduardo Lourenço

Soy deudor contumaz de Eduardo Lourenço desde 1991, o sea, desde hace diecisiete años. Se trata de una deuda un tanto singular porque, siendo natural que él, como afectado, no la hubiera olvidado, es menos habitual que yo, el deudor, al contrario de lo que suele suceder en casos semejantes, nunca la haya negado. Bien es verdad que si nunca me hice el olvidadizo de la falta, tampoco él me permitió, hay que decirlo, que me dejara engañar por sus silencios tácticos, que de vez en cuando interrumpía para preguntar: «¿Qué pasa con esas fotografías?». Mi respuesta era siempre la misma: «Vaya, he tenido mucho trabajo, pero lo malo es que todavía no he pedido que hagan las copias». Y él, tan invariable como yo: «Las fotografías son seis, tú te quedas con tres y me das el resto», «Eso nunca, es lo que faltaba, tienes derecho a todas», respondía yo, hipócritamente magnánimo. Pues bien, ha llegado la hora de explicar de qué fotografías hablamos. Estábamos, él y yo, en Bruselas, en Europalia, y andábamos por allí como tantos otros curiosos, de sala en sala, comentando las bellezas y las riquezas expuestas, y con nosotros iba Augusto Cabrita, máquina en ristre, buscando siempre la instantánea inmortal. Que pensó haber encontrado en un momento en que Eduardo Lourenço y yo nos detuvimos dándole la espalda a un tapiz barroco sobre un tema de esos históricos o míticos, no me acuerdo bien. «Ahí», ordenó Cabrita con ese gesto feroz que tienen los fotógrafos en situaciones de alto riesgo, que es como imagino que ellos las consideran. Todavía hoy sigo sin saber qué diablillo me hizo no tomar en serio la solemnidad del momento. Comencé componiendo la corbata de Eduardo, después inventé que sus gafas no estaban bien ajustadas y me empleé en ponerlas en su sitio, de donde nunca habían salido. Comenzamos a reírnos como dos muchachos, él y yo, mientras Augusto Cabrita aprovechaba, con sucesivos disparos, la ocasión que le había sido ofrecida en bandeja. Ésta es la historia de las fotografías. Días más tarde, Augusto Cabrita, que murió pasados dos años, me mandó las imágenes tomadas, creyendo, seguro, que quedaban en buenas manos. Buenas eran, o no del todo malas, pero, como ya he dejado explicado, poco diligentes.

Tiempo después me dio por escribir la novela *Todos los nombres*, libro que, según pensé entonces y sigo pensando hoy, no podría tener mejor presentador que Eduardo. Así se lo hice saber, y él, buen chico, accedió inmediatamente. Llegó el día, la sala mayor del hotel Altis estaba a reventar por las costuras, y de Eduardo Lourenço ni presencia ni noticias. La preocupación se respiraba en el aire cargado, algo había sucedido. Además, como todo el mundo sabe, el gran ensayista tiene fama de despistado, podía haberse equivocado de hotel. Tan despistado, tan despistado que, cuando finalmente apareció, anunció, con la voz más tranquila del mundo, que había perdido el discurso. Se oyó un «Ah» general de consternación, que yo, por obra de mis malos instintos, no acompañé. Una sospecha atroz se apoderó de mi espíritu, la de que Eduardo Lourenço había decidido aprovechar la ocasión para vengarse del episodio de las fotografías. Equivocado estaba. Con papeles o sin ellos, el hombre fue brillante como siempre. Tomaba las ideas, las sopesaba con el falso aire de quien está pensando en otra cosa, unas las dejaba de lado para un segundo examen, otras las

disponía sobre un tablero invisible esperando que ellas mismas encontrasen las conexiones que las potenciarían, unas con otras y con alguna de la segunda elección, más valiosa de lo que al principio había parecido. El resultado final, si la imagen se me permite, fue un lingote de oro puro. Mi deuda iba en aumento, era ya más grande que el agujero de ozono. Y los años fueron pasando. Hasta que, siempre existe un hasta que para ponernos finalmente en el buen camino, el tiempo, después de mucho esperar, decidió perder la paciencia. En este caso fue la lectura reciente de un ensayo de Eduardo Lourenço, «De lo inmemorial o la danza del tiempo», en la revista *Portuguese Literary & Cultural Studies 7* de la Universidad de Massachusetts Dartmouth. Resumir esa extraordinaria pieza sería ofensivo. Me limitaré a dejar constancia de que las famosas copias ya se encuentran finalmente en mi poder y de que Eduardo en pocos días las recibirá. Con la mayor amistad y la más profunda admiración.

«Eduardo Lourenço», *El Cuaderno*, 13 de octubre de 2008

UNA IRRESISTIBLE y ya automática asociación de ideas me hace siempre recordar la *Melancolía* de Durero cuando pienso en la obra de Eduardo Lourenço. Si *Solo*, de António Nobre, es el libro más triste que alguna vez se haya escrito en Portugal, nos faltaba quien reflexionara y meditara sobre esa tristeza. Llegó Eduardo Lourenço y nos explicó quiénes somos y por qué lo somos. Nos abrió los ojos, pero la luz era demasiado fuerte. Por eso, volvimos a cerrarlos.

«Tristeza», *El último Cuaderno*, 20 de agosto de 2009

CUANDO POR LA NOCHE nos despedimos, después de la cena ofrecida por el embajador Nunes Barata, dijo Eduardo: «Bueno, pues hasta mañana». Le respondí que no, que partía tempranísimo, suponía que lo sabía, y él dijo un «¡Ay!» desconsolado, una expresión de tristeza que reflejó la mía. Antes me había dicho unas palabras muy bonitas que me llegaron dentro: que yo era el hermano mayor que él no tuvo.

Cuadernos de Lanzarote, 18 de febrero de 1994

Graça Morais

Las manos, cuando trabajan la tierra, se confunden con ella. Hay pintores que se acercan a la superficie del soporte con las manos manchadas con los colores de la tierra. Hay pintores que no pueden olvidar las señales de la tierra cuando se preparan para pintar un rostro, un cuerpo desnudo, un cielo o, simplemente, dos rosas blancas en un jarrón. Para esos pintores, la luz blanca también existe, pero la entienden como si la emitiese la tierra oscura. Al repartirla sobre el lienzo o el papel, lo que hacen aparecer son los tonos sordos y cálidos de los barros, el negro del humus, el pardo de las raíces, la sangre del almagre. Pintan al hombre con los colores de la tierra porque ésos son los colores fundamentales, no los demás. De un retrato pintado con ellos no se diga nunca que es parecido, dígase que es igual al modelo, igual en su sustancia última: el mayor o menor parecido aparente será, en este caso, lo que menos importa.

Graça Morais dibuja la figura humana con los colores de la tierra, los rostros con la entereza áspera del sílex, el pelo con los remolinos del viento en las mieses, las manos como si hubiesen acabado de coger del suelo los frutos profundos. Eso es lo que hace de cada pintura suya un retrato nuestro.

Catálogo de la exposición «Couleurs de la Terre», de Graça Morais, 1997

A Caminhada do medo, 2011

Leyla Perrone-Moisés

El libro [*El Evangelio según Jesucristo*], en su artículo, aparece situado donde debe estar, que es donde yo quise ponerlo y donde lo reconozco: un intento de comprender el mundo en el que vivo, con los únicos medios con los que puedo atreverme, los de la literatura y la ficción. La Iglesia protesta y discute, sin ni siquiera entender que yo no estoy donde ella insiste en verme. Todo esto sería divertido si no fuese triste: el ser humano es un animal sin remedio, loco y enfermo, incapaz de aguantar la contradicción cuando alcanza de lleno a las máscaras que inventó contra el miedo. Ya conocía el artículo, pero ha sido un placer recibirlo de sus manos. Le confieso que, tras su texto sobre el *Ricardo Reis*, esperaba con cierta ansiedad lo que diría sobre el *Evangelio*. Basta decir que le estoy agradecido, con un cierto sentimiento de humildad en el que no sé profundizar.

Carta de José Saramago, febrero de 1992

Hubo por entonces [abril de 1997] una cena festiva en casa de Luiz y Lilia Schwarcz. En un momento determinado, estando yo sentada en un sofá al lado de Raduan Nassar (en una de sus rarísimas apariciones en público), Saramago se unió a nosotros. Pensé entonces que aquélla era una oportunidad única para tener una foto en compañía de aquellos dos escritores a los que tanto admiraba y sobre los cuales había escrito. Pasaba en aquel momento, cerca de nosotros, un señor joven que me pareció simpático. Me levanté con mi máquina y le pedí que nos hiciese una foto. Muy gentilmente, accedió. Habiéndolo visto todo, a la editora Maria Emilia Bender le dio la risa y me dijo: «¿Sabes a quién le has pedido que hiciera la foto? ¡Era Bob Wolfenson! ¡Y encima le has explicado que sólo tenía que apretar el botón!». Después de aquello, le pedí disculpas al famoso fotógrafo de celebridades. Resultado previsible: es la mejor fotografía de la noche, la mejor encuadrada. Saramago abrazándome y Raduan con cara de «¿qué estoy haciendo aquí?».

Leyla Perrone-Moisés, *Vivos na Memória*, 2021

Luiz y Lilia

Luiz Schwarcz y Lili nos acompañan a Lanzarote, para pasar unos días, pero, por lo que he visto hoy, será muy difícil que Luiz llegue a descansar: está preocupado con la edición del libro de Caetano Veloso, *Verdade Tropical*, telefonea continuamente a São Paulo para saber cómo van las cosas, cuando no telefonea nos habla del libro, y si no habla, se le ve en la cara que está pensando en él... Todavía hay editores así. Mañana daremos una vuelta por la isla: Timanfaya es el mejor remedio para las preocupaciones.

Cuadernos de Lanzarote, 24 de octubre de 1997

Jorge y Zélia

Jorge Amado escribe desde Brasil: «Aquí el sofoco es grande, problemas inmensos, atraso político increíble, la vida del pueblo da pena, es un horror». Me dice que hasta fin de mes estará en Bahía, que pasará por Lisboa antes de seguir hacia París. Esta vida de Jorge y Zélia parece de lo más fácil y amena, una temporada aquí, una temporada allí, viajes por medio, en todas partes amigos esperándoles, premios, aplausos, admiradores: ¿qué más pueden desear estos dos? Desean un Brasil feliz y no lo tienen. Trabajaron, esperaron, confiaron durante toda la vida, pero el tiempo les dejó atrás y, a medida que va pasando, es como si la propia patria, poco a poco, se fuese perdiendo también ella, en una irrecuperable distancia. En París, en Roma, en Madrid, en Londres, en el fin del mundo, Jorge Amado recordará Brasil y, en su corazón, en vez de aquella lenitiva pena de los ingenuos, que es la saudade, sentirá el dolor terrible de preguntarse: «¿Qué puedo hacer por mi tierra?»... y encontrar como respuesta: «Nada».

Porque la patria, Brasil, Portugal, cualquiera, es sólo de algunos, nunca de todos, y los pueblos sirven a sus dueños creyendo que es a ella a quien sirven. En el largo y siempre crecido rol de las alienaciones, ésta es, probablemente, la mayor.

Cuadernos de Lanzarote, 8 de mayo de 1993

AL AÑO SIGUIENTE (1991), frente a la poderosa candidatura de Marguerite Duras, propuesta y defendida por Pascal Quignard, conseguí, con el apoyo tranquilo pero obstinado de Jorge Amado, hasta la rendición unánime de los restantes miembros del jurado, que el premio fuese para José Cardoso Pires.

La amistad con Jorge Amado comenzó ahí, pedaleando, hombro con hombro, para que un escritor de lengua portuguesa fuera el destinatario del reconocimiento internacional que el Premio de la Unión Latina entonces significaba. En la misma Roma durante algunos años más, en París, en el domicilio de la Rue Saint-Paul, en Santiago de Compostela, finalmente en Lisboa para enmendar la falta en el sitio donde había sido cometida, en Salvador de Bahía, aquí y allí por todo el mundo, siempre con Zélia y con Pilar, los amigos Jorge y José nunca necesitaron largos discursos ni copas de coñac para saber que se entendían y que se estimaban. De otro modo no puede entenderse el pacto que, entre bromas, firmaron en París: aquel que ganase el Nobel (suponiendo que tal sucediese) invitaría al otro a estar presente en la ceremonia. Sin envidia ni rencor. A finales de 1998, Jorge Amado no estaba en condiciones de viajar, sólo por eso no estuvo conmigo en Estocolmo.

«Jorge Amado vivo», *El País*, 6 de octubre de 2001

DURANTE MUCHOS AÑOS Jorge Amado quiso y supo ser la voz, el sentido y la alegría de Brasil. Pocas veces un escritor se ha convertido, como él, en el espejo y el retrato de un pueblo entero. Una parte importante del mundo lector extranjero comenzó a conocer Brasil cuando comenzó a leer a Jorge Amado. Y para muchas personas fue una sorpresa descubrir en los libros de Jorge Amado, con la más transparente de las evidencias, la compleja heterogeneidad, no sólo racial, sino cultural, de la sociedad brasileña. La generalizada y estereotipada visión de que Brasil era reducible a la suma mecánica de las poblaciones blancas, negras, mulatas e indígenas, perspectiva esa que, en todo caso, ya venía siendo progresivamente corregida, aunque de manera desigual, por las dinámicas del desarrollo en los múltiples sectores y actividades sociales del país, recibió, con la obra de Jorge Amado, el más solemne y al mismo tiempo apreciable desmentido.

«Jorge Amado», *El Cuaderno*, 14 de octubre de 2008

Chico Buarque

¿Cómo entonces? ¿Desgarrados de la tierra?
¿Cómo? ¿Levantados del suelo?
¿Como bajo los pies una tierra
como agua que se escurre de la mano?

¿Como en sueños correr por una carretera?
¿Deslizándose en el mismo sitio?
¿Como en sueños perder el paso
y caer en el hueco de la Tierra?

¿Cómo entonces? ¿Desgarrados de la tierra?
¿Cómo? ¿Levantados del suelo?
¿O en la planta de los pies una tierra
como agua en la palma de la mano?

«Levantados del suelo», *Terra*, 1997

Mi querido Chico:
Acabamos de oír la preciosa música y las preciosas palabras de *Levantados del suelo*. Las hemos oído emocionados, como si las estuviesen cantando todos los hombres y las mujeres sin tierra de ese dolorido Brasil. Gracias a tu talento y a tu corazón generoso, la gente sufridora del campo tiene su himno. Ojalá sea cantado y oído en todas las partes del mundo donde falta la justicia y es negado el derecho. Por lo que a mí respecta, te estaré siempre agradecido por haberle puesto a tu canción el título de un libro mío. Puedes imaginarte la alegría que me da. Y también el orgullo. Recibe nuestro abrazo fraterno.

Carta de José Saramago, 19 de marzo de 1997

Otro tipo de escritor paralelo (también llamado negro o, más modernamente, *ghost*) es el que escribe para que otros gocen la supuesta o auténtica gloria de ver su nombre impreso en la cubierta de un libro. De esto trata, aparentemente, la novela —*Budapest*— de Chico Buarque de Holanda, y si digo «aparentemente» es porque el escritor «fantasma» cuyas grotescas aventuras vamos acompañando divertidos, si bien al mismo tiempo compadecidos, es sólo la causa inconsciente de un proceso de reiteraciones sucesivas que, si no llegan a ser de universos ni de literaturas, sin duda lo serán, inquietantemente, de autores y de libros. Lo más desasosegador, sin embargo, es la sensación de vértigo continuo que se apoderará del lector, que cada momento sabrá dónde estaba, pero cada momento no sabe dónde está. Sin aparentar pretenderlo, cada página de la novela expresa una interpelación «filosófica» y una provocación «ontológica»: ¿qué es, por fin, la realidad? ¿Quién soy yo en eso que me enseñaron a llamar realidad? Un libro existe, deja de existir, existirá otra vez. Una persona escribe, otra firma, si el libro desaparece ¿también desaparecerán ambas? Y si desaparecieran ¿desaparecerían en la totalidad, o sólo en parte? Si alguien sobrevive ¿sobrevive en este o en otro universo? ¿Quién seré yo, si habiendo sobrevivido, no soy ya quien era? Chico Buarque arriesgó mucho, escribió cruzando un abismo sobre un alambre, y llegó al otro lado. Al lado donde se encuentran los trabajos ejecutados con maestría, la de la lengua, la de la construcción narrativa, la del simple hacer. No creo equivocarme diciendo que algo nuevo sucedió en Brasil con este libro.

«Chico Buarque de Holanda», *El Cuaderno*, 22 de octubre de 2008

Estuvimos con Chico Buarque, que está a punto de terminar un nuevo libro. Si es como *Budapest* tendremos obra. Chico, el cantante, el músico, el escritor, es uno de los hombres cabales que unen a la calidad de su trabajo su condición de buenas personas. Hoy el día ha estado cumplido.

«Día vivido», *El Cuaderno*, 27 de noviembre de 2008

Célio de Castro

Durante una breve escala en Belo Horizonte [...] me narró el alcalde, el médico Célio de Castro, respetadísima figura de político, una instructiva historia. Con estas o semejantes palabras, he aquí lo que oí de su boca: «Cuando el Gobierno de Brasil anunció el denominado "paquete económico", un conjunto de medidas fiscales y administrativas destinadas a aminorar las consecuencias del terremoto financiero mundial provocado por la crisis de la bolsa de Hong Kong y sus efectos en la economía brasileña, una mujer que reside aquí vino a la alcaldía y solicitó hablar conmigo. Y lo que ella me dijo fue lo siguiente: "Alcalde, sé muy bien que no está dentro de sus competencias la obligación de resolver estas cuestiones, pero le pido al menos que me explique por qué razón si yo no juego en la bolsa, si no sé siquiera cómo funciona la bolsa, voy a tener que pagar los perjuicios de los que, cuando ganan, no comparten conmigo sus beneficios". La respuesta que le di fue simple: "Señora, lo absurdo no puede ser explicado". Me he preguntado (conclusión de Célio de Castro) si existirá una respuesta a la pregunta de aquella mujer o si estamos viviendo una pesadilla hecha de pesadillas, cada cual más absurda que las otras».

Cuadernos de Lanzarote, 7 de diciembre de 1997

Gonzalo Torrente Ballester

CUANDO LEÍ los *Cuadernos* de Torrente, imaginé La Romana como una especie de Subiaco gallego, una ermita medio enterrada en una cueva húmeda, entre musgos milenarios y nieblas de Elsinor, donde el escritor, como otro encadenado Prometeo, estaría luchando contra el buitre de la soledad y del reumatismo. La culpa la tenía Torrente que, página sí, página no, irritadamente, se quejaba de su destino y de la mala idea que había tenido de recogerse en la Ramallosa, que ése es el nombre de la aldea. Finalmente, La Romana es, en casa, lo más normal que se puede encontrar, burguesamente adosada, discreta, rodeada de buganvillas y, por lo menos en estos días de verano, un apacible lugar para vivir, sin más brumas que aquellas, vaporosas, gracias a las cuales se puede, aún hoy, ver bailar a las hadas. Encontramos a Torrente delgado, pálido, torcido el cuerpo más que de costumbre, menos fuerte la voz, pero con la tranquila e íntima certeza de que la enfermedad no pasa de un mal rato, como otros que vivió antes, y que no tardará en echar manos al trabajo. Por la tarde, en el auditorio, amparado por dos de los hijos, le aplauden con lágrimas. Yo leí mi breve conferencia y me conmoví como todo el mundo.

Cuadernos de Lanzarote, 16 de julio de 1993

LA *SAGA/FUGA* es un tejido complejísimo de planos cruzados, de interacciones de todo orden o, como digo ahora, todo en la *Saga/Fuga* está unido a todo, exactamente como un cuerpo vivo, un sistema biológico, el esqueleto unido a los circuitos sanguíneos, el cerebro a la médula espinal, la química digestiva a la química asimilatoria, el corazón a los pulmones, el acto al pensamiento.

Cuadernos de Lanzarote, 25 de junio de 1993

UN DÍA ESCRIBÍ que el lugar a la derecha de Miguel de Cervantes Saavedra, autor del *Quijote*, vacante durante siglos, había sido ocupado por Gonzalo Torrente Ballester, autor de *La saga/fuga de J. B.* Vuelvo a decirlo ahora y habré de repetirlo mañana, sabedor de que muchos y muchos años tendrán que pasar antes de que se vuelva a escribir un libro como éste.

Del prólogo a *La saga/fuga de J. B.*, de Gonzalo Torrente Ballester, 1991

POR LA NOCHE, durante el coloquio, alguien tuvo la ocurrencia de preguntarle a Torrente Ballester si creía en Dios. Respuesta genial y gallega de Gonzalo: «¿Y a usted qué le importa?».

Cuadernos de Lanzarote, 3 de mayo de 1996

Salman Rushdie

Estuvimos con él media hora, por detrás de una muralla de seguridad. Rushdie me pareció un hombre sencillo, sin señal de sofisticación o vedetismo. Si ya era así antes de que Alá lo hubiese fulminado, no sé. Me agradeció la carta que le escribí hace dos años, citó pasajes de la misma. Manifestó su esperanza de que las dificultades políticas y económicas con que Irán se debate actualmente contribuyan para la anulación de la sentencia, pero insiste en que la presión de la solidaridad internacional continúa siendo tan necesaria como en los primeros días. Soy menos optimista que él en cuanto a las probabilidades de un desenlace feliz de esta absurda historia. Aunque el Gobierno y las autoridades religiosas de Irán anuncien el cancelamiento de la *fatwa*, Rushdie quedará siempre a merced de un fanático deseoso de entrar en el cielo por la puerta principal. Sin olvidar que los riesgos de un atentado pasarán a ser mayores a partir de ese día: despedida la seguridad.

Cuadernos de Lanzarote, 9 de septiembre de 1993

Manuel Vázquez Montalbán

Es extraño porque no tuve mucha intimidad con Manolo Vázquez Montalbán. Llegó hasta mí a través de Pilar, nos llevamos muy bien desde el primer momento, pero las circunstancias, él aquí en Barcelona y nosotros en Lanzarote o en Lisboa, él viajando muchísimo y nosotros que no viajábamos menos. La nuestra es un ejemplo de gran amistad en que no fue necesario que hubiésemos ido a la misma escuela, bebido la primera copa juntos o fumado el primer cigarro. No era necesario. Lo que pido es que recordemos a Manolo vivo, porque está vivo.

Apertura de la Fiesta de Sant Jordi, Barcelona, 2004

Cena de fiesta con Manuel Vázquez Montalbán. No me acuerdo de haber visto alguna vez a Manolo tan feliz. Los brindis fueron muchos, todos referidos al lado izquierdo, el del corazón y el de la política.

Cuadernos de Lanzarote, 7 de marzo de 1994

Lídia Jorge

Repetimos, con Lídia Jorge, la visita a las sinagogas. Más tarde, cuando desde un punto alto contemplábamos el Moldava, comenté que ésta no era la Praga que yo venía esperando encontrar, la ciudad inmutable que la lectura de Kafka me había hecho, crédulamente, imaginar. «En blanco y negro», dice Lídia, definiendo con precisión lo que yo no conseguía expresar. Durante la comida nos contó algo que yo ignoraba completamente: la prehistoria de aquel *D. João II* que no se hizo. Que un día fue convocada a la Comisión de los Descubrimientos por el que entonces era su presidente (un comandante de Marina, antes de Graça Moura), que la invitó a escribir un guion cinematográfico sobre dicho rey, trabajo que sería bien pagado. Modesta, Lídia respondió que no tenía conocimientos históricos suficientes para enfrentarse con una tarea de tal complejidad («Deberías haber aceptado, mujer, la distancia entre un no saber y un saber no es tan grande», le dije yo), y sugirió mi nombre. ¡Qué has dicho! El comandante descargó sobre la mesa una enérgica palmada marinera y cortó: «No estoy interesado en visiones marxistas de la Historia». Asombrada, Lídia aún argumentó, sutilmente, que era posible que no hubiese otro remedio. Una mirada represiva y desconfiada castigó su osadía, como si el héroe del mar estuviese pensando: «¿También tú, Bruto?».

Cuadernos de Lanzarote, 12 de mayo de 1994

En la entrega del Premio Literario del Ayuntamiento de Lisboa, *ex aequo*, a *Memorial del convento* y *O Cais das Merendas*, de Lídia Jorge, 15 de junio de 1984; en Frankfurt, años ochenta

Susan Sontag

A Susan Sontag apetece llamarla simplemente La Sontag, como acostumbran los italianos cuando se refieren a las grandes cantantes de ópera. Susan, que yo sepa, no canta, pero parece tener la misma fuerza, el mismo lírico vuelo, la misma arrebatada pasión, la misma presencia irrefutable. Lo más curioso es que, contradiciendo absolutamente esta impresión, no se encuentra en ella ningún asomo de teatralidad, ninguna presunción, sus gestos son naturales siempre, el tono siempre acertado. Había coincidido con ella una vez, hace un buen par de años, en una mesa redonda del Salón del Libro de Turín. Por aquella época me pareció arrogante, impertinente, incluso presuntuosa. Para decirlo todo con una palabra, me desagradó. Pero hoy, mientras la oía hablar con tanta sencillez de su trabajo, mientras respondía yo a su interés por el mío, pensé cuántas veces sucede que no prestamos atención suficiente no sólo al tiempo que pasa, sino a las personas que éste nos va trayendo y después llevando, dejándonos, frecuentemente, el sabor amargo de las ocasiones perdidas.

Cuadernos de Lanzarote, 24 de abril de 1995

En mi interpretación, *El amante del volcán* es una reflexión oblicua sobre la muerte, ya patente, tal vez de modo involuntario, en el obsesivo espíritu coleccionista de Lord Hamilton: la melancolía de las colecciones, el coleccionismo como principio de muerte. Recordé uno de los pasajes más impresionantes de la novela, aquel que se refiere a una estatua de Venus capaz de oír, no de hablar o ver, sólo oír.

Cuadernos de Lanzarote, 14 de junio de 1995

En Madrid, para el lanzamiento del libro de Susan Sontag *El amante del volcán*. En una entrevista que dio a *El País* declara que sus escritores preferidos son Juan Goytisolo y José Saramago. Lance la primera piedra el fariseo que presume de no gustar de halagos semejantes...

Cuadernos de Lanzarote, 12 de junio de 1995

¡Mi queridísimo José! Finalmente los suecos hicieron lo que debían, precisamente cuando pensábamos lo peor de ellos, después de demasiados premios irrisorios. Tú eres mi candidato desde hace años (y ellos lo saben)... Siendo así, la noticia me ha dado mucha felicidad, por ti, por la literatura.
Os abrazo con fuerza a ti y a Pilar.
Susan. 11 de octubre de 1998

Azio Corghi

AL FINAL, no había motivos para temer. La respuesta del público fue entusiasta, la sala estuvo aplaudiendo durante casi quince minutos, Azio sonreía feliz como un *bambino*, yo disfrazaba la conmoción, haciendo de cuentas que de experiencias como ésta se amasa mi pan de cada día.

Cuadernos de Lanzarote, 8 de abril de 1995

NUNCA agradeceré lo bastante a Azio Corghi las alegrías que viene dándome. Ahora ha sido su cantata *La muerte de Lázaro*, interpretada en Milán, en la iglesia de San Marco, por el coro del Teatro alla Scala, sobre textos extraídos del *Memorial*, del *Evangelio* y de *In Nomine Dei*.

Cuadernos de Lanzarote, 12 de abril de 1995

EN TODO CASO, nunca nadie diga de esta agua no beberé... Tampoco había pensado en los anabaptistas de Münster, y escribí *In Nomine Dei*. Tampoco mi querido Azio Corghi había pensado en ellos y compuso *Divara*.

Cuadernos de Lanzarote, 22 de diciembre de 1995

LA VIDA, si me permiten la comparación, es como un tapiz. Nosotros somos la urdimbre, a la que no se pide más que mantenerse siempre recta y tensa, los demás son la trama, el hilo que pasa y entrelaza, porque a través de los encuentros con ellos —familia, amigos, enemigos— es como se va precisando el patrón, se van definiendo los colores que, en cada momento, nos identifican. El arte, la amistad y la generosidad de Azio Corghi han traído al dibujo de mi existencia una riqueza a la que nunca habría llegado por mí mismo. Gracias a Azio Corghi, la urdimbre de palabras que he escrito se ha convertido en música, se ha hecho canto. Ha sido un encuentro feliz, el nuestro. Vale la pena mirar el tapiz que somos, él y yo.

Mecanografiado inédito, *c.* 2000

Barbara Probst-Solomon

Barbara Probst-Solomon es dos veces admirable, como persona y como escritora. Su libro *Arriving where We Started*, que en España se publicó con el título *Los felices cuarenta*, es, al mismo tiempo, una autobiografía, una «educación sentimental» y un ensayo político, testimonio sobre la vida política y emocional de los jóvenes exiliados españoles en París y vivísimos relatos de los comienzos de la resistencia política de la posguerra. Se cuenta, por ejemplo, cómo Barbara, en 1948, en su juventud, con Francisco Benet, hermano del escritor Juan Benet, y Barbara Mailer intervinieron decisivamente en la evasión de Nicolás Sánchez Albornoz y de Manolo Lamana del campo de trabajos forzados de Cuelgamuros... En la despedida le dijimos que la esperábamos en Lanzarote. De todo corazón.

Cuadernos de Lanzarote, 24 de septiembre de 1996

Para mí, si María Magdalena no hubiese existido, Jesús tampoco habría existido como Jesús. Jesús es Jesús porque existió María Magdalena. La Biblia empieza con Adán y Eva, pero rápidamente la pareja pasa a ser Eva y la serpiente. Esta situación (aunque en el Antiguo Testamento no falten las Betsabés, las Tamaras, etcétera) no se modifica hasta que llega María Magdalena. Para poder volver a reivindicarse Eva, es esencial que Jesús desee a María Magdalena y cohabite con ella. En la versión del Nuevo Testamento Jesús no hace más que perdonar a María Magdalena o protegerla. Tú transfieres algunas características de la envidia, el deseo como maldad de la serpiente contra Dios, lo que tiene su lógica, ya que la serpiente es criatura de Dios. Empezamos por la primera pareja, formada por Eva y Adán, después vino la pareja Eva y la serpiente, después la pareja *troublée*, constituida por José y María, y por fin aparece la pareja humana, Jesús y María Magdalena. A través de Jesús, Adán podrá por fin vivir. Y la serpiente vuelve hacia Dios.

Carta de Barbara Probst-Solomon, 25 de diciembre de 1996

Rosel Albero

Rosel Albero es un librero de Buenos Aires, dueño de una librería a la que dio el nombre afortunado de Joyce, Proust & Cía. Lo conocí en 1988, en mi segundo viaje a Argentina. Es un hombre cordial, afectuoso, cuya razón para vender libros es amar la literatura. Sospecho incluso que sería capaz de regalarlos si tuviera garantía de otro modo de subsistencia... Intercambiamos cartas (escribe en un excelente portugués con un leve toque brasileño en el estilo), es cierto que apenas de tarde en tarde, porque nuestros quehaceres no permiten una correspondencia más asidua, pero sus palabras son siempre consoladoras, como si nos uniese una antigua y leal amistad: alguien, en la lejanía, estima el trabajo que estoy haciendo y la persona decente que me esfuerzo en ser, y no le importa declararlo llanamente, sin rodeos. En una carta que he recibido hoy me relata dos episodios (omito un tercero para evitar polémica...) relacionados conmigo. El primero es éste: «Recientemente entró en la librería una futura profesora de portugués que buscaba material para hacer un estudio intertextual de Fernando Pessoa y Mário de Sá-Carneiro o algún otro escritor contemporáneo. Como no tenía nada que ofrecerle, comencé a hablar de Ricardo Reis. Acabó llevándose el libro, le facilité algún material que tenía en casa (artículos, reseñas, el número especial de la revista *Plural* de México) y ahora su trabajo versará sobre Fernando Pessoa y... usted». El otro es el siguiente: «Para mantenerme en forma a mis setenta y tres años, aparte de natación y de los paseos en bicicleta, practico el *tai chi chuan*. Mi profesor es un joven que ha sido distribuidor de varias editoriales y ahora se gana el pan con las lecciones de la disciplina china citada. El otro día, mientras hacíamos la práctica en una plaza, me dijo: "Uno de estos días voy a pasar por tu librería para ver las novedades de la literatura internacional". Yo le respondí que [...]. Y mi instructor acabó comprando *Ensayo sobre la ceguera*». Rosel Albero sigue: «No debe tomar esto como adulación, pero sí como la opinión sincera de un lector que, incluso sin ser un erudito, tiene acceso a la información sobre, y a la lectura de, obras literarias en varias lenguas. Sucede simplemente que yo soy un librero que, una vez que se enamora de un autor, hace lo que llamo proselitismo literario. Como lo he hecho siempre con James Joyce, Umberto Eco y otros escritores de mi predilección. Como lo vengo haciendo desde hace más de treinta años con el poeta-compositor-intérprete Georges Brassens. Imagino que usted debe de conocerlo, como conoce a Jacques Brel, mencionado en dos o tres ocasiones en los *Cuadernos*». Rosel Albero se refiere después a la semejanza que a su entender aproxima al autor de *El Evangelio según Jesucristo* y al autor de *Le Mécréant*. No me pronunciaré sobre su exactitud, pero es inevitable que a partir de ahora escuche a Brassens de otra manera...

Cuadernos de Lanzarote, 18 de febrero de 1997

Mascaró

Fotografía del autor preparatoria para *El año de la muerte de Ricardo Reis*, c. 1980

SUBE RICARDO REIS por la Rua do Alecrim y, apenas salido del hotel, tuvo que detenerse ante un vestigio de otras eras, un capitel corintio, un ara votiva, un cipo funerario, qué idea, esas cosas, si aún las hay en Lisboa, las oculta la tierra movida por desmontes o causas naturales, aquí es sólo una piedra rectangular, embutida y clavada en un murete que da hacia la Rua Nova do Carvalho, diciendo en letra de adorno, Clínica de Enfermedades de los Ojos y Quirúrgicas, y más sobriamente, Fundada por A. Mascaró en 1870, las piedras tienen una vida larga, no hemos asistido a su nacimiento y no asistiremos a su muerte, tantos años han pasado sobre ésta, tantos han de pasar, murió el tal Mascaró y se deshizo su clínica, quizá por algún lado vivan aún descendientes del Fundador, ocupados en otros oficios, quién sabe si ya olvidados, o ignorantes de que en este lugar público se muestra su piedra de armas, si no fueran las familias lo que son, fútiles, inconstantes, ésta vendría aquí a recordar al antepasado curador de ojos y otras cirugías, es bien verdad que no basta grabar el nombre en una piedra, la piedra queda, sí señores, se salvó, pero el nombre, si no se va a leer todos los días, se borra, se olvida, no está aquí.

El año de la muerte de Ricardo Reis, 1984

UNA CARTA de Carmen Mascaró Andrade-Neves: «He leído su libro *El año de la muerte de Ricardo Reis*, me ha gustado mucho y en especial el fragmento en el que, en la página 59, habla de la piedra con la inscripción "Clínica de Enfermedades de los Ojos y Quirúrgicas, fundada por A. Mascaró en 1870". Efectivamente, "las piedras quedan", pero la memoria de los hombres también perdura, y es el caso. Soy nieta del doctor A. Mascaró. Cumplo noventa años el próximo septiembre, estoy soltera, pero tengo cinco sobrinos Mascaró que, a su vez, ya tienen hijos y nietos que recuerdan la memoria del "antepasado curador de ojos", pero no sólo... porque, por el otro lado de la familia, mi abuela y la abuela de Fernando Pessoa eran hermanas. "Persona" a la que llegué a conocer, aunque relativamente poco, porque vivía en España, pero de quien mantengo un recuerdo bien vivo».

Lo que queda claro con esta carta es que la esposa del doctor Mascaró era hermana de *una* abuela de Fernando Pessoa, pero ¿cuál de ellas? ¿La materna? ¿La única que se ha hecho famosa, la paterna, la loca Dionísia? ¿De dónde vienen esos apellidos, Andrade-Neves? He aquí una nueva pequeña tarea más de investigación para los especialistas pessoanos, si no lo han hecho ya.

El cuaderno del año del Nobel, 28 de marzo de 1998

Sebastião Salgado

Sebastião Salgado y Lélia, su mujer, llegaron hoy a Lanzarote y regresarán mañana a París, de donde vienen. El objetivo de la rápida visita es conversar sobre su proyecto de un libro de fotografías, en la misma línea de aquel soberbio *Trabajo*, cuya versión portuguesa fue editada hace tres años. Esta vez las imágenes darán público testimonio de la lucha de los campesinos brasileños que forman parte del Movimiento de los Sin Tierra. Son imágenes impresionantes de la ocupación de latifundios sin cultivar, imágenes de la represión policial y de los pistoleros a sueldo de los propietarios, imágenes de asesinados, imágenes de gente que quiere trabajar y no tiene dónde, que quiere comer y no tiene de qué. Nos sentamos alrededor de la mesa de la cocina, fuimos pasando las fotografías de mano en mano, casi en silencio, con un nudo en la garganta y los ojos anegados. Sebastião Salgado vino a pedirme que escriba unas páginas para el libro. Así lo haré, aunque de antemano sepa que, frente a lo que acabo de ver, todas las palabras sobran, todas están de más. O de menos.

La habitual visita a la isla tuvo que limitarse, dada la escasez de tiempo, a Timanfaya y a Famara, y también a Teguise, donde nos dejamos tentar por unos grabados de Anneliese Guttenberger. Había pensado que Sebastião Salgado sería poco sensible a las lavas y volcanes de Timanfaya (sus ojos ya han visto todo...) pero me equivoqué. «Estoy asombrado», dijo, y la expresión del rostro confirmaba las palabras. «Tengo que volver y hacer unas fotografías», dijo. Si pudiera cumplir la promesa, Lanzarote tendrá motivos para presumir de su suerte.

Cuadernos de Lanzarote, 19 de junio de 1996

Armando Baptista-Bastos

Bien contados, son más de treinta años de una amistad sin mancha, de una estima que para demostrarse nunca ha tenido que recurrir a la retórica de las grandes palabras. Convicciones compartidas, sentimientos en común, visiones del mundo y de la vida en muchos aspectos coincidentes, son los materiales que han venido dando forma, sustancia y perennidad a mi relación con Baptista-Bastos. Estoy seguro de que nunca ninguno de nosotros se ha comportado de forma que pudiera decepcionar al otro, y las divergencias, cuando las ha habido, nos acercaron aún más: para eso existen la comprensión y el respeto. De persona a persona, pero también de escritor a escritor, el escritor que él es y el escritor que yo soy. Y de periodista a periodista, este que lo fue y él que lo será mientras viva. Cuando durante un breve periodo de mi vida anduve por redacciones de periódicos, aprendiz ya sin edad de serlo, la figura de Baptista-Bastos fue para mí (ya lo era para muchos otros) una referencia constante, no sólo desde el punto de vista de la competencia profesional, sino también desde el punto de vista de una ética de la responsabilidad. Una opinión de Baptista-Bastos fue siempre una manifestación de firmeza y, muchas veces, de valentía personal. Una noticia de Baptista-Bastos fue siempre una lección de rectitud y claridad. Una entrevista de Baptista-Bastos fue siempre y continúa siendo un ejercicio de virtuosismo, pero, atención, se trata de un virtuosismo que sirve tanto al entrevistador como al entrevistado: las preguntas no sugieren las respuestas, les abren camino. Un camino que avanza en dos direcciones, que tanto viene hacia fuera como va hacia dentro, es decir, un camino que es tan capaz de mostrar al entrevistado al lector como de revelar al entrevistado a sí mismo.

Prefacio para el libro *Fado Falado*, de Baptista-Bastos, 1999

Mañana de paseo, mañana de palabras. Conozco a Baptista-Bastos desde hace muchos años, somos amigos desde entonces, por lo tanto hemos conversado muchas veces, pero nunca de esta manera, con esta franqueza, vaciando el saco. Una isla, incluso no estando desierta, es un buen sitio para hablar, es como si estuviese diciéndonos: «No hay más mundo, aprovechad antes de que este resto se acabe».

Cuadernos de Lanzarote, 17 de marzo de 1995

«*Tu me manques*», escribió, en el último *mail* que me mandó. Charlábamos así, cuando no en persona, en su casa, en Arco do Cego, en un restaurante, el Solar dos Presuntos o el Farta Brutos. Allí están, en las paredes, retratos nuestros, de Isaura y Pilar. «*Tu me manques*»: me haces falta, en una traducción muy literal. Pero era más que la expresión de una amistad calurosa, de más de cuarenta años.

«Tu me manques», *Público*, 26 de junio de 2010

Marcos

Cuenta Eduardo Galeano, el gran escritor uruguayo, que Rafael Guillén, antes de convertirse en Marcos, vino a Chiapas y habló con los indígenas, pero ellos no le entendieron. «Entonces se adentró en la niebla, aprendió a escuchar y fue capaz de hablar». La misma niebla que impide ver es también la ventana abierta hacia el mundo del otro, el mundo del indio, el mundo del «persa»... Miremos en silencio, aprendamos a oír; tal vez después, por fin, seamos capaces de comprender.

«Chiapas, nome de dor e de esperança», *Visão*, 9 de julio de 1998
(incluido en *El cuaderno del año del Nobel*)

Cuando en 1994 ocurrió el levantamiento de los zapatistas, yo lo vi como uno más de América Latina, pero no me puse a imaginarlo como el nacimiento de un mito nuevo: Marcos en el lugar del Che. No, lo entendí como una manifestación más de algo que está latente en todo el mundo, pero que en América Latina está más cerca de nosotros: por la cultura, por la lengua (no sólo el castellano, sino el portugués también). Hay que reconocer que, cuando uno se da cuenta de que algo está pasando en el mundo, sus propias convicciones, avaladas o no avaladas, reciben una fuerza nueva. Allí hay alguien que está luchando, y si alguien está luchando (en Chiapas o donde sea), bueno, uno se siente confirmado en su propia postura política, o sencillamente cívica.

Página 12, 12 de julio de 1998

Marcos y los zapatistas merecen todo el crédito que les da una larga resistencia, una coherencia ideológica y política ejemplar, un sentido estratégico verdaderamente notable: Marcos ha gestionado los silencios con la misma maestría con que ha gestionado las palabras. Cuando se decía que no hablaba, que pasaban los meses y no hablaba, la palabra necesaria surgía siempre en el momento justo, preciso, indispensable.

Página 12, 12 de marzo de 2001

Carlos Fuentes

CARLOS FUENTES, el gran escritor mexicano, a quien admiro desde que, hace muchos años ya, leí ese libro fascinante que es *Aura*, estuvo ayer en Lanzarote. Vino con su mujer, la periodista Silvia Lemus, estuvieron algunas horas (dos de las cuales ocupadas en una entrevista que le di a Silvia), y juntos visitamos la Fundación César Manrique. Quedó claro, desde el primer momento, que estábamos colocando la primera piedra de una amistad que se consolidará (estoy seguro de eso) en el viaje que Pilar y yo haremos, el próximo año, a México. Registro aquí el recogimiento con que Carlos Fuentes leyó el poema de Rafael Alberti dedicado a César Manrique, aquel que está en la Fundación: *Vuelvo a encontrar mi azul...* Al final, Fuentes dijo: «Poetas como Alberti y Neruda convierten en poesía todo lo que tocan». Fue un gran día para Lanzarote.

Cuadernos de Lanzarote, 28 de agosto de 1997

EL PRIMER LIBRO de Carlos Fuentes que leí fue *Aura*. Aunque no he vuelto a él, guardo desde aquel día (más de cuarenta años han pasado) la impresión de haber penetrado en un mundo diferente a todo lo que había conocido hasta entonces, una atmósfera compuesta de objetividad realista y de misteriosa magia, en que estos contrarios, en el fondo más aparentes que efectivos, se fundían para crear en el espíritu del lector una vibración singular en todos los aspectos. No han sido muchos los casos en que el encuentro con un libro haya dejado en mi memoria tan intenso y perenne recuerdo.

«Carlos Fuentes», *El Cuaderno,* 15 de octubre de 2008

Laura Bonaparte

Fuimos a la plaza de Mayo. Sabíamos lo que íbamos a encontrar, pero no adivinábamos lo que íbamos a sentir. Parece simple y fácil de decir, unas cuantas mujeres de edad —las Madres de la Plaza de Mayo— andando en círculo, en una larga fila, con sus pañuelos blancos en la cabeza y su dolor infinito, pero la conmoción, irreprimible, nos aprieta la garganta, de repente las palabras faltan. Entran otras personas en el círculo, algunas jóvenes, nosotros entramos también. Una de estas mujeres, Laura Bonaparte, perdió al marido y seis hijos, desaparecidos entre 1975 y 1977. Me pidió un autógrafo para llevárselo a un nieto, me dijo cuánto le había gustado leer el *Evangelio*, y finalmente se quitó el pañuelo que llevaba en la cabeza y me lo dio como agradecimiento por la lectura del libro y como recuerdo de una «madre de la plaza de Mayo». Nos abrazamos llorando. Los nombres, escritos en el pañuelo, son: Mario, Noni, Irene, Víctor, Santiago, Adrián, Jacinta. Ninguno está vivo.

Cuadernos de Lanzarote, 31 de marzo de 1994

Cuando en Argentina se inauguró el memorial a las víctimas de la dictadura, las madres que eran nuestras guías nos señalaban, podría decirse que con el orgullo con que las madres suelen hablar de sus hijos: «Mira, éste es mi hijo, ahí está el de Juan Gelman, éste es un sobrino»... Eran simplemente nombres escritos en piedra, nombres besados mil veces, incluso yo mismo los besé.

«Besar los nombres», *El Cuaderno*, 12 de marzo de 2009

Juan Gelman

SEÑOR PRESIDENTE de la República Oriental de Uruguay:

[...] Querría que esta carta fuese leída sólo porque contiene palabras de un hombre a otro hombre. Es cierto que soy escritor, es cierto que soy premio Nobel, pero eso viene en segundo y en tercer lugar. Y no lo digo por modestia, lo digo porque únicamente en los seres humanos (por desgracia no en todos) el sentimiento de humanidad puede existir y resistir. Ese sentimiento es el que guía estas palabras.

Juan Gelman, el gran poeta argentino, uno de los mayores que el mundo tiene hoy, busca, desde hace años, a su nieto nacido en 1976, en Montevideo, adonde los esbirros de la dictadura militar, en una operación más del Plan Cóndor, transportaron a la madre embarazada. El padre de ese niño o de esa niña apareció muerto en Argentina, asesinado, con un tiro en la nuca. De la madre nada se sabe, su rastro se pierde en un centro clandestino de detención de Montevideo, capital del país del que el doctor Julio María Sanguinetti es presidente. Si está vivo, el nieto de Juan Gelman tiene hoy veintitrés años. ¿Dónde se encuentra? El presidente de la República Oriental de Uruguay no se llama Juan Gelman, pero podría, para su infelicidad, siendo, como también es, simplemente Julio María Sanguinetti, estar ahora en la situación del poeta, es decir, buscando con desesperación a su propio nieto. ¿Qué haría? Si Juan Gelman, admitamos ahora esta suposición, fuese el presidente de Uruguay, ciertamente el doctor Sanguinetti llamaría a su puerta y le diría: «Ayúdeme a encontrar a mi nieto». Y Juan Gelman, de eso tengo certeza, pondría toda su autoridad al servicio de esa justicia.

Es lo que yo, escritor portugués, le ruego al doctor Julio María Sanguinetti: «Ayude a Juan Gelman, ayude a la justicia, ayude a los muertos, a los torturados y a los secuestrados ayudando a los vivos que los lloran y los buscan, ayúdese a sí mismo, ayude a su conciencia, ayude al nieto desaparecido que no tiene, pero que podría tener».

No tengo nada más que pedirle, señor presidente, porque le estoy pidiendo todo.

Carta pública de José Saramago, 20 de octubre de 1999

EL ESPEJO

a José Saramago

El sueño castigado se queda
en el sueño de sí mismo, no
pendula su espanto.
¿A dónde irá con su memoria?
Entre árboles busca
una sombra verdadera
en esta duración. El sueño
era otros y es otro hoy que otros
lo niegan o creen que no existió.
No quiere encuentros falsos
y contempla su cara en un espejo
que se detuvo y guardó
fulgores que no envejecen
mañana.

Juan Gelman, *Valer la pena*, 2001

Rita Levi-Montalcini

Esta Rita a la que quiero parecerme cuando sea mayor es Rita Levi-Montalcini, Premio Nobel de Medicina en 1984 por sus investigaciones sobre el desarrollo de las células neurológicas. Pues bien, Premio Nobel es algo que ya tengo, luego no sería por ambición de esa gran o pequeña gloria, las opiniones de los entendidos divergen, por lo que estoy dispuesto a dejar de ser quien he sido para convertirme en Rita. Para colmo teniendo ya una edad en la que cualquier cambio, incluso siendo prometedor, siempre se nos presenta como un sacrificio en las rutinas en las que, más o menos, acabamos acomodándonos.

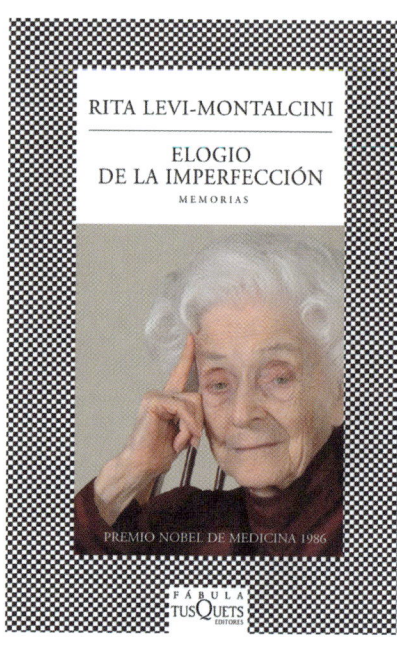

¿Y por qué quiero parecerme a Rita? Es sencillo. En el acto de su investidura como Doctora Honoris Causa en el aula magna de la Universidad Complutense de Madrid, esta mujer, que en abril cumplirá cien años, hizo unas cuantas declaraciones [...] que me dejaron por un lado asombrado, por otro agradecido, puesto que no es fácil imaginar juntos y unidos estos dos sentimientos extremos. Dijo: «Nunca he pensado en mí misma. Vivir o morir es la misma cosa. Porque, naturalmente, la vida no está en este pequeño cuerpo. Lo importante es la forma en que hemos vivido y el mensaje que dejamos. Eso es lo que nos sobrevive. Eso es la inmortalidad». Y dijo más: «Es ridículo obsesionarse con el envejecimiento. Mi cerebro es mejor ahora que cuando era joven. Es verdad que veo mal y oigo peor, pero mi cabeza ha funcionado siempre bien. Lo fundamental es tener activo el cerebro, intentar ayudar a los demás y conservar la curiosidad por el mundo». Y estas palabras me hicieron sentir que había encontrado un alma gemela: «Estoy en contra de la jubilación o cualquier otro tipo de subsidio. Vivo sin eso. En 2001 no cobraba nada y tuve problemas económicos hasta que el presidente Ciampi me nombró senadora vitalicia».

No todo el mundo estará de acuerdo con este radicalismo. Pero apuesto a que muchos de los que me leen también querrían ser como Rita cuando sean mayores. Que así sea. Si lo hacemos, podemos tener la seguridad de que el mundo cambiará enseguida para mejor. ¿No es eso lo que vamos diciendo que queremos? Rita es el camino.

«Cuando sea mayor quiero ser como Rita», *El Cuaderno*, 27 de octubre de 2008

Hans Küng

Hans Küng es aquel teólogo holandés que en 1979 perdió la docencia de la sección eclesiástica de la Universidad Civil de Tübingen, en Alemania, por haber cuestionado entonces la infalibilidad papal. Hace pocos días estuve en Barcelona, donde presentó la declaración del Parlamento de las Religiones, que el año pasado reunió a seis mil quinientas personas en Chicago, incluyendo representantes de la Iglesia católica. Esa declaración se asienta en dos principios que, según afirmó, son aceptados por todas las religiones: el primero, que todo hombre debe ser humanamente tratado; el segundo, que no debemos hacer a los otros lo que no queramos que nos hagan a nosotros.

Estoy de acuerdo con Hans Küng cuando afirma que «no habrá paz en el mundo si antes no hay paz entre las religiones», lo que equivale a decir que las religiones fueron en el pasado, y continúan siéndolo en el presente, un obstáculo para la unión de los hombres. Y también estoy de acuerdo con él cuando proclama la necesidad de la creación de un nuevo código ético mundial, «imprescindible», palabra suya, para la supervivencia del mundo.

Cuadernos de Lanzarote, 27 de enero de 1994

Enfrentémonos a los hechos. Hace años (muchos ya), el famoso teólogo suizo Hans Küng escribió esta verdad: «Las religiones nunca han servido para aproximar a los seres humanos los unos a los otros». Jamás se dijo nada tan verdadero. Aquí no se niega (sería absurdo pensarlo) el derecho que cada uno tiene de adoptar la religión que más le apetezca, desde las más conocidas a las menos frecuentadas, seguir sus preceptos o dogmas (cuando los haya), ni siquiera se cuestiona el recurso a la fe como justificación suprema y, por definición (como demasiado bien sabemos), cerrada al raciocinio más elemental. Es posible que la fe mueva montañas, no hay información de que tal haya sucedido alguna vez, pero eso no prueba nada, dado que Dios nunca ha estado dispuesto a experimentar sus poderes en ese tipo de operación geológica. Lo que sí sabemos es que las religiones no sólo no aproximan a los seres humanos, sino que viven, las religiones, en estado de permanente enemistad mutua, pese a todas las arengas seudoecuménicas que las conveniencias de unos y otros consideren provechosas por ocasionales y pasajeras razones tácticas. Las cosas son así desde que el mundo es mundo y no se ve ningún indicio de que vayan a cambiar. Salvo la obvia idea de que el planeta sería mucho más pacífico si todos fuésemos ateos. Claro que, siendo la naturaleza humana lo que es, no nos faltarían otros motivos para todos los desacuerdos posibles e imaginables, pero nos libertaríamos de esa idea infantil y ridícula de creer que nuestro dios es el mejor de entre los demás dioses que andan por ahí y de que el paraíso que nos espera es un hotel de cinco estrellas. Es más, creo que reinventaríamos la filosofía.

«Ateos», *El Cuaderno,* 11 de febrero de 2009

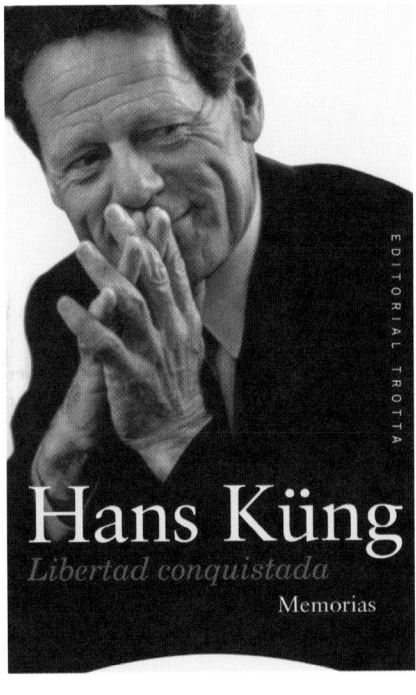

Oscar Niemeyer

Querido Oscar:
Hace un tiempo me contaron en Guadalajara, en México (y no sé si será verdad, porque en la Península Ibérica no lo había oído nunca), que los gitanos suelen brindar en sus fiestas con estas lacónicas palabras: «Hay motivo». Supongo que si no mencionan el motivo será por presumir que todos los presentes lo conocen, y en el caso, siempre posible, de no existir coincidencia total en cuanto al objeto del brindis, las dos palabras, aunque por razones diferentes, acabarán significando lo mismo: cada uno, en el momento de levantar la copa, sabe a quién está destinando sus deseos.

Al escribir esta carta, también yo pienso al dirigirme a ti, querido amigo y compañero: «Hay motivo». Pero, pensándolo otra vez, creo que debo poner el brindis en plural: «Hay motivos», y decirlo en voz bien alta para que se oiga. Tenemos el motivo de tus noventa años, la celebración de una vida larga y de trabajo fértil, muchas velas en la tarta, o una sola que las represente a todas. Cuando la soples, estaré mirando, en espíritu, por encima de tu hombro, y cuando recibas los abrazos de los amigos presentes espero que sientas también el mío, un abrazo de espíritu que sólo el espíritu puede notar. ¿Y los otros motivos? Los otros motivos son tu entereza de carácter, tu dignidad personal, que son, más que ejemplo ostensivo, discreta lección de todos los días, como es natural en los seres que se respetan tanto a sí mismos como a sus semejantes. Alguien dijo un día que una buena vida puede valer tanto como una buena obra. Tengo el privilegio de conocer, admirar, estimar y respetar a un hombre —Oscar Niemeyer—, referencia humana y cultural inseparable de todo lo mejor que ha tenido y tiene Brasil, en el que se han juntado magníficamente la obra y la vida, admirables una y otra, edificantes una y otra. Hay pues motivos, no un solo motivo, estos que han sido y siguen siéndonos propuestos por un arquitecto genial, por un ciudadano responsable, por una persona humanísima. A quien saludo y doy las gracias. Porque hay motivo.

De todo corazón.

Carta a Oscar Niemeyer, 25 de noviembre de 1998

Marcos Ana

Hay personas que parecen no pertenecer al mundo y al tiempo en que viven. Marcos Ana es una de esas personas. Como tantos de su generación, arrastrados a las prisiones del fascismo español, sufrió lo indecible en el cuerpo y en el espíritu, escapó in extremis a dos condenas a muerte, es, en el mayor sentido de la expresión, un superviviente. La prisión no pudo nada contra él, y fueron veintitrés los años que estuvo privado de libertad. El libro que acaba de presentar en Portugal es el relato simultáneamente objetivo y apasionado de ese tiempo negro. El título de las memorias, *Decidme cómo es un árbol*, no podría ser más significativo. Con el tiempo, la dura realidad de la prisión acaba sobreponiéndose a la realidad exterior, diluyéndola en una imprecisa neblina que es necesario expulsar de la mente cada día que pasa para no perder la seguridad en uno mismo, por más frágil que se torne. Marcos Ana no sólo se salvó a sí mismo, salvó también a muchos de sus compañeros de cárcel, transmitiéndoles ánimo, solucionando problemas y conflictos, como un juez de paz de nueva especie. Firme en sus convicciones políticas, pero sin permitir que su juicio crítico sea afectado, Marcos Ana transmite a aquel que se le aproxima un irreprimible sentimiento de esperanza, como si pensáramos: «Si él es así, yo también puedo serlo». Recuperada la libertad, no se quedó en casa para descansar. Volvió a la lucha política, con riesgo de ser nuevamente encarcelado, y dio inicio a un notable trabajo de asistencia y ayuda a los que continuaban en prisión.

«Marcos Ana», *El último Cuaderno*, 2 de junio de 2009

Díganles cómo es un árbol porque la cárcel, como un insaciable vampiro, va chupando poco a poco los recuerdos del mundo exterior, díganles cómo es la justicia porque allí donde se encuentran, entre cuatro paredes inmundas o ante el pelotón de fusilamiento, es una caricatura innoble, un remedo grotesco, la propia máscara del oprobio. Pero no les digan lo que es la dignidad porque la han conocido íntimamente, con ella se acostaron y con ella se levantaron, comieron en la mesa con ella o le ofrecieron su hambre, y entre unas horas y otras, encarando a carceleros y verdugos, cerrando los labios y los dientes bajo los extremos de la tortura, esos hombres reinventaron la dignidad humana en los lugares donde, según el credo de los criminales, deberían ir a perderla.

Prólogo de *Decidme cómo es un árbol*, de Marcos Ana, 2007

> Mi vida,
> os la puedo contar en dos palabras:
> un patio.
> Y un trocito de cielo
> por donde a veces pasan
> una nube perdida
> y algún pájaro huyendo de sus alas.
>
> Marcos Ana, prisión de Burgos, 1956

Mahmud Darwish

La Cárcel

Ha cambiado mi dirección,
el horario de mis comidas,
mi ración de tabaco, me ha cambiado
el color de la ropa,
la cara, la figura,
y hasta la luna —tan querida aquí—
es más grande y dulce que nunca.
El olor de la tierra: perfume;
el sabor de la naturaleza: azúcar.
Como estar en la azotea de mi vieja casa
y que una estrella nueva
se clavase en mis ojos.

Mahmud Darwish, `Ashiq min Filistin, 1966

Si fuese nuestro mundo un poco más sensible e inteligente, más atento a la grandeza casi sublime de algunas de las vidas que en él se generan, su nombre sería hoy tan conocido y admirado como lo fue, en vida, por ejemplo, el de Pablo Neruda. Enraizados en la vida, en los sufrimientos y en las inmortales esperanzas del pueblo palestino, los poemas de Darwish, de una belleza formal que frecuentemente roza la transcendencia de lo inefable en una simple palabra, son como un diario donde van siendo registrados, paso a paso, lágrima a lágrima, los desastres, aunque también las escasas, pero siempre profundas, alegrías de un pueblo de cuyo martirio, pasados sesenta años, todavía no parece que se anuncie el final. Leer a Mahmud Darwish, además de una experiencia estética que será imposible olvidar, es hacer un doloroso recorrido por las rutas de la injusticia y de la ignominia de que la tierra palestina ha sido víctima a manos de Israel, ese verdugo de quien el escritor israelí David Grossmann, en hora de sinceridad, dijo que no conocía la compasión.

«Mahmud Darwish», *El último Cuaderno*, 1 de abril de 2009

Günter Grass

Estimado José Saramago:

Disculpe, antes de nada, la molestia causada al dirigirle esta carta, acompañada, además, de una invitación, en el momento en que está trabajando con urgencia en su manuscrito. Sin embargo, la situación de crisis global y sus imprevisibles consecuencias me obligan a escribir a todos aquellos escritores que, como usted y como yo, hemos sido honrados en Estocolmo con el Premio Nobel de Literatura, y que, desde entonces, nos sitúa en una posición de constante responsabilidad. Entiendo como un deber, en este caso concreto, que nos deberíamos ver y, partiendo de nuestra perspectiva y experiencia, discutir el desastroso estado del sistema financiero y económico capitalista, así como sus repercusiones en todo el mundo. Aunque no podamos ser considerados economistas de renombre, la experiencia social adquirida en el curso de nuestro trabajo literario nos cualifica para esta intromisión crítica, pues nuestros libros están, en mi opinión, escritos predominantemente desde la perspectiva de los vencidos, o sea, desde la perspectiva de las personas que han sufrido los efectos de la política —desempleo, miseria, empobrecimiento—, y a las cuales hemos dado diferentes voces en nuestras novelas, en nuestras obras de teatro y en nuestros poemas.

Tras una primera charla de aproximación, me gustaría sugerirle la ciudad de Bremen como el lugar de nuestro próximo encuentro. He conseguido que Radio Bremen, un canal perteneciente al servicio público de radiodifusión de la RDA, así como la ciudad hanseática de Bremen y la Universidad Jacobs, allí ubicada, se encarguen de su preparación. Nuestra reunión podría tener lugar durante tres días en la primera semana de mayo de 2009, dándonos tiempo suficiente para discusiones profundas y para un acto público en el histórico ayuntamiento de Bremen. No podemos ser testigos en silencio de los acontecimientos actuales. Aunque no consigamos que nos oigan, nuestra obligación es decir aquello que no puede quedar por decir. Así, le pido que entienda mi invitación como una oportunidad para una importantísima intervención pública, y que me responda —dentro de lo posible— de forma afirmativa.

Carta de Günter Grass, 4 de enero de 2009

Estimado amigo Günter Grass:

¿Cómo no responder afirmativamente a su convocatoria? Claro, puede contar conmigo, estaremos en Bremen en mayo.

Ya sabemos que de las opiniones de un grupo de escritores no saldrá la solución de los problemas que sufre el mundo, pero todos los esfuerzos, inclusive los de los escritores, son necesarios para ayudar a encontrar salidas para este momento desolador que estamos viviendo.

Le agradezco su iniciativa, que me hará conocer Bremen. Un abrazo.

Carta de José Saramago, 8 de enero de 2009

Ernesto Sabato

Dentro, pese a la penumbra reinante, ninguna luz estaba encendida. Y en ningún momento Sabato se quitaría las gafas oscuras, de lentes gruesísimas. La sala donde nos recibió daba a la parte de atrás del jardín, la divisoria de ese lado, acristalada, apenas dejaba pasar la luz quebrada del rápido atardecer. Ofrecí a Sabato el *Ensayo*, él quiso saber qué ciegos eran estos míos, yo le hablé de los suyos, después repasamos juntos los ciegos ilustres de la literatura, tanto personajes como autores, y acabamos preguntándonos aquello que muchos han querido saber: si los problemas de visión que uno y otro hemos sufrido habrán sido la causa inmediata de nuestras contribuciones de ciegos a los estudios literarios. Estuvimos de acuerdo en que no. Trajeron un café, que tomamos en silencio. Después, Sabato se lanzó, como quien repite un camino ya muchas veces recorrido, a un largo soliloquio que comenzaba por la evocación dolorida de la muerte reciente de un hijo (herida que siempre le irá a sangrar), y luego, como si le fuese imposible escapar de su propio laberinto, transitó por las diversas obsesiones que le conocemos: la descreencia en la razón, la negación crítica del conocimiento científico, la descalificación del progreso, el problema del mal, Dostoievski, la apología de la obra breve (pese a Dostoievski, comento ahora...). La sala se fue oscureciendo hasta que casi no conseguíamos vernos. Sabato no se levantó a encender la luz. Sombra entre sombras, su voz de ceniza lentamente fue cubriendo la sala, los estantes, las caras, los bultos, las manos. Le dije que hasta para descreer de la razón teníamos necesidad de la razón, que el Mal no era efecto ni obra de un Demonio, que no hay otro Demonio ni otro Dios que el propio hombre. No tengo seguridad de que me haya oído, su voz era como un río negro hacia el cual, poco a poco, yo mismo, todavía agarrado a la orilla, iba resbalando.

Cuadernos de Lanzarote, 18 de mayo de 1996

Estoy seguro de que al siglo pasado se le podrá llamar también el siglo de Sabato, como el de Kafka o el de Proust.

«Sabato», *El último Cuaderno,* 24 de junio de 2009

Antoni Tàpies

¿Qué descaro es esto de pintar cuatro manchas, que parece que podría hacerlo cualquiera? Yo incluso podría pintar cinco manchas, hasta seis. Podría pintar más manchas que cualquiera. Pero no. La diferencia no está en la cantidad de manchas. La cuestión es dónde se colocan esas manchas, qué relación tienen entre ellas. Y esto sólo lo pueden hacer los genios como Tàpies.

Intervención en la presentación de *Una inagotable esperanza*, Museo de Arte Contemporáneo de Barcelona, 13 de marzo de 2005

Es cierto que existe una terrible desigualdad entre las fuerzas materiales que proclaman la necesidad de la guerra y las fuerzas morales que defienden el derecho a la paz, pero también es cierto que, a lo largo de la Historia, sólo con la voluntad de los hombres la voluntad de otros hombres ha podido ser vencida. No tenemos que confrontarnos con fuerzas trascendentales, sino, y sólo eso, con otros hombres. Se trata, por tanto, de hacer más fuerte la voluntad de paz que la voluntad de guerra. Se trata de participar en la movilización general de lucha por la paz: es la vida de la Humanidad la que estamos defendiendo, ésta de hoy y la de mañana, que quizá se pierda si no la defendemos ahora mismo. La Humanidad no es una abstracción retórica, es carne sufriente y espíritu en ansia, y es también una inagotable esperanza. La paz es posible si nos movilizamos para conseguirla. En las conciencias y en las calles.

Una inagotable esperanza, 2004

Pilar

1986 — **Junho**

9 SEGUNDA — SEMANA 24
- 8 Carta ao Edizioni Levoni
- 9 Zerónio
- 10 Carta de Agio Coglui
- 11 Carta de Plinimar Colchui
- 12 Carta de Isabel Tomé (Pádua)

TARDE
- 14 Carta Pinhão

10 TERÇA — FERIADO
- 8 Luiz Pacheco
- 9 Ana Pessoa
- 10 Barbara (BBC)

11 QUARTA
- 8 Caminho
- 9 Sociedade Portuguesa
- 10.30 de Autores (Tabor)

TARDE
- 14 Pilar del Río

12 QUINTA
- 10.30 - SPA (BBC)
- 11 para Roberta Fox
- 12 Terry Doyle

TARDE
- 14 Francisco Belard

NOITE — Teatro de Almada "Georges Dandin" ensaio

13 SEXTA
- 8 Plinimar Colchui

14 SÁBADO
- 10 Pilar del Río
- 12 Pilar del Río

15 DOMINGO
Morada Ferreira

	JUNHO					
Se	Te	Qu	Qu	Se	Sá	Do
26	27	28	F	30	31	1
2	3	4	5	6	7	8
24 9	F	11	12	13	14	15
16	17	18	19	20	21	22
23	24	25	26	27	28	29
30	1	2	3	4	5	6

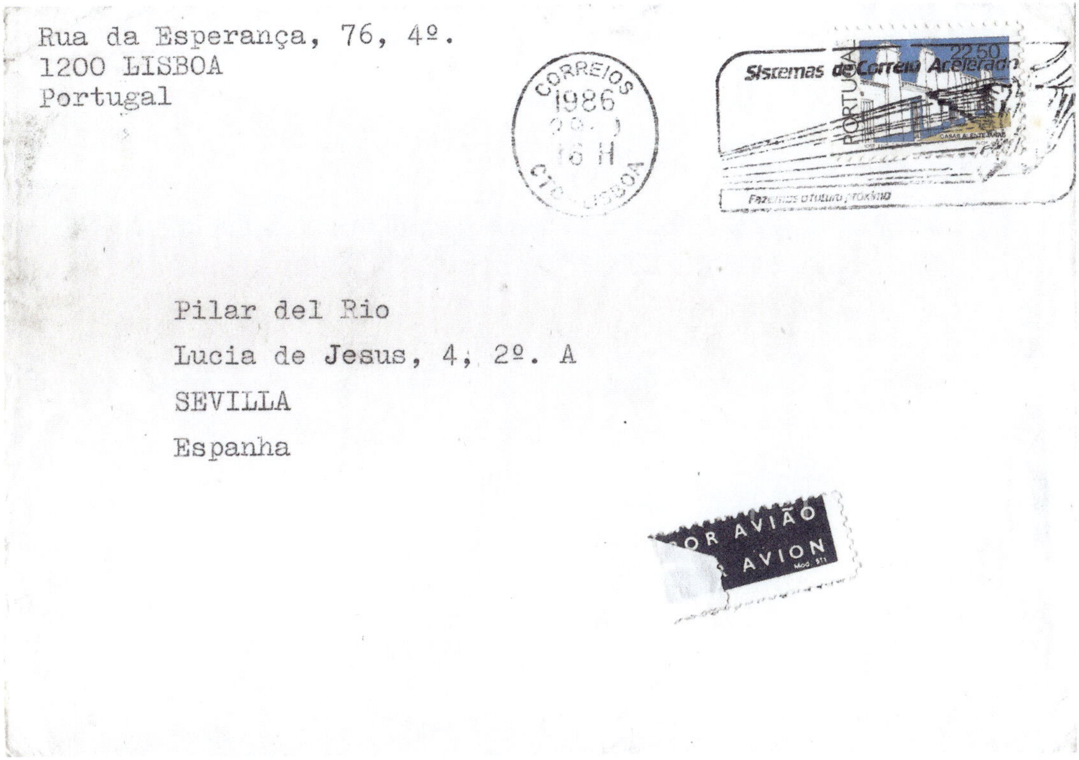
Rua da Esperança, 76, 4º.
1200 LISBOA
Portugal

CORREIOS
1986
18 H
CTC LISBOA

Sistemas de Correio Acelerado
22.50
PORTUGAL
Fazemos o futuro próximo

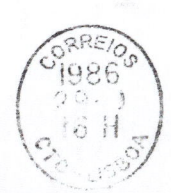

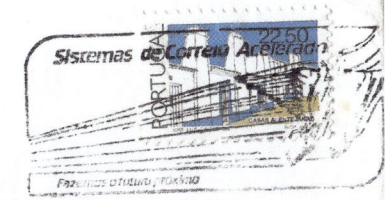

Pilar del Rio
Lucia de Jesus, 4, 2º. A
SEVILLA
Espanha

AVIÃO
AVION

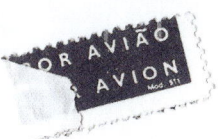

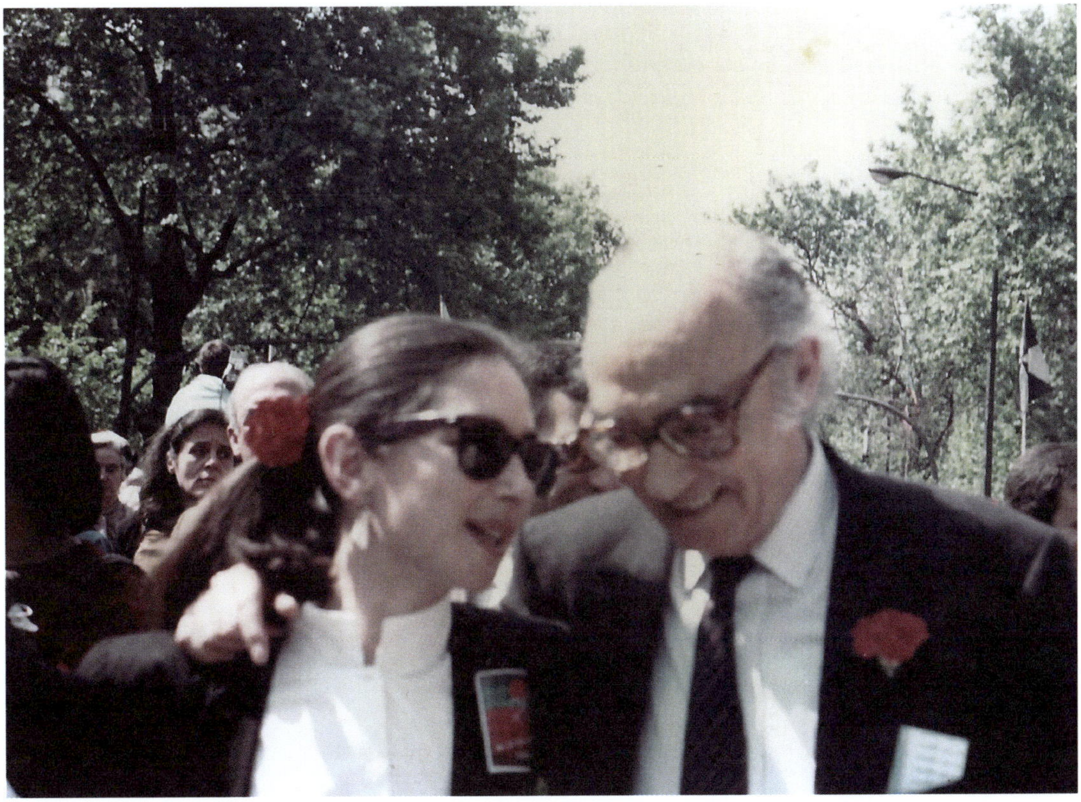

créditos y leyendas de las imágenes

Este libro fue posible gracias al trabajo previo de quienes retrataron magistralmente tiempos y lugares, sueños, verdades. A los creadores y las creadoras cuyo legado nos sirvió de fuente de inspiración les declaramos nuestra profunda gratitud y reconocimiento. «Dignos para siempre de respeto», como escribió Joseph Conrad en *La línea de sombra*.

Siglas y abreviaturas:
ABM — Direção Regional do Arquivo e Biblioteca da Madeira
AML — Arquivo Municipal de Lisboa
ANTT — Arquivo Nacional da Torre do Tombo
BNP — Biblioteca Nacional de Portugal
CML — Câmara Municipal de Lisboa
DGPC/ADF — Direção-Geral do Património Cultural/Arquivo de Documentação Fotográfica
FCG — Fundação Calouste Gulbenkian
FFCJA — Fondos de la Fundação Casa de Jorge Amado
FJP — Fundação Júlio Pomar
FJS — Fundação José Saramago
FMS — Fundação Mário Soares e Maria Barroso
FPVG — Fondo y colección del Archivo Documental de la Corporación Parque por la Paz Villa Grimaldi
HML — Hemeroteca Municipal de Lisboa
IMS — Instituto Moreira Salles
MdL — Museu de Lisboa
PTC — Promotur Turismo Canarias
PUC — Pontifícia Universidade Católica
TNSC — Teatro Nacional São Carlos
a. d. — autor desconocido
c. — *circa*
s. f. — sin fecha

Salvo que se indique otra procedencia, todas las imágenes, documentos y libros reproducidos en esta obra pertenecen a la colección de la Fundación José Saramago/Biblioteca José Saramago.

Se han hecho todos los esfuerzos para reconocer los derechos de autoría e imagen. Los editores agradecen cualquier dato que corrija y/o complete la información sobre la autoría y la titularidad de los derechos, y se comprometen a incluirlo en futuras reimpresiones de este libro.

cubierta y contracubierta
En Lanzarote, 1997.
© Fernando Peres Rodrigues/Caras.
solapa
Raphanus raphanistrum, 1905, J. Ritzema Bos, T. Nieuwenhuis, L. Klaver.

presentación
Lisboa, Primero de Mayo de 1982. Archivo FJS.
prefacio
En Lisboa, años noventa.
pp. 10 y 11
Montaje a partir de documentos y fotografías del autor.

autobiografía
p. 12
Azinhaga, años cuarenta.
p. 14
Ejemplares de los *Cadernos Culturais Inquérito*, primeros libros comprados por el autor. Con Ilda Reis y Violante, Parede, a principios de los años cincuenta.
p. 15
Con Fernando Namora, años setenta.
p. 16
En Mafra, *c.* 1982.
© António Homem Cardoso.
Con Pilar, en Ericeira, *c.* 1987.
p. 17
Cubierta de la edición del aniversario de *Blimunda*, revista editada por la FJS. En Verona, Italia, años noventa.
pp. 18 y 19
José Saramago, *c.* 1958.

espacios/lugares

p. 21
En París, 1998.
© Daniel Mordzinski.
p. 22
En Azinhaga, 2006.
© Patricia Kolesnicov.
p. 23
En Azinhaga, años treinta.
p. 24
Azinhaga, años setenta. Colección de Ana Maria Gonçalves Melrinho y José Manuel Melrinho/Azinhaga Blogspot.
Río Almonda, años setenta. Colección de Ana Maria Gonçalves Melrinho y José Manuel Melrinho/Azinhaga Blogspot.
p. 25
Estación de Mato de Miranda, años setenta. Colección de Ana Maria Gonçalves Melrinho y José Manuel Melrinho/Azinhaga Blogspot.
En Azinhaga, 2006.
© Patricia Kolesnicov.
p. 26
En el río Almonda, 1945.
p. 27
Barco de vela en el río Tajo, s. f.
© Casa Fotográfica Garcia Nunes/AML.
p. 28
Cartel de Almada Negreiros para la película *A Canção de Lisboa*, 1933.
p. 29
Praça de Martim Moniz, 1947.
© Eduardo Portugal/AML.
Cine Salão Lisboa, 1967.
© Sid Kerner/AML.
p. 30
Casa dos Bicos, *c.* 1900.
A. d./AML.
p. 31
Casa dos Bicos, 2018.
© José Vicente/CML.
p. 32
Alumnos del Liceo Nacional Gil Vicente en la terraza de la iglesia de São Vicente de Fora, *c.* 1920.
p. 33
Panorámica de la Penha de França, *c.* 1900. A. d.
© Paulo Guedes/AML.
Valle Oscuro, 1944.
© Eduardo Portugal/AML.

p. 34
Chafariz, 1954.
© Fernando Martinez Pozal/AML.
Escalera de acceso al Patio del Panadero, 1967. © João Goulart/AML.

p. 35
La Sopa de los Pobres en la Casa Pía de Lisboa, 1932. A. d./ANTT.

p. 36
Cuaderno de notas, 1935.

pp. 36 y 37
Aulas de cerrajería en la Escuela Afonso Domingues, s. f. © Estúdio Mário Novais/FCG.

p. 38
José Saramago durante su visita a la biblioteca del Palacio de las Galveias, 2006.
© Frederic Raevens/FJS.
Fachada del Palacio de las Galveias, c. 1928. Archivo del periódico *O Século*.

p. 39
Programa de la ópera *La Bohème*, TNSC, 1978. Colección Documentos Mário y Alice Chicó/FMS.

p. 40
Luces de Navidad en la Rua Garrett, s. f. © Estúdio Mário Novais/FCG.

p. 41
Rua Garrett, 1973.
© Artur Pastor/AML.
Fachada del Café Chiado, 1929. A. d./ANTT.

p. 42
Alfama, años ochenta.
© Artur Pastor/AML.

p. 43
Alfama, s. f. © Amadeu Ferrari/AML.

p. 44
Travessa do Arco a Jesus, Bairro Alto, años ochenta.
© Artur Pastor/AML.

p. 45
Rua da Atalaia, c. 1900.
© Machado & Souza/AML.

p. 46
Vue de la Place du Palais a Lisbonne, c. 1751, grabado, G. B. Probst/MdL.
Aparcamiento, años cincuenta. © Joshua Benoliel/derechos reservados.

p. 47
Praça do Comércio, 1999.
© Luís Pavão/derechos reservados.

p. 49
Rua do Alecrim, c. 1910.
© Joshua Benoliel/AML.
Hotel Bragança, c. 1980.
© José Saramago.

p. 50
Castillo de San Jorge, 1960.
© Armando M. Serôdio/AML.

p. 51
Castillo de San Jorge, años cincuenta. © Artur Pastor/AML.

p. 52
Ansicht von Lissabon, 1808, Museu de Lisboa. E. Muller/DGPC/ADF.

p. 54
En Lisboa, c. 2000.

p. 55
MAAT — Museu de Arte, Arquitetura e Tecnologia, y al fondo el puente 25 de Abril, 2020. © José Vicente/AML.

p. 56
Trabalhos agrícolas, 1955-1970.
© Artur Pastor/AML.

p. 57
Ceifeira, 1944-1946.
© Artur Pastor/AML.

p. 58
Lavre, c. 1981.
© José Saramago.
Pegatina en defensa de la reforma agraria, realizada por el PCP, c. 1976. Fondo Alberto Pedroso/FMS.

p. 59
Credenciales del Congreso Extraordinario del PCP de 1974 y de la 3.ª Conferencia de la Reforma Agraria, 1978.

p. 60
Río Lima, 1979.
© José Saramago.

p. 61
Puente colgante en Porto, c. 1850. Charles Legrand.
Porto, c. 1980. © José Saramago.
Porto, años sesenta.
© Artur Pastor/AML.

p. 63
Río Duero, 1950-1970.
© Amadeu Ferrari/AML.

p. 64
Mafra, s. f. © Estúdio Mário Novais/FCG.
Cubierta de la primera edición de *Memorial do Convento* en Portugal, Editorial Caminho.

p. 65
Biblioteca del Palacio Nacional de Mafra, 2020. © José Paulo Ruas/DGPC/ADF.

p. 66
Estudio para rosa de los vientos, siglo XVIII. BNP.

p. 67
Monumento a los Descubrimientos, s. f.
© Estúdio Horácio Novais/FCG.

p. 69
Madrid, años cincuenta.
© Estúdio Horácio Novais/FCG.

p. 70
En Sevilla, 2006. © Javier Díaz/derechos reservados.

p. 71
Spain & Portugal, 1868. Elizabeth Lilian Lancaster.

p. 72
París, c. 1998. © Daniel Mordzinski.

p. 73
Piquenique em La Pampa — Cité de Transit — St. Denis, 1983.
© António Pedro Ferreira/AML.

p. 74
Pisa, 1704. Joan Blaeu.
Catedral de Pisa y Baptisterio, 1947. © Helena Corrêa de Barros/AML.

p. 75
En Siena, 1989. Alfredo Cunha/FMS.

p. 76
Pasaporte de José Saramago, 1978.
En la República Democrática Alemana, 1987.

p. 77
Sarajevo, 1992.
© Gervasio Sánchez.
Sarajevo, 2008.
© Gervasio Sánchez.
Sarajevo, 1992.
© Gervasio Sánchez.

p. 78
Cementerio judío de Praga, c. 1910.
Praga, 1994. Jorge Brilhante/FMS.

p. 79
Postal del castillo de Praga, años treinta.
Postal de Terezín, c. 1905.

p. 80
Het Gekkenhuis (Oud Liedje, Nieuwe Wijs), publicado en 1915.

p. 81
Mozambique, 1975.
© Alfredo Cunha.
Mural en Mozambique, años setenta. © Neves Águas/AML.

p. 82
Jerusalén, 1995. Jorge Brilhante/FMS.

p. 83
China, 1995. Jorge Brilhante/FMS.

pp. 83, 84 y 85
Viaje a China, marzo de 1997.

p. 85
Postal del Templo del Cielo, 1912.

p. 86
Edifício Copan, São Paulo, c. 1967. © Marcel Gautherot/IMS.

p. 87
José Saramago para la *Revista Status*, 1987.
Portada de la revista *Ilustração Portugueza*, noviembre de 1922, reproducción de una obra de Mora titulada *O beijo através do Oceano*. HML.

p. 88
Santuário do Bom Jesus de Matosinhos, Minas Gerais, 1945. © Marcel Gautherot/IMS.

p. 89
En Ouro Preto, 1983.

pp. 90 y 91 (abajo)
Visita a Salvador de Bahía, febrero de 1996. © Xando Pereira.

p. 91
Con Jorge Amado, en Salvador, febrero de 1996. © Derechos reservados.

p. 92
En el primer viaje a Cuba, 1981.

p. 93
Postal enviada por José Saramago a su madre, 1981.

p. 94
Machu Picchu, s. f. © Augusto Carlos da Silva Telles/IMS.

p. 95
Visita a Machu Picchu, 2000.

p. 96
Pegatina de la União da Juventude Comunista de Vila Franca de Xira, área metropolitana de Lisboa, c. 1974.

p. 97
Visita al Parque Villa Grimaldi, 2003. © Ignacio Puelma Olave/FPVG.

pp. 98 y 99
Visita a Chiapas, México, marzo de 1998.

p. 101
Acteal, 2019. © Marcopolo Heam.

p. 102
Visita a Nueva York, 1996.
p. 103
Vista de Central Park, 1995.
Jorge Brilhante/FMS.
pp. 104 y 105
Parque Nacional de Timanfaya, 2018. © Estelle Valente.
p. 107
En Lanzarote, junio de 1996.
© Sebastião Salgado.
pp. 108 y 109
Parque Nacional de Timanfaya, 2020. @ Roberto Iván Cano/PTC.
p. 110
Montaña Blanca, 2018.
© Estelle Valente.
p. 113
En Lanzarote, 1997.
© Fernando Peres Rodrigues/Caras.

lecturas/sentidos

p. 115
José Saramago, c. 1982.
© António Homem Cardoso.
p. 116
Biblioteca Medicea Lorenciana, 1967. © Deutsche Fotothek/Aufsberg, Lala.
p. 117
Estudio de Miguel Ángel para la escalera de la Biblioteca Lorenciana.
p. 119
Varinas, entre 1955 y 1970.
© Artur Pastor/AML.
p. 120
Ejemplar de José Saramago de *O Primo Bazilio*.
Monumento a Eça, s. f. A. d.
p. 121
Cubierta de *Nome de Guerra*, Edições Europa, publicado en 1925.
A sesta, José de Almada Negreiros, 1939, Museu Nacional de Arte Contemporânea do Chiado.
© Arnaldo Soares, 1993/DGPC/ADF.
p. 123
Retrato de Fernando Pessoa, Lisboa, 1888. © Estúdio Muñiz Martinez/ABM.
p. 124
Portada de la revista española *La Novela Corta* con un texto de Aquilino Ribeiro, enero de 1919.
Cubierta de *Filho do Homem*, editorial Portugália, publicado en 1961.
p. 125
Manifestación del Primero de Mayo de 1974 en Lisboa.
© Ana Hatherly/AML.
p. 126
Cubierta de la primera edición de *Os três reis do Oriente*, editorial Estúdios Cor, 1965.
p. 127
Sophia en Lagos, años sesenta.
© João Cutileiro/Archivo de la familia Mello Breyner.
p. 128
Mia Couto, 2018.
©Tomas Bertelsen/Rolex.
p. 129
Gonçalo M. Tavares, s. f.
© Joana Caiano.
pp. 130 y 131
Don Quijote y Sancho Panza, por Júlio Pomar, 2005. FJP.

p. 133
Don Quijote, por Júlio Pomar, 2005. FJP.
p. 134
En la Casa-Museo Federico García Lorca, octubre de 1996.
Lorca al piano en la Huerta de San Vicente, 1935. Archivo de la Fundación García Lorca.
p. 135
En el museo de la Fundación Rafael Alberti, 1998.
p. 136
«Homenatge a Antonio Machado», 1965, Estampa Popular de Valencia.
p. 137
Joven, 1967. © Jorge Guerra/AML.
p. 138
Cartel del tercer centenario de la muerte de Molière, 1974, Savignac.
p. 139
Cartel alusivo al atentado sufrido por periodistas de la publicación satírica *Charlie Hebdo* en París, 2015, a. d.
Cubierta de *Lettres persanes*, editorial Folio, 1973.
p. 141
Marx. Proletários de todos os países, uni-vos! Pegatina de propaganda del PCP. FMS.
p. 142
Trotsky, c. 1902. A. d.
Cubierta de *El porvenir es largo*, Ediciones Destino, 1992.
p. 143
Colette, 1910. A. d.
Ediciones de Estúdios Cor de las obras de Colette traducidas por José Saramago.
p. 144
Bouvard, Flaubert y Pécuchet, 2018. © Rrose.
Postal de París, *Le Bois de Boulogne*, c. 1900.
p. 145
Póster de *La Fauvette du moulin*, 1892. Jules Rouff.
p. 146
Ilustración para *La metamorfosis*, 1997. Luis Scafati/Libros del Zorro Rojo.
p. 147
Cubierta de *Los cuadernos de Malte Laurids Brigge*, editorial Losada, 1999.
p. 148
O Tempo das Catedrais, traducción de José Saramago, editorial Estampa, 1979.
«Ulrich von Lichtenstein», *Codex Manesse*, c. 1300-1340.

p. 149
Caminho com amendoeiras em flor, años cincuenta.
© Artur Pastor/AML.
p. 150
Machado de Assis, c. 1896. Projeto Machado de Assis Real.
João Cabral en la ceremonia de toma de posesión de su silla en la Academia Brasileira de Letras, 1969. Archivo ABL.
p. 151
Edición especial de *Morte e Vida Severina*, editorial Alfaguara, 2015.
João Cabral de Melo Neto — Um Autor em perspectiva, de Ana Maria Machado, 2013. Global Editora/Academia Brasileira de Letras.
p. 152
Línea del tiempo hecha por Carlos Drummond de Andrade, años setenta. Archivo de la familia Drummond de Andrade.
p. 153
Cubierta de *José e Outros*, editorial José Olympio, 1967.
p. 154
Jorge Luis Borges en el Memorial de los Reformadores, Ginebra, años ochenta.
© María Kodama/Archivo María Kodama.
p. 155
Portada e interior de la revista *Sur*, abril de 1941, donde se publicó por primera vez el relato «Examen de la obra de Herbert Quain».
p. 156
Cubierta de *Donoso, 70 años, coloquio internacional de escritores y académicos* (5-7 de octubre de 1994); Santiago de Chile, Ministerio de Educación, 1997.
p. 157
Cubierta de *Poesía*, de Eliseo Diego, editorial Letras Cubanas, 1983.
Cubierta de *Prosas escogidas*, de Eliseo Diego, editorial Letras Cubanas, 1983.
p. 158
Postal de *Ritorno di Gesù dal tempio*, 1342. Simone Martini.
Postal de *Pietà*, 1482-1486. Ercole de Roberti.
p. 159
Postal de *La morte della Vergine*, c. 1462. Andrea Mantegna.
Postal de *La visitazione*, 1306. Giotto.

p. 160
Postal de *Das große Rasenstück*, 1503. Albrecht Dürer.

p. 161
Postal de *Pubertet*, 1894. Edvard Munch. Teatro Colón, Buenos Aires, 2003.

p. 162
«Les Faucons» y «Sur la Terrasse», en *XX Dessins* (1912). Amadeo de Souza-Cardoso, Lisboa. Edição CAM-Fundação Calouste Gulbenkian, 1983.

p. 163
Azenhas, c. 1915. Museu Municipal Amadeo de Souza-Cardoso.

p. 164
Suite n.º 6, transcripción anónima, siglo XVIII. Monumento a Bach en Leipzig, por Carl Seffner, 1908. Derechos reservados.

p. 165
Grabado de Chopin, s. f. A. d.

p. 166
Maria João Pires en el Teatro Municipal São Luiz, 7 de junio de 1973. A. d./AML.

p. 167
Retrato de Maria João Pires en Lisboa, 1972. A. d./AML.

p. 168
Cubierta de la antología *A Voz da Guitarra*, Carlos Paredes, 2010. Carlos Paredes, Adriano Correia de Oliveira, Zeca Afonso y José Fonseca e Costa, 1970. A. d./ANTT. Carlos Paredes y Zeca Afonso, 1970. A. d./ANTT.

p. 169
Paco Ibáñez, 2000. Archivo A Flor de Tiempo. Cubierta del álbum *Paco Ibáñez canta a los poetas andaluces*, 2008.

pp. 170 y 171
María Pagés, 2013. © David Ruano/Centro Coreográfico.

p. 172
Diseño preparatorio para *The Women's Table*/Maya Lin Studio. *The Women's Table*, 1983. Norman McGrath/Maya Lin Studio.

p. 173
Dorotea de Armas en Lanzarote, años noventa. Archivo de la familia León Armas.

p. 174
Diseño de Siza Vieira para el edificio de Adega Mayor. Campo Maior, c. 2017. © Gonçalo Villaverde/Adega Mayor.

p. 175
Pabellón de Portugal, 2013. © Gabriele Basílico.

p. 176
Primera tira cómica de *Mafalda*, publicada en la revista *Primera Plana* el día 29 de septiembre de 1964, en Buenos Aires. Cubiertas de ediciones de *Mafalda*, editorial Dom Quixote, años setenta.

p. 177
Cubierta de la edición de *Astérix Le Gaulois*, 1963, editorial Dargaud. Cartel de *Laugh, Clown, Laugh*, 1928.

p. 178
Cartel de la película *Blinde Passagiere*, 1957. Postal de Pat y Patachón, c. 1927. © Derechos reservados.

p. 179
Cartel de la película *Der Golem*, 1920.

p. 181
Cartel de la película *Amarcord*, 1973.

p. 182
Cartel japonés de la película *Volver*, 2006.

p. 183
Imágenes del rodaje de *Volver*. © Paola Ardizzoni y Emilio Pereda/El Deseo, D.A., S.L.U.

escritos/creaciones

p. 185
José Saramago, años ochenta.

p. 186
Primera edición de *Terra do Pecado*, editorial Minerva, 1947.

p. 187
Retratos femeninos, c. 1900. A. d./AML.

p. 188
Cartel alusivo a la instauración de la República en Portugal, década de 1910. Colección António Pedro Vicente/FMS. Taller de zapateros, años cuarenta. © Artur Pastor/AML.

p. 189
Pilar del Río, fotografiada por Saramago en el balcón de Julieta en Verona, c. 1988.

p. 190
Adaptación de *Don Giovanni o El disoluto absuelto*, de José Saramago, en el Teatro Nacional de San Carlos, 2006. TNSC.

p. 191
Giordano Bruno, c. 1854. Alphonse Legros. Retrato del rey Don Sebastián atribuido a Cristovão de Morais, c. 1571, Museu Nacional de Arte Antiga. © Luísa Oliveira/José Paulo Ruas, 2015/DGPC/ADF.

p. 192
Pesca de la ballena en Azores, siglo XX, Museu Nacional de Etnologia. © Ruy Cinatti/DGPC/AD.

p. 194
Xilograbado de J. Borges para el libro *O Lagarto*, publicado en 2016.

p. 196
Portadas de los números 3 (noviembre de 1921) y 1571 (septiembre de 1974) de la revista *Seara Nova*.

p. 197
Carga policial, Aveiro, 8 de abril de 1973. A. d./Centro de Documentação 25 de Abril da Universidade de Coimbra. Postal del 3.er Congreso de la Oposición Democrática, 1973.

pp. 198 y 199
Militares aplaudidos por el pueblo en su descenso por la Rua de S. Pedro de Alcântara, 25 de abril de 1974. © Mário Varela Gomes/FMS.

p. 200
Revolución del 25 de abril de 1974. © Alfredo Cunha. Portada y editorial de la revista *Seara Nova*, n.º 1543, mayo de 1974.

p. 201
Revolución del 25 de abril de 1974. © Alfredo Cunha.

p. 202
Primera plana del periódico *República*, 25 de abril de 1974, con el siguiente aviso a pie de página: «Este periódico no fue revisado por ninguna comisión de censura». Manifestación del Primero de Mayo, posterior a 1974. © Ernesto de Sousa/AML. Imagen del reportaje «25 de Abril o virar da página», revista *Flama*, 3 de mayo de 1974.

p. 203
Manifestación en las Avenidas Novas, posterior a 1974. © Ernesto de Sousa/AML.

p. 204
Tarjeta identificativa, 1975.

p. 205
En la redacción del *Diário de Notícias*, octubre de 1998. © Alexandra Silva, archivo DN.

p. 207
Cartel de la campaña presidencial de Salvador Allende, 1970.

p. 208
Cubierta de la primera edición de *Manual de Pintura e Caligrafia*, Moraes Editores, 1976.

p. 209
Monumento en Coimbra a Don Juan III, Francisco Franco de Souza (1948).

p. 210
El dictador Oliveira Salazar, s. f. © Estúdio Mário Novais/FCG.

p. 211
Ilustración para la cubierta de *Casi un objeto*, de Manuel Estrada, para la edición española del libro, 2006.

p. 212
Cartel de la adaptación de *A Noite*, por el Grupo de Campolide, 1979. BNP. Adaptación de *La noche*, puesta en escena de José Carlos Garcia, Teatro da Trindade, 2013. © Derechos reservados.

p. 213
Portada de la revista *Olisipo*, n.º 142-143, 1979. HML.

p. 214
Paseo en carro, c. 1950.
© Artur Pastor/AML.
p. 215
Material preparatorio para la novela *Levantado del suelo*, c. 1976.
p. 216
Ficha de la PIDE (policía política) de José Adelino dos Santos, 1949. ANTT.
Monumento a José Adelino dos Santos, en Montemor-o-Novo, 1986. Foto divulgação/URAP (União de Resistentes Antifascistas Portugueses).
p. 217
Entrega del Premio Ciudad de Lisboa, 1982.
Cubierta de la primera edición de *Levantado do Chão*, 1980, editorial Caminho.
p. 218
Detalle de un azulejo del convento del Santísimo Sacramento.
p. 219
Con Pepe, años noventa.
p. 220
Retrato masculino, Praça do Comércio, 2002. © Georges Dessaud/AML.
p. 221
Emigrante portuguesa, La Pampa, París, 1983. © António Pedro Ferreira/AML.
p. 222
Bautismo de vuelo del actor Nascimento Fernandes, 1921. © Lisboaphoto/AML.
p. 223
Estatua de Adamastor, por Júlio Vaz Júnior, s. f. © Mário Novais/FCG.
p. 224
Fotograma de la película *O Ano da Morte de Ricardo Reis*, de João Botelho, 2020.
p. 225
Carta astral de Ricardo Reis, elaborada por Fernando Pessoa, s. f. BNP.
p. 226
Retratos de Maria das Neves Afonso, 1929. © Eduardo Portugal/AML.
p. 227
Criada a la entrada de la fábrica de Cascais, 1909. A. d./AML.
p. 229
Sacavém, 1999. © António Pedro Ferreira/AML.
p. 230
Saramago en Lisboa, años dos mil. © Kim Manresa.

p. 231
Castillo de San Jorge, años sesenta. © Artur Pastor/AML.
p. 233
Hacienda Giacometti, estado del Paraná, Brasil, 1996. © Sebastião Salgado.
p. 234
Postal de un mosaico del periodo bizantino, Siria, siglos V-VI.
p. 235
Caín, 2015. America Sanchez. Archivo AGS.
Detalle de *Judas besando a Cristo*, de Ary Scheffer, c. 1883.
p. 236
Escultura de Santa María Magdalena, siglo XVIII, Museu Nacional de Arte Antiga. © João Pessoa, 2002/DGPC/ADF.
p. 237
Detalle de *Carregamento da Cruz*, Aleijadinho, c. 1790. Santuario del Bom Jesus de Matosinhos. © Ricardo André Frantz, 2015/derechos reservados.
p. 239
Ascensión del globo nacional, 1906. A. d./AML.
p. 240
Fotograma de la película *Ensayo sobre la ceguera*, de Fernando Meirelles, 2008.
p. 241
Subiendo al tranvía, c. 1960. © Amadeu Ferrari/AML.
A Mundial, Lisboa, s. f. © Estúdio Horácio Novais/FCG.
p. 242
En Salvador, con Jorge Amado, 1996. © Zélia Gattai/FFCJA.
Diploma del Premio Nobel de Literatura, 10 de diciembre de 1998.
p. 243
En el aeropuerto de Frankfurt, 9 de octubre de 1998. © Juan Cruz Ruiz/Archivo FJS.
En las oficinas de Alfaguara en Madrid, 9 de octubre de 1998.
p. 244
Ceremonia de entrega del Premio Nobel, 10 de diciembre de 1998, Estocolmo.
Ejemplar del discurso de Saramago en la Academia Sueca, dedicado a Paulo Castilho, embajador de Portugal en Estocolmo.

p. 245
Fotos tomadas por José Saramago desde la ventana de su hotel en Estocolmo, diciembre de 1998.
Banquete del Nobel, 10 de diciembre de 1998. © Paulo Castilho.
p. 246
Alfarero, años cuarenta. © Artur Pastor/AML.
p. 247
Cartel en inglés de la película *Enemy*, de Denis Villeneuve, adaptación de *El hombre duplicado*, 2013.
pp. 248 y 249
Detalle de la litografía *Dança da Morte*. A. d.
p. 250
Alabardero, siglo XVIII. © Luís Pavão, 1954/FCG.
p. 251
Sector de producción de armamento de la Fábrica de Braço de Prata, Lisboa, años cincuenta. © Estúdio Mário Novais/FCG.
p. 253
Caparisoned Elephant with a Mahout, siglo XVIII, India.

lazos/personas

p. 255
En Lisboa, años ochenta.
p. 256
Jerónimo Meirinho y Josefa Caixinha, Azinhaga, años treinta.
p. 258
Maria da Piedade, c. 1920.
Maria da Piedade y José de Sousa, c. 1920.
p. 259
Francisco de Sousa, 1921.
p. 260
Retrato de muchacha en la terraza, s. f. A. d./AML.
Motorista de sidecar, 1944. © António Passaporte/AML.
p. 261
João de Sousa Vairinho, s. f. Archivo de la familia Vairinho.
Cuaderno escolar de José Saramago, 1933.
p. 262
Pescador en una barca de remos, s. f. © Alberto Carlos Lima/AML.
p. 263
Fabricación de azulejos, años cuarenta. © Artur Pastor/AML.
Azulejo fabricado por Viúva Lamego.
p. 264
Boda con Ilda Reis, 1944.
Grabado de Ilda Reis, s. f.
p. 265
Ilda Reis y Violante, años cincuenta.
Josefa, Violante y Jerónimo, Azinhaga, c. 1949.
Saramago y Violante, c. 1951.
p. 266
Cubierta de la primera edición de *Aldeia entre mar e serra*, de Nataniel Costa, 1942. Editorial Gazeta dos Caminhos de Ferro.
Detalle de una página de la revista *Século Ilustrado*, n.º 915, julio de 1955.
p. 267
Cubierta del libro *Correspondência 1959-1971: José Rodrigues Miguéis — José Saramago*, edición de José Albino Pereira, editorial Caminho, 2010.
Cubierta de *É proibido apontar*, de José Rodrigues Miguéis, editorial Estúdios Cor, 1974.

p. 268
Fotografía de Miguel Torga incluida en la ficha del escritor en la PIDE (policía política), c. 1939. ANTT.
Cubierta de la primera edición de *Vindima*, de Miguel Torga, 1945, Coimbra Editora.

p. 269
Sobre de una carta enviada por Jorge de Sena a José Saramago, 1961.
Jorge de Sena, 1949.
© Fernando Lemos/IMS.

pp. 270 y 271
Cartel y fotogramas de la película *José-Augusto França, Liberdade cor de homem*, de Ricardo Clara Couto y Nuno Costa Santos, 2020.

p. 273
Portada de la revista *Che*, 1973, Ediciones Cuba.

p. 274
Mural pintado por B. Walker, Chicago, 1980. © C. J. Vergara/derechos reservados.

p. 275
Insignia de la Marcha sobre Washington, 1963.
Marcha sobre Washington, 1963. © W. Leffler/derechos reservados.

p. 276
Agustina Bessa-Luís, años setenta. A. d.
Canção diante de uma porta fechada (1966), *Os quatro rios* (1964), *A dança das espadas* (1965), de Agustina Bessa-Luís.
Eugénio de Andrade y Agustina Bessa-Luís, 1990. FMS.

p. 277
Isabel da Nóbrega, 1973. A. d./ANTT.
Cubierta de *Já não há Salomão*, 1966, editorial Estúdios Cor, y *Viver com os outros*, edición del Círculo de Leitores, 1974.

p. 278
Mário Soares jugando al ping-pong, 1969.
© Isabel Soares/FMS.
Mário Soares junto al túmulo de Karl Marx, cementerio de St. James, Londres, julio de 1972. A. d/FMS.

p. 279
Álvaro Cunhal, abril de 1983. © José Neves Águas/AML.
Grabado del PCP por la amnistía de los presos políticos, años cincuenta.
A. d./Archivo PCP.

p. 280
Vasco Gonçalves, 1975. A. d./ANTT.
Pegatina con diseño alusivo a Vasco Gonçalves. Fondo Alberto Pedroso/FMS.

p. 281
Saramago y Vasco Gonçalves en los años setenta.

p. 282
Con la profesora Cleonice Berardinelli en la Universidade Federal do Rio de Janeiro, 1989.
Cleonice a los tres años, 1919. Colección PUC.

p. 283
Lygia Fagundes Telles. Colección personal.
Cubierta de *Os contos*, editorial Companhia das Letras, 2018.

p. 284
Encuentro de Escritores en Berlín, 1987.
Subdesarrollo y letras de osadía (1987), *Cuentos* (1986), *La tregua* (1994), de Mario Benedetti.

p. 285
Con Benedetti, c. 2000.

p. 286
Milagre da ressurreição da Infanta D. Aldonsa de Leão e Castela por intercessão de Santo António, siglo XVII. MdL.
Nota enviada por Gabriel García Márquez a los medios con motivo de la concesión del Premio Nobel a José Saramago, 1998.

p. 287
Con Mercedes Barcha, Pilar del Río y Gabriel García Márquez, en Madrid, mayo de 1993.

p. 288
Cubierta de *Manuale di pittura e calligrafia*, con prefacio de Luciana Stegagno Picchio, editorial Bompiani, 1996.
Postal del monumento a Cristo-Rey, Almada, años sesenta.
Con la profesora y filóloga Luciana Stegagno Picchio, años noventa.

p. 289
Maria Alzira Seixo, años ochenta. © L. Ramos/derechos reservados.
Cubierta de *O essencial sobre José Saramago*, Imprensa Nacional-Casa da Moeda, 1987.
Con Maria Alzira Seixo y Greta, en Lanzarote, años noventa.

p. 290
Con Maria Alzira Seixo, José Barahona, Vasco Gonçalves y la familia Basuga, en Lavre, 1976. Colección de la familia Basuga.

p. 291
João Basuga, en Lavre, años setenta. Colección de la familia Basuga.
Con Isabel da Nóbrega y la familia Basuga, en Lavre, años ochenta. Colección de la familia Basuga.

p. 292
Con Zeferino Coelho y Sebastião Salgado, en Lanzarote, 1996.
Zeferino Coelho, años noventa.

p. 293
Con la agente literaria Ray-Güde Mertin, años noventa.
Portada de la revista *Die Zeit*, del *Frankfurter Allgemeine Zeitung*, 17 de octubre de 1997.

p. 294
Con Basilio Losada, en Braga, 1999.
Basilio Losada, 1993. Archivo AELG — Distrito Xermar.

p. 295
Con Giovanni Pontiero en Mánchester, mayo de 1995.

pp. 296 y 297
Secuencia de imágenes con Eduardo Lourenço, en Bruselas, 1991. © Augusto Cabrita/derechos reservados.

p. 297
Melencolia I, 1514, de Albrecht Dürer, Museu Nacional de Arte Antiga. © Arnaldo Soares, 1994/DGPC/ADF.

p. 298
A Caminhada do medo, 2011, Graça Morais. © João Krull/Colección Graça Morais.

p. 299
Con Raduan Nassar y Leyla Perrone-Moisés, en São Paulo, abril de 1997. © Wolfenson/Colección Leyla Perrone-Moisés.

p. 300
Con Luiz Schwarcz y Lilia Moritz Schwarcz en São Paulo, 2008.
Con Pilar, Zélia Gattai, Luiz, Lilia y Jorge Amado en Salvador, en 1996.

p. 301
Jorge y Zélia con Picuco, en Salvador, 1976. FFCJA.

pp. 302 y 303
Chico Buarque, años noventa. © Adriana Pittigliani/Colección Chico Buarque/Instituto Tom Jobim.

p. 303
El médico brasileño Célio de Castro, años noventa. Colección personal.

p. 304
Gonzalo Torrente Ballester en el Metropolitan Museum of Art, Nueva York, a finales de los años sesenta. Archivo de la Fundación Torrente Ballester/derechos reservados.

p. 305
Cubierta de *Fúria*, editorial Dom Quixote, 2002.
Cubierta de *Mis almuerzos con gente inquietante*, 1984, editorial Planeta.

p. 306
Con Lídia Jorge, en la entrega del Premio Literario del Ayuntamiento de Lisboa, 1984.
Con Lídia Jorge, en Frankfurt, años ochenta.

p. 307
Con Susan Sontag, en Lanzarote, mayo de 1996.
Fax enviado por Susan Sontag el día 11 de octubre de 1998.

p. 308
Cartel de la ópera *Blimunda* en el Teatro alla Scala, con libreto de Azio Corghi, Milán, mayo de 1990.

p. 309
Barbara Probst-Solomon, en Madrid, c. 1940. © Derechos reservados.
Edición en español de *Los felices cuarenta*, de Barbara Probst-Solomon. Ejemplar de la biblioteca de José Saramago.

p. 310
En la librería Joyce, Proust & Cía., 1988.

p. 311
Foto tomada por José Saramago, material preparatorio para *El año de la muerte de Ricardo Reis*, a principios de los años ochenta.

pp. 312 y 313
Con Lélia Wanick, en Lanzarote, 1997. © Sebastião Salgado.

p. 314
Con Sebastião Salgado, en Lanzarote, 1997.

p. 315
Con Baptista-Bastos, en Lanzarote, marzo de 1995.
Con Pilar y Baptista-Bastos, en Azinhaga, abril de 1991.

p. 316
Cubierta de *Professionals of Hope*, 2017, editorial The Song Cave.

p. 317
Carlos Fuentes, s. f.
© Daniel Mordzinski.

p. 318
Laura Bonaparte, s. f.
Archivo Luis Bruschtein.
Desaparecidos, 1998.
© Gervasio Sánchez.

p. 319
Juan Gelman en Roma, *c.* 1978.
Archivo de la familia Gelman.

p. 320
Cubierta de *Elogio de la imperfección*, 2011, editorial Tusquets.
Rita Levi-Montalcini, 1948. A. d.

p. 321
Cubierta del libro *Libertad conquistada*, editorial Trotta, 2004.

p. 323
Oscar Niemeyer en la catedral metropolitana de Brasilia, *c.* 1960. © David Zingg/IMS.

p. 324
Marcos Ana, años sesenta.
Archivo Marcos Macarro Sender.
Cubierta de *Te llamo desde un muro*, con diseño de Pablo Picasso, 1960.

p. 325
Mahmud Darwish, en Haifa, 1963. A. d.
Mural con la imagen de Darwish, en el muro de Cisjordania levantado por Israel, s. f.

p. 326
Con Günter Grass, en Lisboa, 1998. © Daniel Rocha.
Portada de la revista *Der Spiegel*, n.º 17, 18 de abril de 2015.

p. 327
Con Ernesto Sabato y lectores, en Lanzarote, años noventa.
Cubierta de *Informe sobre ciegos*, de Ernesto Sabato, ilustrado por Alberto Breccia, editorial Astiberri, 2012.

p. 328
Una inagotable esperanza, de Antoni Tàpies, 2004.

p. 329
Página interior de la revista *Elkarri*, n.º 114, abril de 2004.

p. 330
Agenda de José Saramago de 1986. El día 14 de junio de aquel año, a las cuatro de la tarde, el escritor conoce a Pilar del Río.

p. 331
Sobre de la primera carta enviada por José Saramago a Pilar, 1986.
En Lisboa durante las celebraciones del 25 de abril de 1987.

p. 333
En Lisboa, años dos mil.

créditos y leyendas de las imágenes
p. 334
En Mafra, *c.* 1982.
© António Homem Cardoso.

referencias bibliográficas
p. 342
Lanzarote, 2006.
© Patricia Kolesnicov.

índice de nombres
p. 346
En Lisboa, 1993.

agradecimientos
p. 348
Lisboa, años setenta.
© Orlando Brito.

p. 351
Fotografía «oficial» de los participantes en el II Encuentro sobre Literaturas Iberoamericanas, Oporto, 1998.
© Daniel Mordzinski, 1998.

referencias bibliográficas

obras de josé saramago

Terra do Pecado, Lisboa, Editorial Minerva, 1947 (*La viuda*, Alfaguara, 2021)
Os Poemas Possíveis, Lisboa, Portugália, 1966 (*Los poemas posibles*, en *Poesía completa*, Alfaguara, 2005)
Provavelmente Alegria, Lisboa, Livros Horizonte, 1970 (*Probablemente alegría*, en *Poesía completa*, Alfaguara, 2005)
Deste Mundo e do Outro, Lisboa, Arcádia, 1971 (*De este mundo y del otro*, Alfaguara, 2003)
A Bagagem do Viajante, Lisboa, Futura, 1973 (*Las maletas del viajero*, Alfaguara, 2003)
As Opiniões Que o DL Teve, Lisboa, Seara Nova, 1974
O Ano de 1993, Lisboa, Futura, 1975 (*El año de 1993*, en *Poesía completa*, Alfaguara, 2005)
Manual de Pintura e Caligrafia, Lisboa, Moraes Editores, 1976 (*Manual de pintura y caligrafía*, Alfaguara, 1999)
Os Apontamentos, Lisboa, Seara Nova, 1976
Objecto Quase, Lisboa, Moraes Editores, 1978 (*Casi un objeto*, Alfaguara, 1998)
A Noite, Lisboa, Caminho, 1979 (*La noche*, en *Qué haréis con este libro: teatro completo*, Alfaguara, 2016)
Que Farei com este Livro?, Lisboa, Caminho, 1980 (*¿Qué haré con este libro?*, en *Qué haréis con este libro: teatro completo*, Alfaguara, 2016)
Levantado do Chão, Lisboa, Caminho, 1980 (*Levantado del suelo*, Alfaguara, 2001)
Viagem a Portugal, Lisboa, Círculo de Leitores, 1981 (*Viaje a Portugal*, Alfaguara, 1991)
Memorial do Convento, Lisboa, Caminho, 1982 (*Memorial del convento*, Alfaguara, 1998)
O Ano da Morte de Ricardo Reis, Lisboa, Caminho, 1984 (*El año de la muerte de Ricardo Reis*, Alfaguara, 1998)
A Jangada de Pedra, Lisboa, Caminho, 1986 (*La balsa de piedra*, Alfaguara, 2001)
A Segunda Vida de Francisco de Assis, Lisboa, Caminho, 1987 (*La segunda vida de Francisco de Asís*, en *Qué haréis con este libro: teatro completo*, Alfaguara, 2016)
História do Cerco de Lisboa, Lisboa, Caminho, 1989 (*Historia del cerco de Lisboa*, Alfaguara, 1999)
O Evangelho Segundo Jesus Cristo, Lisboa, Caminho, 1991 (*El Evangelio según Jesucristo*, Alfaguara, 1998)
In Nomine Dei, Lisboa, Caminho, 1993 (*In Nomine Dei*, en *Qué haréis con este libro: teatro completo*, Alfaguara, 2016)
Cadernos de Lanzarote I (1993), Lisboa, Caminho, 1994 (*Cuadernos de Lanzarote [1993-1995]*, Alfaguara, 1997)
Cadernos de Lanzarote II (1994), Lisboa, Caminho, 1995 (*Cuadernos de Lanzarote [1993-1995]*, Alfaguara, 1997)
Ensaio sobre a Cegueira, Lisboa, Caminho, 1995 (*Ensayo sobre la ceguera*, Alfaguara, 1996)
Cadernos de Lanzarote III (1995), Lisboa, Caminho, 1996 (*Cuadernos de Lanzarote [1993-1995]*, Alfaguara, 1997)
Cadernos de Lanzarote IV (1996), Lisboa, Caminho, 1997 (*Cuadernos de Lanzarote II [1996-1997]*, Alfaguara, 2001)
Todos os Nomes, Lisboa, Caminho, 1997 (*Todos los nombres*, Alfaguara, 1998)
Cadernos de Lanzarote V (1997), Lisboa, Caminho, 1998 (*Cuadernos de Lanzarote II [1996-1997]*, Alfaguara, 2001)
Folhas Políticas: 1976-1998, Lisboa, Caminho, 1999
A Caverna, Lisboa, Caminho, 2000 (*La caverna*, Alfaguara, 2001)
O Homem Duplicado, Lisboa, Caminho, 2002 (*El hombre duplicado*, Alfaguara, 2002)
Ensaio sobre a Lucidez, Lisboa, Caminho, 2004 (*Ensayo sobre la lucidez*, Alfaguara, 2004)
Don Giovanni ou o Dissoluto Absolvido, Lisboa, Caminho, 2005 (*Don Giovanni o El disoluto absuelto*, en *Qué haréis con este libro: teatro completo*, Alfaguara, 2016)
As Intermitências da Morte, Lisboa, Caminho, 2005 (*Las intermitencias de la muerte*, Alfaguara, 2005)
As Pequenas Memórias, Lisboa, Caminho, 2006 (*Las pequeñas memorias*, Alfaguara, 2006)
A Viagem do Elefante, Lisboa, Caminho, 2008 (*El viaje del elefante*, Alfaguara, 2008)
Caim, Lisboa, Caminho, 2009 (*Caín*, Alfaguara, 2009)
O Caderno: textos escritos para o blogue, setembro de 2008-março de 2009, Lisboa, Caminho, 2009 (*El Cuaderno*, Alfaguara, 2009)
O Caderno 2: textos escritos para o blogue, março de 2009-novembro de 2009, Lisboa, Caminho, 2010 (*El último Cuaderno*, Alfaguara, 2011)
Claraboia, Lisboa, Caminho, 2011 (*Claraboya*, Alfaguara, 2012)
Alabardas, alabardas, Espingardas, espingardas, Porto, Porto Editora, 2014 (*Alabardas*, Alfaguara, 2014)
Último Caderno de Lanzarote: o diário do ano do Nobel, Porto, Porto Editora, 2018 (*El cuaderno del año del Nobel*, Alfaguara, 2018)

miscelánea

Prefacio de *Os Três Reis do Oriente*, de Sophia de Mello Breyner Andresen, Lisboa, Estúdios Cor, 1965
Prefacio de *Já não Há Salomão*, de Isabel da Nóbrega, Lisboa, Estúdios Cor, 1966
«Alguns dizeres sobre Armindo Rodrigues e esta antologia», prefacio de *O Poeta Perguntador*, de Armindo Rodrigues, Lisboa, Caminho, 1979
«O Ouvido», en *Poética dos Cinco Sentidos*, Lisboa, Bertrand, 1979
«Da impossibilidade deste retrato», prefacio de *Um Rosto para Fernando Pessoa*, Lisboa, Centro de Arte Moderna — Fundação Calouste Gulbenkian, 1985
«Apresentação», en *João Cutileiro: Amantes*, Almancil, Centro Cultural São Lourenço, 1987
Prefacio de *A Saga-Fuga de J. B.*, de Gonzalo Torrente Ballester, Lisboa, D. Quixote, 1992
«Mantegna: una ética, una estética», *Veintitrés biografías de pintores: Museo del Prado*, Madrid, Mondadori, 1992
«José Donoso y el inventario del mundo», en *Donoso, 70 años: coloquio internacional de escritores y académicos* (5-7 de octubre de 1994), Santiago de Chile, Ministerio de Educación, 1997
«Discurso en homenaje a Rafael Alberti», Casa de América de Madrid, 30 de octubre de 1997, en «Saramago: la poesía, revelación de la palabra que estaba oculta», *La Jornada*, Ciudad de México, 16 de diciembre de 1997
«Terra, direito e justiça», prefacio de *Terra*, de Sebastião Salgado, Lisboa, Caminho, 1997 (*Terra*, Alfaguara, 1997)
Discursos de Estocolmo (1998), Lisboa, Caminho, 1999 (*Discursos de Estocolmo*, Alfaguara, 1999)
Prefacio de *La peregrina*, de Basilio Losada, Barcelona, Grijalbo, 1999
«La otra razón de Alonso Quijano», en *La literatura iberoamericana en el 2000*, Salamanca, Universidad de Salamanca, 2003
Discurso en el III Congreso Internacional de la Lengua Española, Rosario, Argentina, 2004, disponible en: http://congresosdelalengua.es/rosario/default.htm.
The Author as Plagiarist: The Case of Machado de Assis, edición de João Cezar de Castro Rocha, Dartmouth, University of Massachusetts, 2006

José Rodrigues Miguéis — José Saramago, *Correspondência 1959-1971*, Lisboa, Caminho, 2010
Prefacio de *Uma Família do Alentejo*, de João Domingos Serra, Lisboa, Fundação José Saramago, 2010
Jorge Amado — José Saramago, *Com o Mar por Meio: uma amizade em cartas*, São Paulo, Companhia das Letras, 2017

artículos de prensa

«Homenagem a Cervantes», *Seara Nova*, Lisboa, n.º 1429, noviembre de 1964
«Verdade e vontade», *Diário de Notícias*, Lisboa, 30 de mayo de 1975
«Ser ou não ser Vasco», *Diário de Notícias*, Lisboa, 23 de agosto de 1975
«Recado para João Basuga, alentejano», *Extra*, Lisboa, 8 de septiembre de 1977
«Paris, Portugal», *O Jornal*, Lisboa, 15 de febrero de 1985
«Juan Goytisolo», *Espacio/Espaço Escrito*, Badajoz, invierno de 1993-1994
«Chiapas, nome de dor e de esperança», *Visão*, Lisboa, 9 de julio de 1998
«África», *Visão*, Lisboa, 13 de agosto de 1998

entrevistas, declaraciones, noticias

«José Saramago: a propósito de *Objecto Quase*», *Diário de Lisboa*, Lisboa, 1 de junio de 1978
«José Saramago: poder, enfim, escrever claramente», *O Diário*, Lisboa, 17 de febrero de 1979
«José Saramago e o Alentejo», *Diário de Lisboa*, Lisboa, 8 de marzo de 1980
«José Saramago fala de *Memorial do Convento*», *O Diário*, Lisboa, 21 de noviembre de 1982
«Escrever é fazer recuar a morte, é dilatar o espaço da vida», *Jornal de Letras*, Lisboa, n.º 50, 18 de enero de 1983
«José Saramago ao Correio do Minho», *Correio do Minho*, Braga, 12 de febrero de 1983
Suplemento Literário de Minas Gerais, Belo Horizonte, 3 de diciembre de 1983
«A difícil conversa», *Status*, São Paulo, 13 de marzo de 1986
«A facilidade de ser ibérico», *Expresso*, Lisboa, 8 de noviembre de 1986
«José Saramago, na rota da latinidade», *Folha de S. Paulo*, São Paulo, 2 de diciembre de 1986
«La CE, un eufemismo», *El Independiente*, Madrid, 9 de agosto de 1987
«José Saramago, un discurso solitario», *La Vanguardia*, Barcelona, 13 de octubre de 1987
«José Saramago: Gosto do que este país fez de mim», *Jornal de Letras*, Lisboa, n.º 354, 18-24 de abril de 1989
«No meu caso, o alvo é Deus», *Expresso*, Lisboa, 2 de noviembre de 1991
«Os livros do nosso desassossego», *Setembro*, Lisboa, n.º 1, enero-marzo de 1993
«Uma certa ideia da Europa», *Expresso*, Lisboa, 7 de agosto de 1993
Canarias 7, Las Palmas, 20 de febrero de 1994
«El mundo se está quedando ciego», *La Verdad*, Murcia, 15 de marzo de 1994
«Con el escritor portugués José Saramago: La escritura es otra forma de realidad», *El País*, Montevideo, 24 de junio de 1994
«Nunca esperé nada de la vida, por eso tengo todo», *Faro de Vigo*, Vigo, 20 de noviembre de 1994
«Soy mucho más ibérico que antes», *Cambio 16*, Madrid, n.º 1229, 12 de junio de 1995
«Memorial faz a crítica ao poder e à vaidade», *Folha de S. Paulo*, São Paulo, 16 de noviembre de 1995
«José Saramago, a partir de su propia vida», *La Nación*, Buenos Aires, 21 de enero de 1996
«Maratona gastronômica marca o final de semana de José Saramago na Bahia», *O Globo*, 5 de febrero de 1996
«Bajo el volcán», *Página|12*, Buenos Aires, 12 de julio de 1998
«El sueño de las olas de piedra», *Diario Uno*, Mendoza, 13 de septiembre de 1998
«Não nasci para isto», *A Capital*, Lisboa, 9 de octubre de 1998
Diálogos com José Saramago, Carlos Reis, Lisboa, Caminho, 1998
José Saramago: El amor posible, Juan Arias, Barcelona, Planeta, 1998
Cadernos de Literatura Brasileira: Lygia Fagundes Telles, n.º 5, São Paulo, Instituto Moreira Salles, 1998
«A palavra do Nobel», *Bravo!*, São Paulo, n.º 21, junio de 1999
«Saramago, el pesimista utópico», *Turia*, Teruel, n.º 57, 2001
«Aquí, en la selva, nacieron ideas nuevas», *Página|12*, Buenos Aires, 12 de marzo de 2001
«Lo que ocurre en Palestina puede compararse con Auschwitz», *La Jornada*, Ciudad de México, 26 de marzo de 2002
«Palestina es como Auschwitz», *BBC Mundo*, Londres, 30 de marzo de 2002
«Escrevi o romance para resolver o choque entre uma admiração e uma rejeição sem limites», *Público*, Lisboa, 27 de mayo de 2002
«Sou uma pessoa amada, tenho a certeza absoluta», *Jornal de Letras*, Lisboa, 16 de enero de 2003
«Saramago, primer escritor en leer su obra en el teatro Colón», *La Jornada*, Ciudad de México, 7 de mayo de 2003
«Saramago en Chile», *La Chácara*, Santiago de Chile, mayo de 2003
«No existe eso que llamamos democracia», *La República*, Montevideo, 26 de octubre de 2003
«Até agora nunca escrevi nenhum livro mau», *Diário de Notícias*, Lisboa, 9 de noviembre de 2005
«Não sabemos se dentro de 50 anos Portugal ainda existe», *Público*, Lisboa, 11 de noviembre de 2005
«Algunas pruebas de la existencia real de Herbert Quain» (1999), *Reencuentros con Borges — per speculum in enigmate*, Bérgamo, Bergamo University Press — Sestante, 2006
«Lisboa y el mundo, en palabras de Saramago», *La Vanguardia*, Barcelona, 8 de enero de 2006
«Saramago vuelve a la niñez», *El País*, Madrid, 20 de agosto de 2006
«Bach, o compasso das palavras e as vírgulas no sítio», *Público*, Lisboa, 12 de noviembre de 2006
«El nombre y la cosa», *El Universal*, Ciudad de México, 2 de diciembre de 2006
«Escritores en defensa del litoral», *El País*, Madrid, 21 de abril de 2007
«José Saramago: L'origine de *Le piccole memorie*», *La Repubblica*, Roma, 23 de junio de 2007
«Saramago Israele e la Palestina», *La Repubblica*, Roma, 3 de julio de 2007
«Eram tempos, eram tempos», *Visão*, Lisboa, 9 de noviembre de 2007
«No he resucitado, he regresado», *El País*, Madrid, 24 de abril de 2008
«Esplendor de Portugal», *Expresso*, Lisboa, 1 de octubre de 2008
«Memória de elefante», *Visão*, Lisboa, 6 de noviembre de 2008
«No me hablen de la muerte porque ya la conozco», *El País*, Madrid, 23 de noviembre de 2008
«É como se houvesse dentro de mim uma parte intocada, ali não entra nada», *Público*, Lisboa, 5 de diciembre de 2008

«José Saramago — O homem dividido», *UP-Magazine*, Lisboa, 1 de diciembre de 2009

«A amiga brasileira de José Saramago», *Versus*, n.º 5, Río de Janeiro, Universidade Federal do Rio de Janeiro, agosto de 2010

José e Pilar: Conversas Inéditas, Miguel Gonçalves Mendes, Lisboa, Quetzal, 2011 (*José y Pilar: conversaciones inéditas*, Alfaguara, 2013)

bibliografía complementaria

Mahmud Darwish, *Poesía escogida 1966-2005*, traducción de Luz Gómez García, Valencia, Pre-Textos, 2008

Eliseo Diego, *Poesía*, La Habana, Letras Cubanas, 1983

João Cabral de Melo Neto, *Pedra do Sono*, Recife, Drechsler & Cia., 1942

João Cabral de Melo Neto, «Pedem-me um poema», en *Terceira Margem: Revista do Centro de Estudos Brasileiros*, n.º 1, Porto, Universidade do Porto, 1998

João Cabral de Melo Neto, *Discurso de recepção do Premio Reina Sofía* (Palacio Real de Madrid, 27 de octubre de 1994), en *Poética Scripta 1992-2018*, Salamanca, Ediciones Universidad Salamanca, 2019

Juan Gelman, *Valer la pena*, Madrid, Visor, 2001

Fernando Gómez Aguilera, *A Consistência dos Sonhos*, Lisboa, Caminho, 2008 (*La consistencia de los sueños*, Fundación César Manrique, 2010)

Ángel González, *Palabra sobre palabra*, Barcelona, Seix Barral, 1968

Ángel González, *Prosemas o menos*, Santander, Gonzalo Bedia, 1983

Rita Levi-Montalcini, *Discurso de investidura como Doctora «Honoris Causa»*, Universidad Complutense de Madrid, 23 de octubre de 2008

Sophia de Mello Breyner Andresen, *Livro Sexto*, Lisboa, Morais, 1962

Ricardo Viel, *Un País Levantado em Alegria*, Lisboa, Porto Editora, 2018 (*Un país levantado en alegría*, Alfaguara, 2018)

índice de nombres

espacios/lugares

Azinhaga, 23
Río Almonda, 26
Río Tajo, 27
Salão Lisboa, 28
Casa dos Bicos, 30
Liceo Gil Vicente, 32
Penha de França, 33
Patio del Panadero, 34
Ángeles, 35
Escuela Industrial Afonso
    Domingues, 36
Biblioteca del Palacio de las
    Galveias, 38
Teatro Nacional de San Carlos, 39
Chiado, 40
Alfama, 42
Bairro Alto, 44
Terreiro do Paço, 46
Hotel Bragança, 48
Castillo de San Jorge, 50
Lisboa, 53
Alentejo, 58
Río Lima, 60
Porto, 61
Río Duero, 62
Mafra, 64
Portugal, 66
Madrid, 68
Sevilla, 70
Península Ibérica, 71
París, 72
Pisa, 74
Siena, 75
RDA, 76
Sarajevo, 77
Praga, 78
Terezín, 79
Europa, 80
Mozambique, 81
Palestina, 82
China, 83
Brasil, 86
Cuba, 92
Machu Picchu, 95
Chile, 96
Chiapas, 98
Nueva York, 102
Lanzarote, 106
Marte, 112

lecturas/sentidos

Biblioteca Lorenciana, 117
Padre António Vieira, 118
Eça de Queiroz, 120
Almada Negreiros, 121
Fernando Pessoa, 122
Aquilino Ribeiro, 124
José Régio, 124
Armindo Rodrigues, 125
Sophia de Mello Breyner
    Andresen, 126
Mia Couto, 128
Gonçalo M. Tavares, 129
Don Quijote, 132
Federico García Lorca, 134
Rafael Alberti, 135
Antonio Machado, 136
Ángel González, 137
Molière, 138
Voltaire, 139
Montesquieu, 139
Marx, 140
Trotsky, 142
Louis Althusser, 142
Colette, 143
Flaubert, 144
Proust, 144
Émile Richebourg, 145
Franz Kafka, 146
Rainer Maria Rilke, 147
Georges Duby, 148
Jean Giono, 149
Machado de Assis, 150
João Cabral de Melo Neto, 150
Carlos Drummond de Andrade, 153
Jorge Luis Borges, 154
José Donoso, 156
Eliseo Diego, 157
Simone Martini, 158
Ercole de Roberti, 158
Andrea Mantegna, 159
Giotto, 159
Albrecht Dürer, 160
Edvard Munch, 161
Amadeo de Souza-Cardoso, 162
Johann Sebastian Bach, 164
Frédéric Chopin, 165
Maria João Pires, 166
Carlos Paredes, 168
Paco Ibáñez, 169
María Pagés, 170
Maya Lin, 172
Dorotea de Armas, 173
Álvaro Siza Vieira, 174
Mafalda, 176
Astérix, 177
Lon Chaney, 177
Pat y Patachón, 178
Golem, 179
Fellini, 180
Almodóvar, 182

escritos/creaciones

Maria Leonor, 187
Silvestre, 188
Romeo y Julieta, 189
Don Juan, 190
Giordano Bruno, 191
Don Sebastián, 191
Moby Dick, 192
El lagarto, 195
Seara Nova, 196
Oposición Democrática, 197
Abril, 200
Diário de Notícias, 204
Salvador Allende, 206
H., 208
Don Juan III, 209
Anobium, 210
Torres, 212
Camões, 213
Familia Maltiempo, 214
José Adelino dos Santos, 216
Premio Ciudad de Lisboa, 217
Constante, 218
Perro de las lágrimas, 219
Baltasar Sietesoles, 220
Blimunda Sietelunas, 221
Bartolomeu Lourenço, 222
Adamastor, 223
Ricardo Reis, 224
Marcenda, 226
Lidia, 227
Joana Carda, 228
Raimundo Silva, 230
María Sara, 231
Dios, 232
Adán y Eva, 234
Caín, 235
Judas, 235
María Magdalena, 236
Jesús, 237
Matias Peres, 238
La mujer del médico, 240
Don José, 241
Premio Nobel, 242
Cipriano Algor, 246
Tertuliano Máximo Afonso, 247
Muerte, 248
Artur Paz Semedo, 250
Salomón y Subhro, 252

lazos/personas

Josefa y Jerónimo, 257
Maria da Piedade y José
    de Sousa, 258
Francisco de Sousa, 259
Deolinda, 260
Señor Raul, 260
Profesor Vairinho, 261
Gabriel, 262
Chaves, 263
Ilda Reis, 264
Violante, 265
Nataniel Costa, 266
José Rodrigues Miguéis, 267
Miguel Torga, 268
Jorge de Sena, 269
José-Augusto França, 270
Che Guevara, 272
Martin Luther King, 274
Rosa Parks, 275
Ann Nixon Cooper, 275
Agustina Bessa-Luís, 276
Isabel da Nóbrega, 277
Mário Soares, 278
Álvaro Cunhal, 279
Vasco Gonçalves, 280
Cleonice Berardinelli, 282
Lygia Fagundes Telles, 283
Mario Benedetti, 284
Gabriel García Márquez, 286
Luciana Stegagno Picchio, 288
Maria Alzira Seixo, 289
Familia Basuga, 290
Zeferino Coelho, 292
Ray-Güde Mertin, 293
Basilio Losada, 294
Giovanni Pontiero, 295
Eduardo Lourenço, 296
Graça Morais, 298
Leyla Perrone-Moisés, 299
Luiz y Lilia, 300
Jorge y Zélia, 300
Chico Buarque, 302
Célio de Castro, 303
Gonzalo Torrente Ballester, 304
Salman Rushdie, 305
Manuel Vázquez Montalbán, 305
Lídia Jorge, 306
Susan Sontag, 307
Azio Corghi, 308
Barbara Probst-Solomon, 309
Rosel Albero, 310
Mascaró, 311
Sebastião Salgado, 314
Armando Baptista-Bastos, 315
Marcos, 316
Carlos Fuentes, 317
Laura Bonaparte, 318
Juan Gelman, 319
Rita Levi-Montalcini, 320
Hans Küng, 321
Oscar Niemeyer, 322
Marcos Ana, 324
Mahmud Darwish, 325
Günter Grass, 326
Ernesto Sabato, 327
Antoni Tàpies, 329
Pilar, 330

agradecimientos

Los editores agradecen muy especialmente a los fotógrafos Orlando Brito, António Homem Cardoso, Alfredo Cunha, Javier Díaz, António Pedro Ferreira, Marcopolo Heam, Kim Manresa, Daniel Mordzinski, Xando Pereira, Fernando Peres Rodrigues, Ignacio Puelma Olave, Daniel Rocha, Sebastião Salgado, Gervasio Sánchez y Estelle Valente por las valiosísimas imágenes cedidas para este álbum. También a Paulo Castilho, María Kodama, Patricia Kolesnicov y Leyla Perrone-Moisés, por la cesión de fotos particulares. Gracias a Maya Lin, Graça Morais, Rrose, America Sanchez y Luis Scafati por su autorización para la reproducción de sus obras.

Gracias también a Paloma Amado, Maria Andresen Sousa Tavares, Maria Belmira Basuga, Fernando Berlín, Luis Bruschtein, Nuno Cacilhas, Alba Cantón, Bete Capinan, Zeferino Coelho, familia De Armas, Emmanuelle Depaix (y a todo el equipo de El Deseo), Daniel Divinsky, Pedro Drummond, Guilherme Dustchke, Arbi El Harti, Julián Fuks, António Gomes, Luz Gómez, Fernando Gómez Aguilera, Vitor Guia, António Guterres, Mara La Madrid, Teresa Laranjeiro, Sónia Lopes, Marcos Macarro Sender, Sérgio Machado Letria, Fátima Marcelino, Ana Matos Saramago, Diogo Narciso, Carmen Otero, Mercedes de Pablos, María Pagés, José Luís Peixoto, Jerónimo Pizarro, Alexandre Pomar, Rosário Prata, Carlos Reis, Juan José del Río, Júlia Sanjuan (A Flor de Tiempo), Gonçalo M. Tavares, Javier Torrallardona, Manuel Alberto Valente, Lélia Wanick Salgado y You Yupin. Y a Fernanda Junger, Alexandre Pimenta y Marta Ponzoda.

A Pilar, sobre todo.

Finalmente, la Fundação José Saramago agradece a las instituciones y archivos que han apoyado y hecho posible la realización de este libro: Arquivo Municipal de Lisboa, Azinhaga Blogspot, Arquivo Nacional da Torre do Tombo, Biblioteca Municipal de Lisboa, Biblioteca Nacional de Portugal, Câmara Municipal de Lisboa, Casa Fernando Pessoa, Corporación Parque por la Paz Villa Grimaldi, Fundação Calouste Gulbenkian, Fundação Casa de Jorge Amado, Fundación Federico García Lorca, Fundação Júlio Pomar, Fundação Mário Soares, Goethe-Institut, Instituto Moreira Salles, Museu Municipal Amadeo de Souza-Cardoso, Museu de Lisboa, The Nobel Foundation, Rolex Mentor and Protégé Arts, Teatro Nacional de São Carlos, Turismo de Islas Canarias.